口絵2 蠟板とスタイラスを持つ
サッフォー（ナポリ国立博物館）

口絵1 ロゼッタ・ストーン（大英博物館）

口絵3 パピルスの折帖本（オーストリア国立図書館）

口絵4 折り畳み式の蠟板（ケルン　ローマ・ゲルマン博物館）

口絵5 製本用のさまざまな革

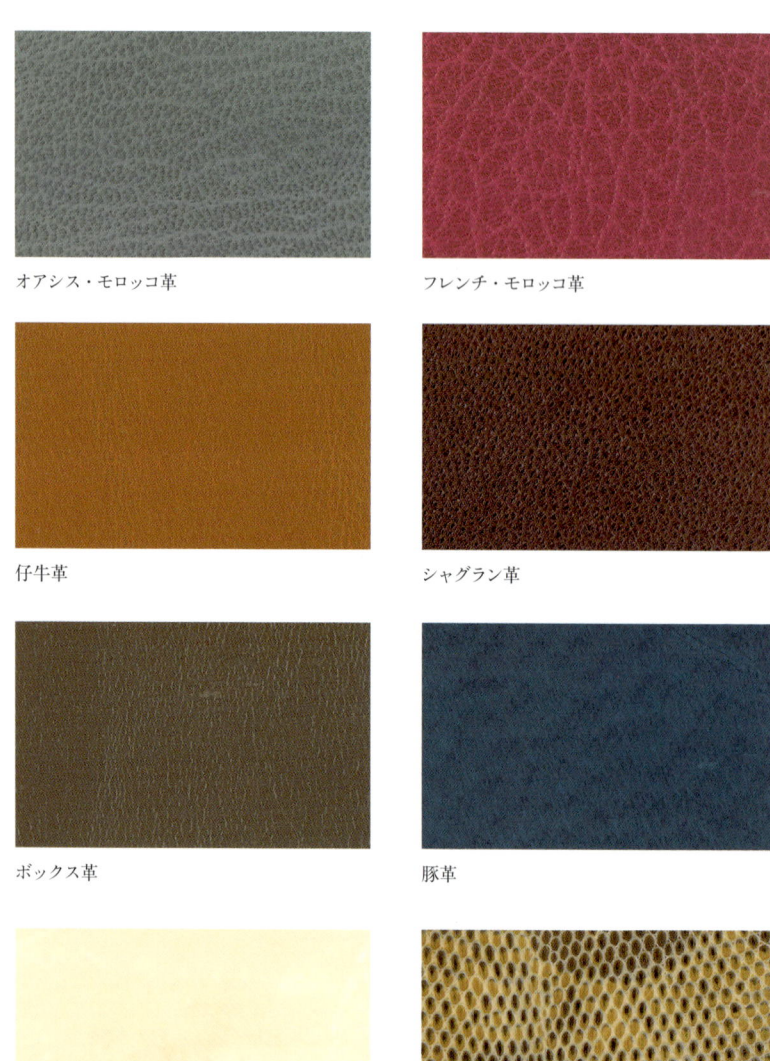

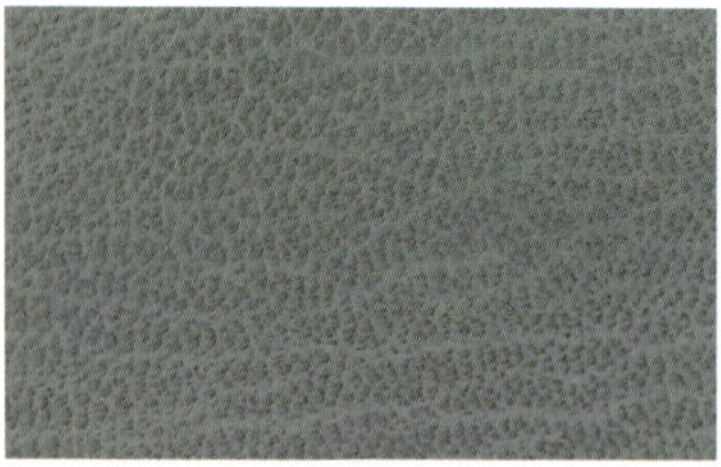
オアシス・モロッコ革

フレンチ・モロッコ革

仔牛革

シャグラン革

ボックス革

豚革

羊皮紙

トカゲ革

口絵6 タイトルを押すバースの製本屋（イギリス）

口絵7『四十二行聖書』（マインツ　グーテンベルク博物館）

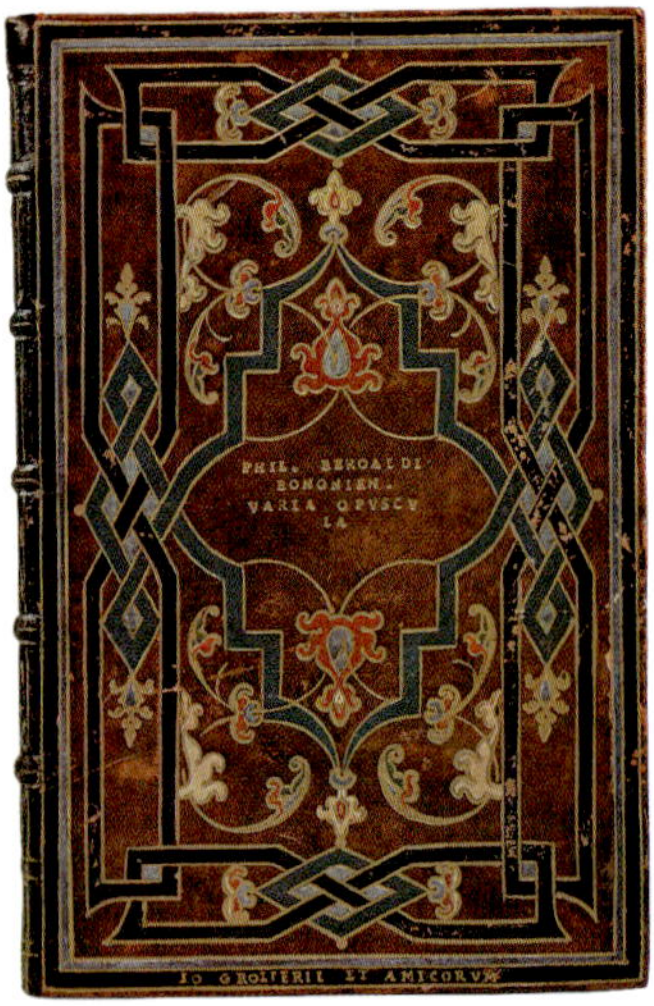

口絵 9 ジャン・グロリエの革装本（16 世紀）

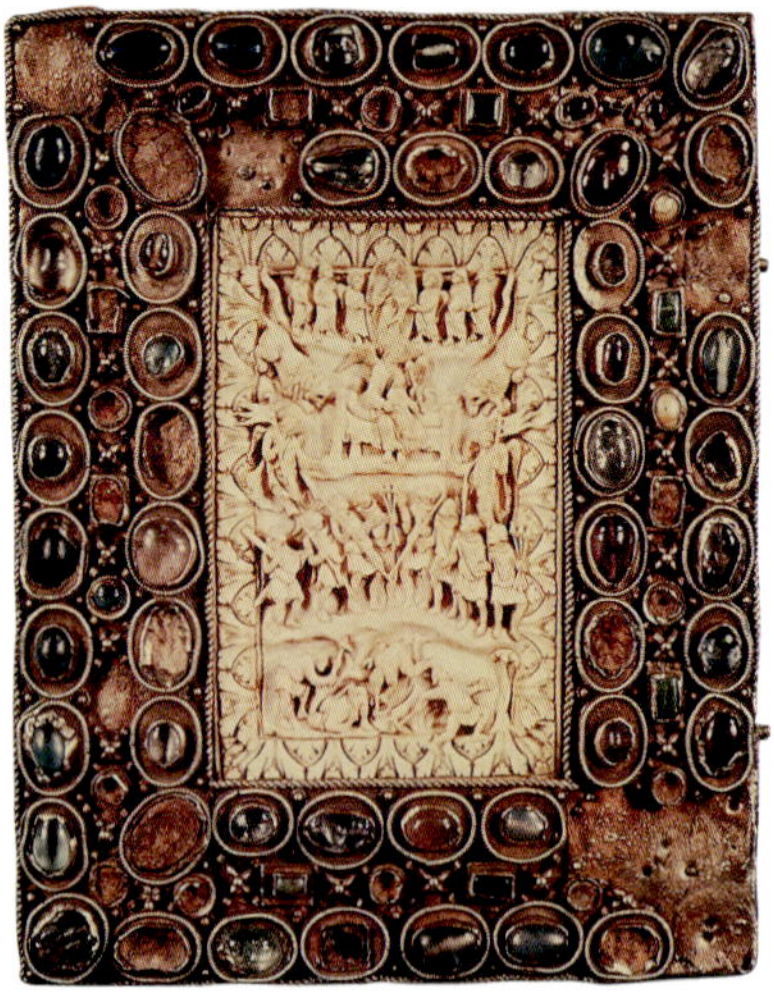

口絵 8 宝石を象眼し、金銀で飾った
豪華な祈禱書（9 世紀頃）

口絵 11 ダンテル様式のモロッコ革の本(18 世紀)

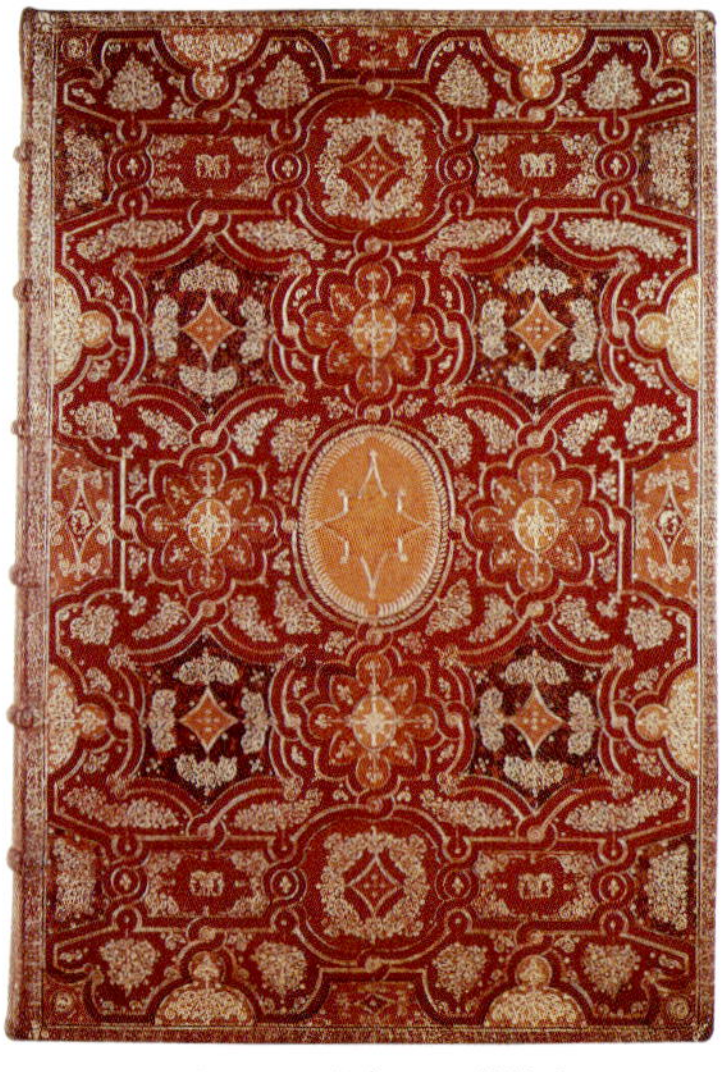

口絵 10 フロリモン・バディエの革装本
（ガスコン様式　17 世紀中頃）

口絵 12 ロマンチック様式の革装本
（長しぼモロッコ革使用　19 世紀中頃）

口絵 13 マリユス＝ミシェルの革装本（革を埋め込んで絵のような模様をつけた装丁　19 世紀末）

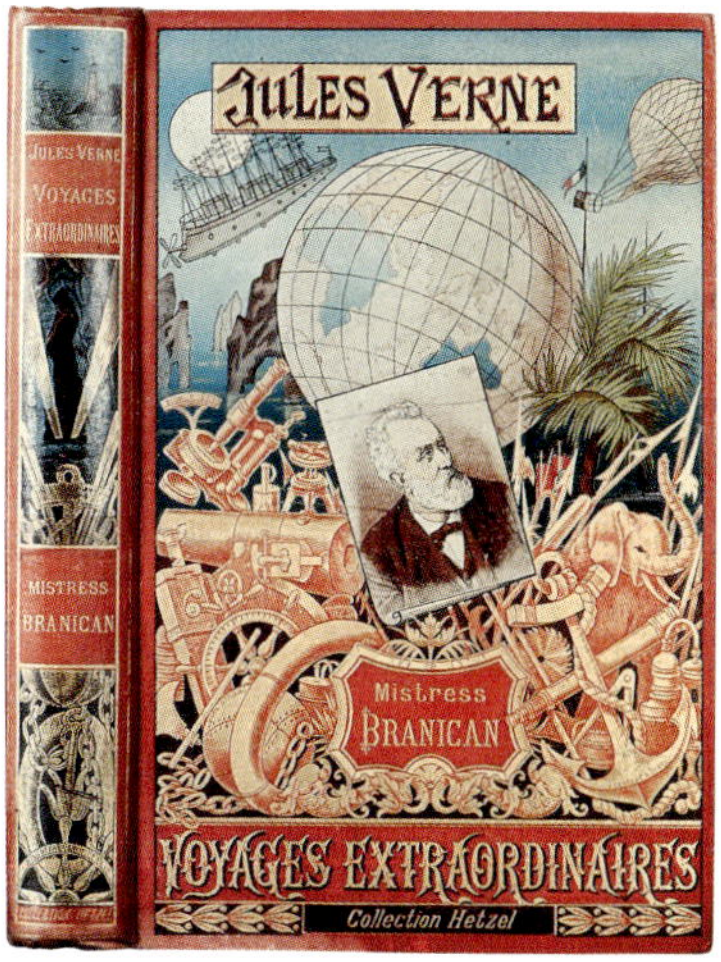

口絵 14 ジュール・ヴェルヌの冒険小説
（カラー印刷による装丁　19 世紀末）

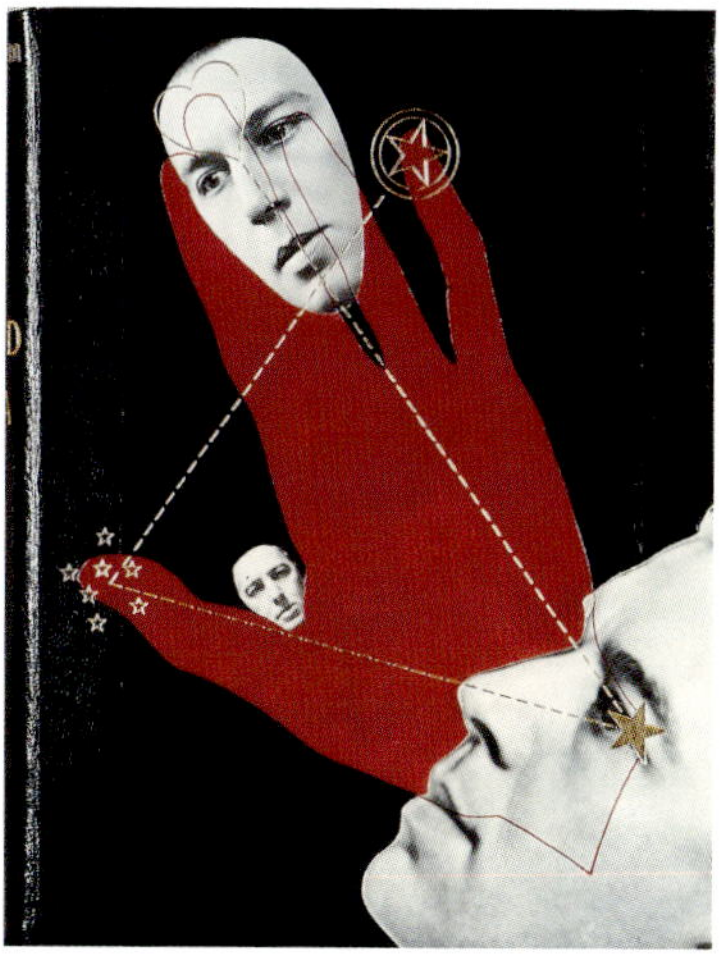

口絵 15 ポール・ボネの革装本（1930 年代）

口絵 16 さまざまなマーブル紙

矢羽模様

櫛目模様

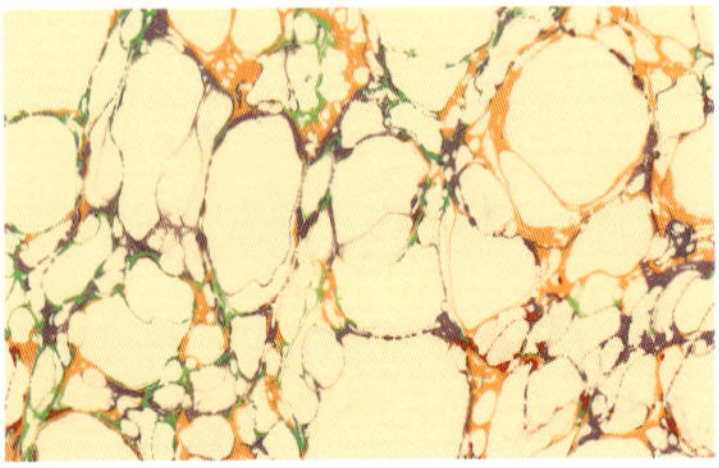

静脈模様

渦巻模様

孔雀模様

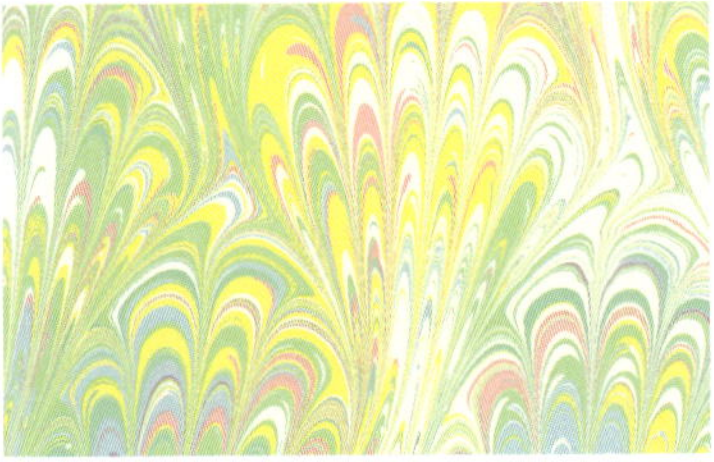

花束模様

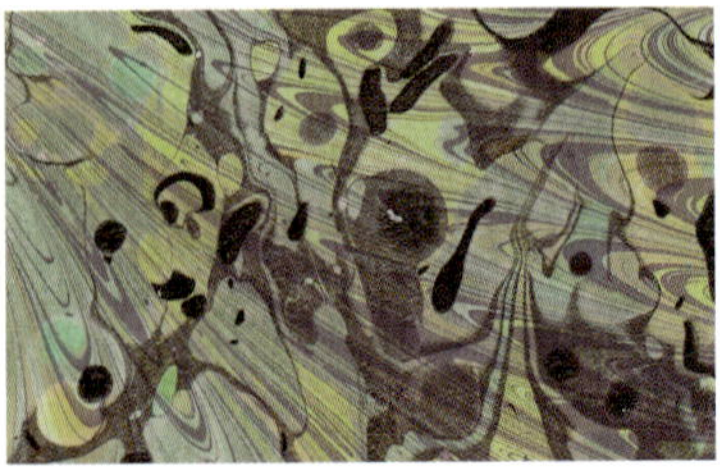

二重マーブル模様

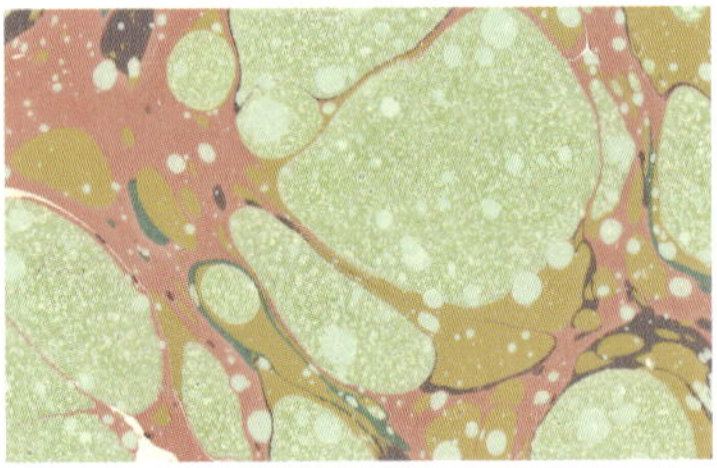

ストーモント模様

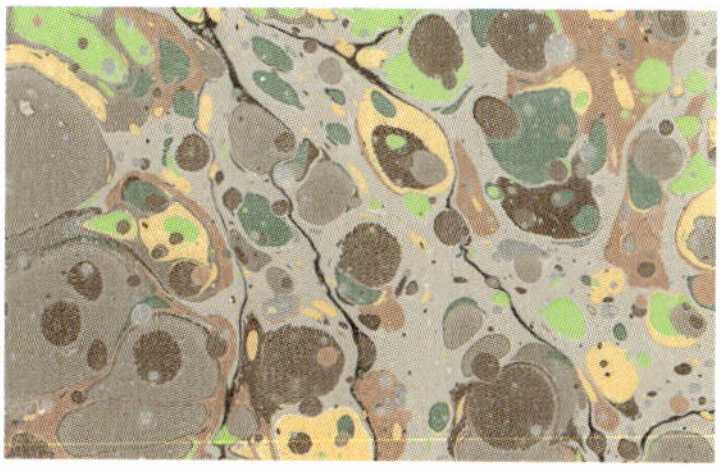

口絵 17 典型的なマーブル模様

口絵 18 花マーブル（通称トルコ・マーブル）

口絵 19 墨流し

口絵 20 木型押し紙

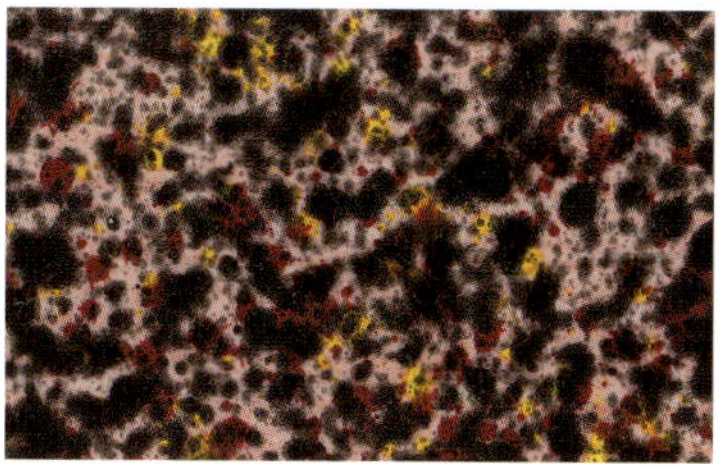

口絵 21 アノネ紙

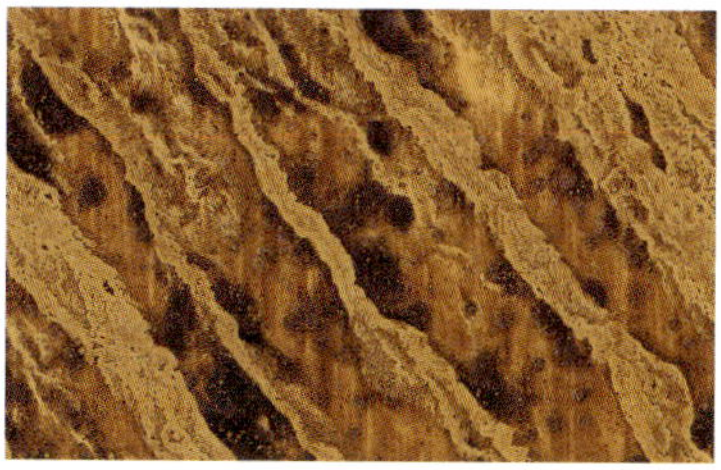

口絵 22 ロマンチック紙

口絵 23 ペースト紙

口絵 24 天の小口にマーブルづけをした製本中の本

口絵 25 ノド革をはったモロッコ革装本（見返し部分）

ASAHI SENSHO

朝日選書 914

西洋の書物工房

ロゼッタ・ストーンからモロッコ革の本まで

貴田 庄

朝日新聞出版

本書は二〇〇〇年十二月に芳賀書店より刊行されたものです。

西洋の書物工房／目次

口絵

Je dédie ce livre à M avec mes souvenirs de Paris.

（この本をパリの想い出とともにMに捧げる）

西洋の書物工房

ロゼッタ・ストーンからモロッコ革の本まで

貴田 庄

第一章　書物の考古学

17世紀の印刷所

一　ＣＤとロゼッタ・ストーン

すでに二十年以上も前になるが、出版社関係の展示会があったとき、ＣＤ化された『広辞苑』を初めて見た。キーボードで検索し、ディスプレイにあらわれた言葉の意味を読む行為は、来るべき読書のスタイルを予感させるのに十分なものだった。読書が情報の提供という枠のなかにあるかぎり、少し前までには想像もつかなかったことであるが、このような読書法は増えることをやめないであろう。著者によって用意された文章や写真などが紙に印刷され、それらの紙葉が製本されて一冊の本となる。これが私たちの時代の一般的な本の出版形態である。しかし、キーボードとディスプレイを前にした読書では、印刷や出版だけではなく、流通機構、書店、図書館など書籍出版にかかわるあらゆるものが変化するだろう。ペーパーレス時代の到来。このようなとき、今、私たちが手にしている本は、その長い歴史のなかで完成した形、つまり、印刷された紙が折帖となり、それに表紙がつく形態をやめるのだろうか。

書物はその誕生のときから「物」であることを明確に主張している。今ではあまりにも身近にあるため、あたかも水や空気のように私たちの周りにあるため、書物は物であることを意識させないが、たしかに書物は物である。このことは書物の歴史を述べた多くの著作がア・プリオリなこととして示している。未来から眺める書物は、おそらく今よりもっと物と化しているにちがいない。そのときには考古学上の重要な発見物のように、さまざまな書物を物として扱うことになるだろう。

私たちは書物の歴史についての著作が、ほとんど例外なく考古学からはじまっていることを知っている。この事実は書物がなによりも物であることを証明する。たとえば、今は大英博物館に厳かに展示されているロゼッタ・ストーンである（口絵1）。この石は、まだ三十歳にもなっていないナポレオンがエジプト遠征をした際に、アレキサンドリア近郊のロゼッタという町で一七九九年に発見されたものである。このときの遠征の成果は、のちに二十一巻の『エジプト史』に結実する。ロゼッタという町は、現在はエル・ラシッドとなっているが、ファラオの時代から長く栄えたナイル川の河口に位置する大きな町である。発見された石は、フランス軍がトルコとイギリスの連合軍に降伏したため、結果的にはイギリスの戦利品となったが、フランス軍の一大尉が命じて作らせたコピーのおかげで、言語学の天才シャンポリオンはこの石に刻まれた文字を解読できた。

ロゼッタ・ストーンの表面には、三段にわかれ、それぞれヒエログリフ（聖刻文字）、デモティック（民衆文字）、古代ギリシャ文字の三種類の文字によって、三つの文章が刻まれていた。下段に刻まれたギリシャ文字による文章のなかにあったクレオパトラやプトレマイオスという文字を手がかりに、シャンポリオンがロゼッタ・ストーンの解読に成功したのが一八二二年のことである。彼によって三つの文章はすべて同じ内容で、ロゼッタ・ストーンがエジプト王プトレマイオス五世（前二一〇？—前一八一）の頌徳碑《しょうとくひ》であるということが判明した。

同じようなことは、メソポタミヤ文明の楔《くさび》形文字にもあてはまる。シュメール人によって発明されたこの文字の解読は、十九世紀の初頭、ドイツ人のグローテフェントがクセルクセスという王名を読んだことからはじまる。そののちイギリスの士官ローリンソンが、十九世紀半ば、イギリスの治世下にあったイラン西部べヒストゥンの岩壁に刻まれていた楔形文字を危険をおかして写しとる。それらは三種類の楔形文字で刻まれていたが、ローリンソンの解読の結果、三つとも同じ内容の碑文であることがわかった。このようにして古代ペルシャの楔形文字を読めるようになった。多くの場合、楔形文字はメソポタミヤ地方に産するやわらかな粘土に書かれている。彼らは尖筆《せんぴつ》（スタイラス）を使って粘土板や粘土棒に文字を刻み、それらを天日乾燥して用いていた。一八四〇年から四七年にかけて、イギリスのレヤード卿が古代都市ニネヴェにおいて、世界最古の図書館ではないかといわれるアッシュールバニパル王の王宮文書庫跡を発掘したとき、楔形文字を刻んだ二万五千枚ほどの粘土板が発見された（図1）。粘土板の解読をすすめてゆくと、それらのなかに旧約聖書にある「天地創造」や「ノアの洪水」と思われる記述のある粘土板が見つかった。

図1　アッシュールバニパル王宮文書庫跡より発見された粘土板
（『ギルガメッシュ叙事詩』の一部）

考古学のこれらの例でわかるように、初期の書物は、石や土のような自然界にあるものに文字を刻みつけた物といわれている。しかし、これらはあまりにも物でありすぎるためだろうか、ある史実を伝える単なる物、あえていえば、冒頭で述べたような近未来の読書において、コンピューターのディスプレイが情報を提供するときに必要なフロッピー・ディスクやCDのような物にも思える。つまり、ロゼッタ・ストーンや粘土板には、フロッピー・ディスクやCDがそうであるように、書物がその長い歴史のなかで獲得した、物としての美しさに欠けているのではないだろうか。

二　パピルスから羊皮紙へ

私たちがイメージする書物とは、ふつう文字の印刷された紙が折られ、集められ、それらを保護するように表紙がつけられた、一個の立体物である。いくつかの要素が書物を書物たらしめているにちがいないが、おそらくそれらのなかでもっとも重要な要素のひとつは紙である。紙は中国で紀元前一、二世紀頃にはすでに作られている。製紙法がシルクロードを西漸《せいぜん》し、サマルカンドやエジプトを経て、スペインやイタリアに伝わるまでに、中国で紙漉《かみす》きがおこなわれてから千年以上の歳月が流れている。紙を知るまでの西洋では、書写材料としてパピルスや獣皮が使われていた（図2）。

図2　パピルス草を左腕で抱える男（B.C.2400年頃）

パピルスの製法については、一世紀頃に書かれたという大プリニウス（古代ローマの政治家、学者、二三—七九）の『博物誌』に詳しい。少し長くなるが興味深いので、かいつまんで紹介してみよう。

さて、パピルスは、エジプトの沼沢地か、ナイル川が氾濫して水位が二クビトゥム（約八九センチ）を越えないほどの水たまりをつくっているところの、よどんだ水の中に生える。根は横の方に広がっていて太さは人の腕くらいある。茎は断面が三角形で、長さは一〇クビトゥム（約四・四メートル）を越えず、先細りになっており、飾り房のついた杖のような頭部で終わっている。（中略）

紙は、パピルスを針で縦に裂き、非常に薄くてなるべく幅の広い帯状片にしたものから作る。最上質の紙は茎の真ん中の部分から作る。裂く箇所が茎の中心から離れるにつれて紙の質も順次落ちていく。最上質の紙は、かつてはヒエラティカ（「聖職者用」の意）と呼ばれ、宗教書にだけ充てられていたが、媚び諂《へつら》いによってアウグストゥスという名称を得た。それと同様にして第二級の品質の紙は、彼の配偶者の名からリウィアと名づけられた。そこでヒエラティカは第三級の品質の紙の名称に下落した。（中略）

紙はどんなものでも、ナイル川の水に浸した板の上で織りあげるようにして作る。その濁った水が接着剤として作用する。まずはじめに、平らに広げたパピルスの帯状片を縦方向に並べて、その長さをできるだけ無駄なく利用しつつ板に張りつけていき、両端のはみ出した部分を切り落とす。そのあとで前の帯状片と交差するように帯状片を並べて格子状に作りあげる。それから圧搾機で圧迫し、できた紙葉を天日で乾燥させ、さらにそれらを互いにつなぎ合わせていく。その際、次の紙葉はいつも前のものより質が悪いものをもってきて、最後にいちばん質の悪いものがくるようにする。こうしてできた一巻の紙葉の枚数は決して二〇枚を越えない[1]。

パピルス（紙）の幅には、およそ一〇センチから二五センチほどまでさまざまなものがあるという。また、パピルスの表面のざらつきについては「イノシシやゾウの牙か、貝殻を用いて滑らかにするが、そうすると

図3　葦のペンを持ち、巻いたパピルスに文字をしたためる書記坐像（B.C.2400年頃）

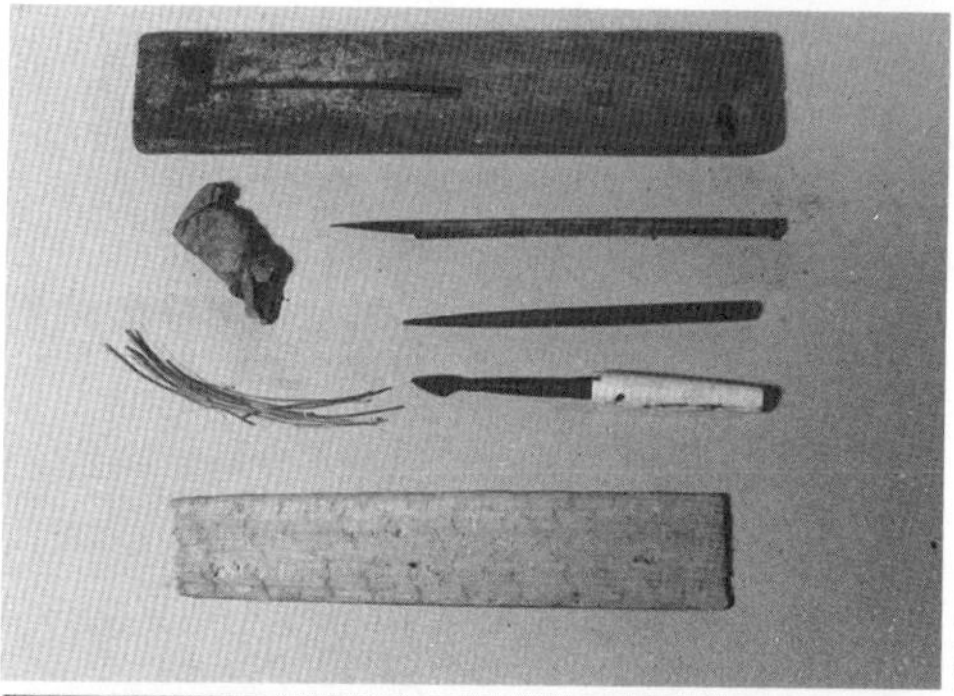

図4　パピルス用の筆記用具

図5　パピルスに書かれた『死者の書』（部分）

文字が薄れやすくなる。滑らかにすることで紙は光沢を増す代わりに、それだけインクを吸収しにくくなるからである。水分を与える最初の工程を不注意に行なうと、しばしば書きにくい紙ができる」と述べている。[2]

紹介した文でわかるように、パピルスを作る工程には製紙における「漉く」という作業がないため、厳密にいえば、パピルスは紙とはいえない。しかし、見た目には、パピルスは濃いアイヴォリー色をした、薄くて平らな原始的な紙のようなものである。パピルスにはふつう、葦の茎を削ったペンに、油煙のススで作ったインクをつけて書く（図3、4）。パピルスは折り曲げると割れてしまうため、継ぎたし、巻物のようにして使っていた。古代エジプトにおける『死者の書』はパピルスの用いられた好例である（図5）。『死者の書』にはさまざまなものが残っているが、多くのものが巻物にしたパピルスに書かれている。それらは葬儀屋が用意した黄泉の国への案内書といえるもので、そこには追悼文や経文が書かれ、死者の棺のなかに納められただけでなく、会葬者にも売られた。パピルスはエジプトの特産物で、ギリシャなどの近隣諸国に輸出されていた。ヴェスヴィオ火山の大噴火で廃墟と化したポンペイ市の跡を、十八世紀後半に発掘したとき、三百巻以上のパピルス本が発見されていることからも、古代ギリシャ、古代ローマ時代にはエジプトだけでなく、その近隣諸国でもパピルスが使われていたことがわかる。

獣皮から作られる紙のようなもののなかでもっとも知られているものは、羊皮紙（パーチメント）やヴェラムである。もちろん、パピルスが紙でないように、羊皮紙やヴェラムも紙ではない。獣皮をなめす技術は、ホメーロスの『イーリアス』に書かれているように、紀元前をさかのぼることかなり昔から知られていた。事実、白色のなめした革製品は、古代エジプトや古代アッシリアなどから遺品として発見されている。羊皮紙やヴェラムは両面に文字を書くことができ、折り曲げても破れることがないため、巻物に向くパピルスと異なり、紙を折りたたんで折帖を作る現在の書物の形態、つまり、冊子《さっし》本《ぼん》へと結びついてゆく。

紀元前二、三世紀頃から多く使われだしたこのような皮紙は、その便利さもあって、文書や書物の材料として中近東や地中海沿岸の国だけでなく、ヨーロッパ全土で遍《あまね》く使用されてゆく。そして冊子本も広まり、当然、変化し、完成されてゆく。つまり、製本という技術が誕生し、進歩する。エリク・ド・グロリエは『書物の歴史』において、エジプトの墓のなかから、六世紀のものと思われる、皮革仕立てのコプト人の本が発見されたが、これにはいくらかの装飾がすでに見られると述べている[3](図6)。中世初期に作られていた書物は、羊皮紙によるいくつかの折帖が糸でかがられ、その前後に樫などの硬い木製の表紙が取りつけられていた。凝ったもののなかには表紙の木が革でおおわれ、その表面に型押しによる模様が与えられたものもある。これが時代がすすむと、表紙に金具をつけ、場合によっては宝石を埋め込んだ、きわめて豪華な本まで作られるようになった。

中世も半ばになると、僧院で写字生たちによって数多くの彩

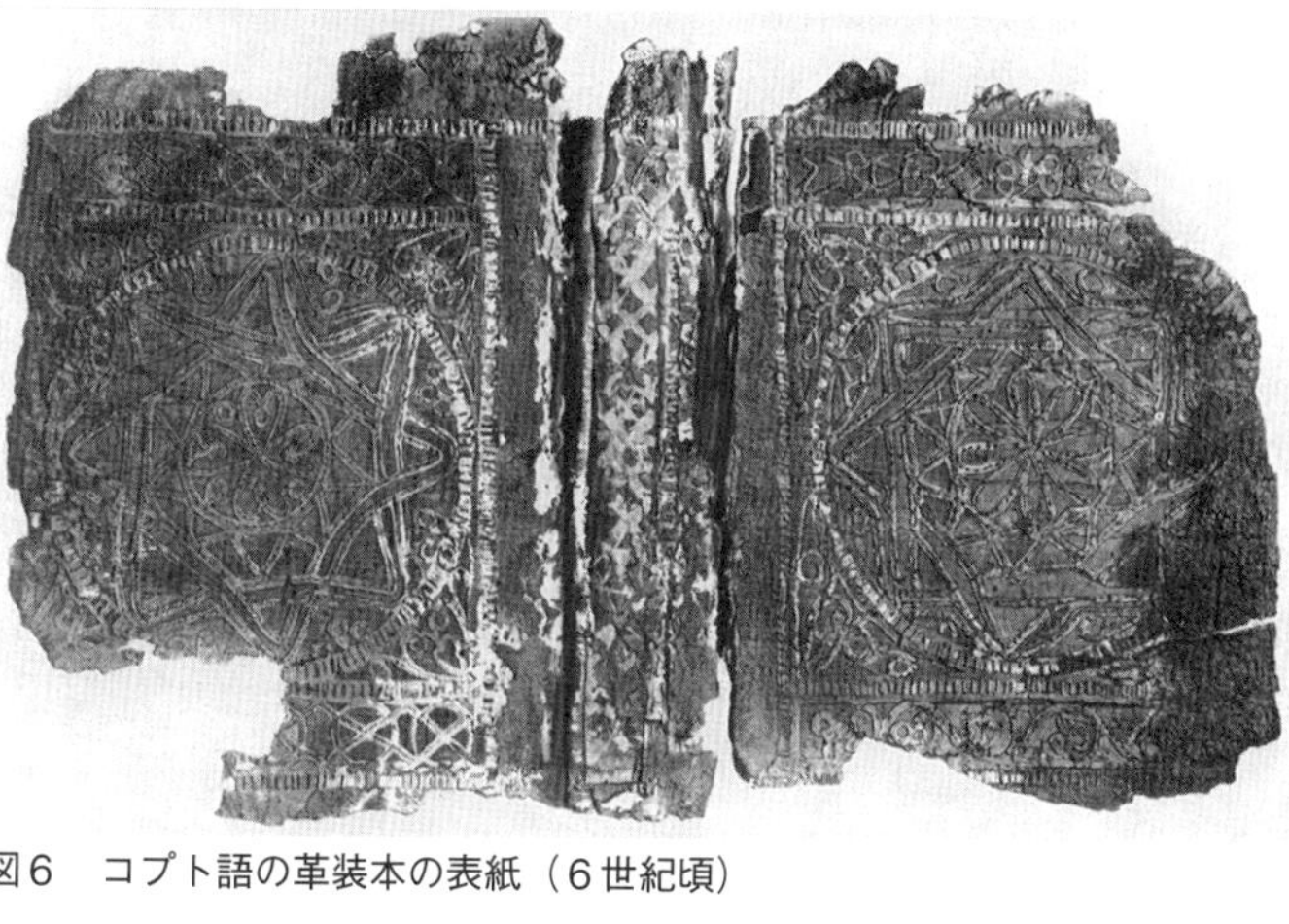

図6　コプト語の革装本の表紙（6世紀頃）

飾写本が作られる。羊皮紙に文字が手書きされ、模様がほどこされ、ときとして細密画が描かれた。一ページ、一ページが装飾絵画のように美しい書物が、各地の教会において制作された。しかしこれらの書物は、私たちが手にする書物と、ふたつの点で大きく異なるといわなければならない。ひとつは紙が使われていないこと、もうひとつは印刷されたものでないことである。書物が中世の閉ざされた世界から抜けでて近代化の途《みち》につくためには、製紙術と印刷術が是非とも必要であった。

三　紙の登場

初めて抄紙《しょうし》（紙を漉くこと）が試みられたヨーロッパの国はスペインやイタリアである。十一、二世紀頃と考えられている。スペインにはモロッコを経て十一世紀には製紙術が伝わった。アブ・マサファという人物が、バレンシアの北に位置する小邑《しょうゆう》ハチバに、一〇五六年に水車のある製紙小屋を持っていたという記録が残っている。そこでは二十人ほどの紙を漉く人が働いていた。そして一〇八五年には、マサファの息子が古都トレドに紙漉場を開いている。イタリアでは、今でもその名が紙の商品名として使われている、ローマ東部の小さな町ファブリアーノで初めて紙が作られている。そこで漉かれた紙には一二七〇年頃になると、ごく単純な図案の透かしがあらわれる（図7）。そののち、フランス、ドイツ、オランダと製紙術が広まり、十五世紀までには、ヨーロッパの多くの国に紙を漉く町が生まれる。十四世紀のフランスを例にとれば、一三四八年にパリの東南約一〇〇キロにあるトロワに紙漉場が作られ、その世紀末までの約五十年間に、さらに五つの紙漉場が全国に登場している。

紙は折り曲げることが自由にでき、書写に適している。しかも、羊皮紙などに比較すると安価であった。それゆえ、交通網などの不便な状況にもかかわらず、かなり短期間に紙漉きの技術が各国に広まった。しかし、十四、五世紀のヨーロッパでは羊皮紙やヴェラムも依然として使われていた。このことをよく証明しているのが、グーテンベルクが試みた活版印刷術による最初の書物『四十二行聖書』（口絵7）である。十五世紀の中頃に印刷されたとされるこの聖書は、紙に刷ったものが百八十部ほど、ヴェラムに刷ったものが三十部ほどだったといわれている。二百部ほどの発行部数は今ではあまりにも少ない数であるが、活版印刷術の発明された当時ではかなりの部数であった。そして『四十二行聖書』はヴェラムに刷ったものより、紙に刷ったものが多いことは注目に値する。このことはグーテンベルクの時代の紙は、その質が十分高まり、羊皮紙やヴェラムに比較して印刷に適し、なおかつ安かったことを証明しているのではないだろうか。紙の時代が到来しつつあった。

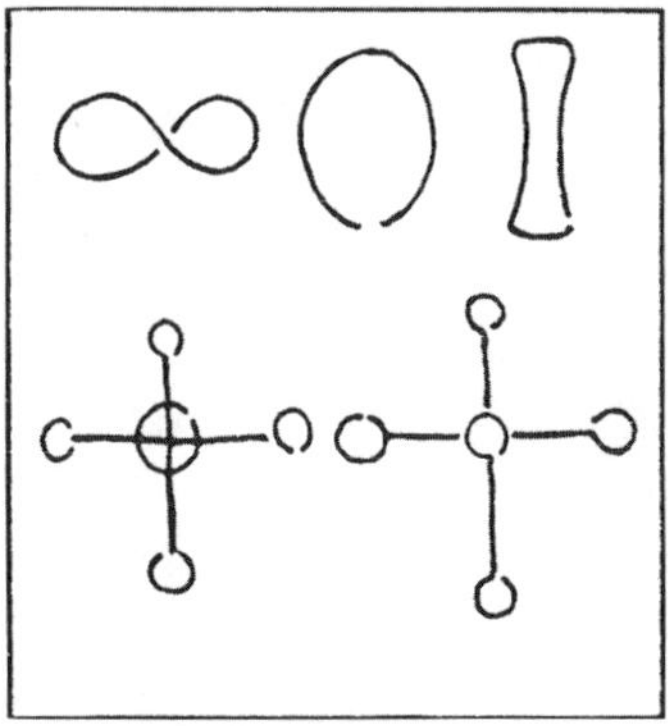

図7　初期の紙の透かし

当時の紙漉きは溜漉《ためすき》といわれ、基本的には中国で製紙がはじまったときの技術そのままのものである。手漉きの製紙法には溜漉と流漉《ながしすき》がある。溜漉は、漉いた紙の上に一枚の布をおき、新たに漉いた紙をさらにその上におくという手順で作業を続ける。漉いた紙はまとめてプレス機にかけて水気をしぼりだし、それから一枚一枚を乾燥させる古典的な漉き方である（図8）。流漉とは和紙を漉くとき

図8　西洋の紙漉き

図9　ぼろ屑屋（18世紀）

におこなわれている、わが国独自の製法である。トロロアオイというネリ剤を、コウゾ（楮）やミツマタ（三椏）やガンピ（雁皮）などの原料に混ぜて漉くため、漉き終わった紙をつぎつぎと重ねておくことが可能となる、土佐の典具帖《てんぐじょう》や漆を濾《こ》すために使う吉野紙のようなきわめて薄い和紙は、流漉によって可能となる。ヨーロッパに伝わったのは溜漉である。

紙の原料にはぼろ屑、つまり、木綿や麻を主成分にしたぼろ切れが使われていた。製紙術が広まると、街には紙を作るためのぼろ屑を集めることを専門とする者まで登場している（図9）。しかし、出版物の増加などにともない、紙の需要が増え、ぼろ屑が不足する。こんな状況のなかから、十八世紀になって、ぼろ屑にかわって木材を利用して作るパルプの紙が、蜂の巣をヒントに発明された。

四　『四十二行聖書』

書物が皮紙から紙へと移行しているさなかのドイツに、金属の活字による印刷術が誕生する。西洋のそれまでのおもな印刷といえば、絵や文字を彫った版木を使う木版印刷であった。十五世紀中頃にヨハンネス・グーテンベルク（一三九七?—一四六八）（図10）は鉛に錫《すず》を混ぜて活字を作り、ライン河上流の生まれ故郷マインツに、本格的な活版印刷所を興す。彼は活字だけではなく、油性インキや両面に印刷できる平圧式印刷機も考案し、『グーテンベルク聖書』ともいわれている、一ページに二列、各四十二行を基本とする『四十二行聖書』の印刷に成功する。

図10　グーテンベルクの肖像

　グーテンベルクが『四十二行聖書』に用いたテキストは、聖ヒエロニムスのラテン語訳聖書である。活字の書体は、当時マインツの教会などで使用されていたミサ典礼書のゴシック体に倣っている。ふつう欧文印刷には、大文字、小文字、数字、それに句読点などの約物《やくもの》や記物《しるしもの》が必要であるが、合計で八十種類ほどの活字で足りる。しかし、グーテンベルクは『四十二行聖書』のために三百種類に近い活字を用いている。この理由はただひとつ、生身の人間が一語一

図11　グーテンベルク時代の印刷機

語を手で写し、長い時間をかけて仕上げる中世の彩飾写本を、印刷した本で凌駕しようとしたからにほかならない。インテルや各行の終わりを揃え、字間を整えるなどの努力が、『四十二行聖書』の美しさを作る。そこには、同じものを一度に多数作ればよいというだけではない、写本の持つ美しさを追求するグーテンベルクの限りない欲求がみられる。たとえば、各行の終わりを揃えるためには省略記号を用いる。q°はquoの、ēはestの省略記号である。また書家の手になるような連字を表現するため、一本一本の活字を工夫し、文字が間断なく連なっているようにしている。驚くほど精確な活字作りには、金細工師としてのグーテンベルクの天才と努力が窺える。できあがった活字でラテン語を組み、さらに込物《こめもの》を使って版面を作る。インキもまた彼自身がススと油を混ぜて作ったものである。そのインキを組付台にセットした版面につけ、葡萄のしぼり機を改良した木製の平圧式印刷機で『四十二行聖書』を刷った。この印刷時の様子は、当時の製本術とともに、今はライン河沿いの小都市マインツの「グーテンベルク博物館」で偲ぶことができる（図11）。

グーテンベルクの印刷術が誕生してから一五〇〇年までのあいだに印刷された本をインクナブラ incunabula──正確な発音はインクーナーブラ──と呼ぶ。この言葉は、もともとは「揺りかご」とか「おしめ」という意味のラテン語で、揺籃期本と訳されている。これらの本の印刷では、その当時、まだ読まれていた彩飾写本を範とするのが自然だった。始まったばかりの活版印刷術で、十分に成熟していた彩飾写本を凌駕する書物を作ることは容易ではない。グーテンベルクが作った大ゴシック体、いわゆるプサルター活字を入手し、ヨハン・フストとペーター・シェッファーが刷った『聖詩篇』も、『四十二行聖書』と同様に、彩飾写本の美しさを超えようとした書物である。ここでは新しい書体の活字と、赤、青、黒の三色のインキが使われている。しかし、グーテンベルクの印刷物でいえば『カトリコン』のように、小さい活字を用いて印刷し、安価な本を数多く出版することこそ、十六世紀以降の印刷術の姿を先取りするものである。このことはシャルル七世の命を帯び、グーテンベルクのもとで印刷術を学び、ヴェネツィアで印刷所を興したフランス人ニコラ・ジャンソンや、同じくヴェネツィアで印刷所を開いたアルドゥス・マヌティウスが、ギリシャの古典を小型の本にして出版し、大当たりしたことで頷けるのではないだろうか。その後の製紙、印刷、製本の発展が、間違いなく書物の小型化と大量生産へ進んでいったことは誰の目にもあきらかなのだから。

五　ウィリアム・モリスの試み

十八世紀中頃からはじまる産業革命は、書物の出版にも多くの変化をもたらす。機械的に、ほとんど無秩序といえるほど大量に生産されてゆく書物に、反旗を翻す人物が十九世紀末に出現する。社会主義者で、工芸作家のウィリアム・モリス（一八三四―一八九六）（図12）である。

晩年のモリスのおもな仕事は、彼が理想とする書物を印刷し、出版することだった。彼は印刷工エマリィ・ウォーカーの助けを得て、一八九一年の初め、ロンドンのハマースミスにある自宅近くにケルムスコット・プレスという私家版印刷所を設ける。そこで印刷された書物は全部で五十三点、合計で二万冊を超えるが、それらは印刷所の名にちなみ、ケルムスコット・プレスと呼ばれている。最初の刊本は、モリスの書いた『燦然たる平原物語、あるいは永生不死の国物語』（図13）という題名の本で、一八九一年五月に出版されている。ここではすでに、モリスが目ざした書物が実現されている。つまり、ケルムスコット・プレスの基本となるゴールデン・タイプの活字、木版による装飾頭文字や縁飾り模様、ヴェラムを使った表紙など、私たちが知っているあのケルムスコット・プレスの特徴を目にすることができる。

図12　晩年のウィリアム・モリス

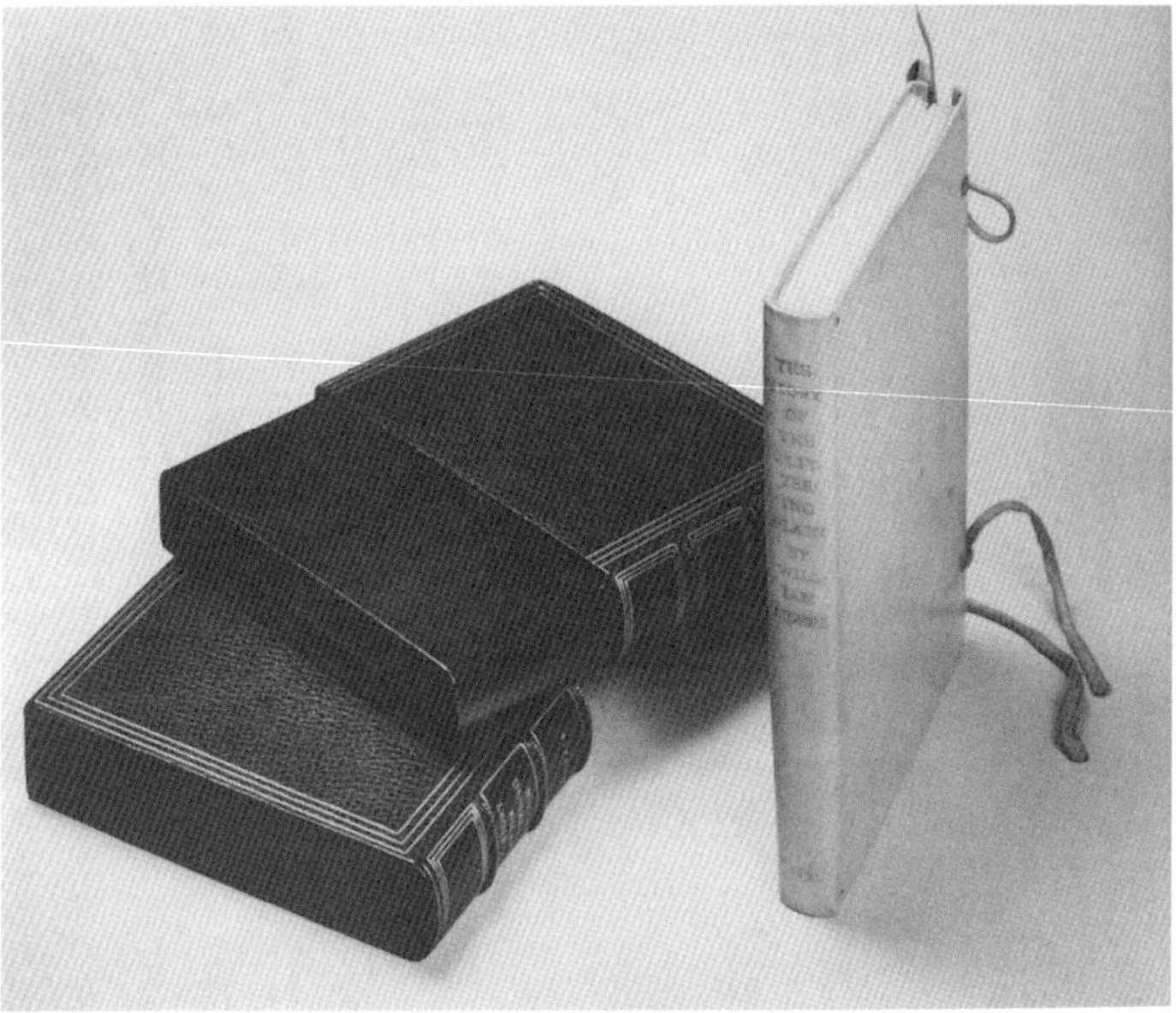

図13　最初のケルムスコット・プレスの刊本と外函
『燦然たる平原物語、あるいは永生不死の国物語』

ケルムスコット・プレスを手にとって開いてみると、書物とは読むだけのものではないという感が強くなる。この本は、書物とは眺めたり、触れたりもするものであることを語っている。そうでなければ、モリスはあんなにも徹底して紙などの書物の材料について腐心しない。ここに、書物が「物」であることの証がある。

モリスの試みに反して、書物の出版は肥大化する一方である。このような書物の大量生産の辿り着いた先に、今、私たちが手にする文庫本があるといってよいであろう。グーテンベルクの『四十二行聖書』からもっともかけ離れた書物といえる文庫本は、安価かつ簡便でありながら、もっとも完成された書物でもある。しかし、その文庫本はなんと存在感が希薄なことだろう。大量に印刷し、製本し、出版することで、彩飾写本やインクナブラやケルムスコット・プレスに備わっていた、書物それ自体の物としてのオーラが消えてしまうのだろうか。

人は長いあいだ書物とともに生きてきた。素材の変化は書物の形に大きな影響を及ぼしたはずである。しかし、私たちはあまりにも書物の素材について知らない。その素材が要求した本の形態について無頓着なのだ。パピルスから羊皮紙へ、そして紙へと移行した書物の歴史は、物としての素材や形態の変化の歴史でもある。たとえば、製本用の革として最良のものといわれているモロッコ革について、私たちはどれだけ知っているだろうか。また、花切れの材料や形についてなにを語れるだろうか。つぎの章から、それらについて述べてみたい。なぜなら書物の持つオーラの多くが、そこに潜んでいるように思えるからだ。新しい書物史はここから始まるにちがいない。

第二章　西洋の紙「羊皮紙」

リュネットを使う羊皮紙職人（16世紀）

一　羊皮紙の誕生

羊皮紙の歴史を調べることは西洋の書物の形態を調べることでもある。パピルスにかわって羊皮紙が登場した理由を、大プリニウスは『博物誌』のなかに書いている。ここでいう紙とはパピルスのことをさす。

やがてプトレマイオス王とエウメネス王の蔵書をめぐる競争のために、プトレマイオスが紙の輸出を止めたので、ペルガモンの羊皮紙が発明された。その後、こういうものの使用が一般に普及したので、そのおかげで人間は不滅のものとなっている。(1)

アレキサンドロス大王（前三五六―前三二三）の死後、エジプトの領土を継承したプトレマイオス一世（前三六七頃―前二八三）は学問を愛し、学術の復興を計って、当時の都アレキサンドリアに図書館を建てた。そこには最盛時に数十万巻のパピルス本があったという。ところがその後、エーゲ海に面した小アジアのペルガモンに都をおいたアッタロス王朝のエウメネス二世（前?―前一五九）が、世界一の図書館の建設を企て、しかも、こともあろうに、アレキサンドリア図書館長で、書誌学者として名高いアリストファネスを自らの図書館に引き抜こうとした。当時のエジプト王プトレマイオス五世はこのことを大いに怒り、アリスト

図1　アレキサンドリアとペルガモン

ファネスを投獄しただけでなく、パピルスの輸出を禁止した。困ったエウメネス二世がそこで考えたことは、獣皮の使用だった。

大プリニウスのあまりにも有名なこの話を信じるならば、羊皮紙はエジプト特産のパピルスが輸出禁止となったために誕生し、西洋に遍く広まることになる。これは紀元前二世紀のできごとである。ペルガモンとは、現在のトルコ西部、エーゲ海に近い都市ベルガマのことで、羊皮紙がラテン語でペルガメーナと呼ばれるのは、ペルガモンで初めて作られたためであるといわれている（図1）。羊皮紙が、英語ではパーチメント、フランス語ではパルシュマンといわれるのも、当然、ペルガモンという言葉に由来している。

図2　蠟板とスタイラスを持つ妻と巻物を持つ夫（ポンペイの壁画）

ところで、ヘロドトスは『歴史』のなかで、パピルスのなかった諸国では皮が使われていたと述べている。

イオニア人はまた、昔から紙《パピルス》のことを「皮《ディプテラ》」といっているが、これはイオニアではむかし紙の入手がむつかしく、山羊や羊の皮を紙代りに使っていたことによるもので、今の時代でも、このような獣皮に書写している異民族は少なくないのである。(2)

『歴史』は紀元前五世紀に書かれたと見なされているので、羊皮紙が発明される以前に、羊皮紙のように完成された皮ではないにしても、動物の皮が書写材料として用いられていたことになる。もちろん、これらの事柄は、大プリニウスやヘロドトスの残した書物の内容を正しいものとしてのことである。

パピルスは最近ではエジプトに行かなくても、御土産品として美術館などで売られているので、実際、手にとって触った経験のある人は少なくないと思う。パピルスは折り曲げると切れてしまうため、折帖を作ることは難しかった。しかし、パピルスによる折帖本は数は少ないが存在している。たとえば、大英博物館やパリ国立図書館などには、初期キリスト教関係の写本で、パピルスを折りたたんで折帖を作ったものが保存されている(3)(口絵3)。

パピルスは切れやすいため、一般的には巻物の形態をとらざるをえなかった。その結果、パピルスにかわって羊皮紙が使われたときも、当初、巻物の形態をした羊皮紙の本が作られた(図2)。パピルスでは、大英博物館に展示されている『死者の書』に代表されるような長いものは、端と端が糊づけされて作られたが、羊皮紙では、端と端が縫い合わされて長いものが作られた。

二 蠟《ろう》板から冊子本へ

古代ローマ時代には蠟板(蠟引板)と呼ばれる、本のような形態の板が多く使われていた。これはふつう、長方形に切ったブナや杉などの板の中央部を削り取ったものである。その削り取ったところに黄色や黒色の蠟を流し込み、スタイラスといわれる先の尖った棒状の鉄筆を用いて、固まった蠟のうえに文字を書きつけた(口絵2)。蠟板は、板の両面を削ることができるため、表側だけでなく裏側も使えたが、一枚だけでは足らず、二枚、三枚と重ね、その片隅や片側に紐や細い皮を通したものまで作られた(図3)。

プリニウスの『博物誌』には、パピルス以前に使われていた書写材料について「最初はヤシの葉にものを書く習慣であったが、ついである種の木の靭皮《じんぴ》を用い、その後、公文書には鉛製の巻き物を用いるようになり、やがて私的な事柄もアマ布とか蠟引板に記し始めた。実際、携帯用の書板はすでにトロイア戦争の時代より以前にも使用されていたことが、ホメロスの中に見出される(4)」とある。この「ホメロスの中に」とは、

『イーリアス』第六巻のなかに読むことができるつぎのような言葉である。そこにはたしかに蠟板を思わせるようなものが登場している。

こういうと、何たることを聞くものと、怒りが王をとりこめた、それでも殺すことは、さし控えた、そうするのは、さすが心にはばかったからだが、リュキアへと彼を送りつかわし、たたみ重ねた木の板に、凶々《まがまが》しい符徴《しるし》を刻み込んだものを渡して持ってゆかせた、命を害《そこな》うたくらみを、いろいろ記したものだったが、それを王の舅に見せるよう、命じてやった、彼が命をおとすようにと。[5]

紀元前八世紀頃に書かれたと考えられている叙事詩に、「たたみ重ねた木の板」と表現されたものは蠟板とはいえないかもしれないが、蠟板に近い形態をしたものと想像してよいのではないだろうか。それも綴じたというより、屏風のように折り畳む形態の木の板を思い浮かべる。大英博物館やドイツのいくつかの博物館などには、これらはあきらかに蠟板であるが、左側を紐で綴じる形態ではない、屏風のように折り畳める木製や象牙製の文書板が尖筆とともに数多く展示されている（口絵４）。このような文書板はアッシリア文明においても存在が認められている。たとえば、ニネヴェを少し南下した古代都市ニムルドの遺跡を発掘したとき、紀元前八世紀のものと見なせる象牙製の十六枚つづりの蠟板が発見されたが、それらは蝶番で留められるよ

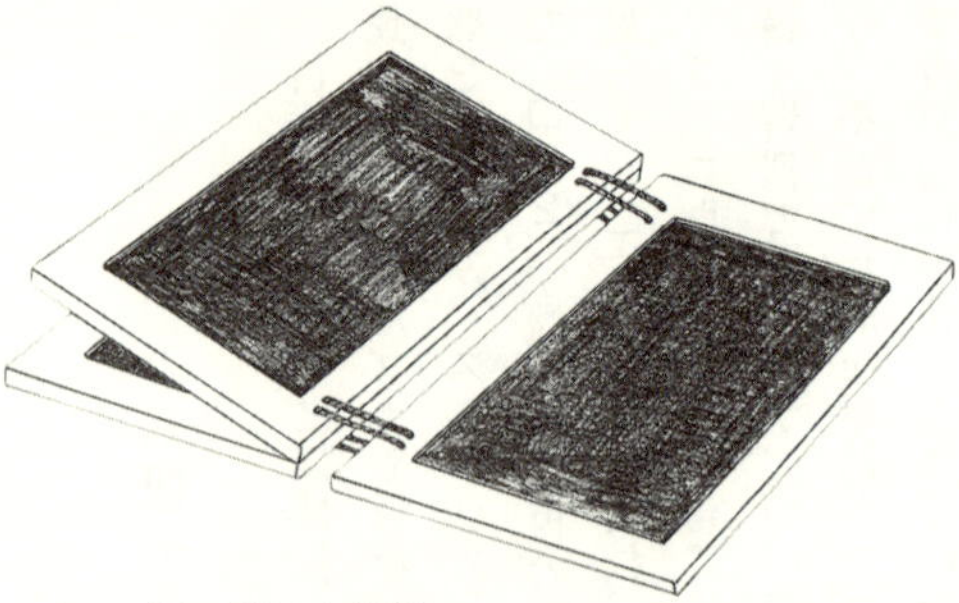

図３　紐で綴じた蠟板

うになっていた（図4）。ここで目につくのは、蠟板の表と裏の両面に、狭い間隔で交差するように無数の線が刻まれていることである。この線は、蠟を流しこんだとき、蠟の定着がよくなるためにつけられたと考えられる。そして蠟を引いた上に尖筆を使い、楔形文字が書かれていたことが判明している。この十六枚の文書板は天文学を用いた占いの文書である[6]。このような実物の存在から、紀元前をさかのぼることかなり以前から、古代ローマだけでなく、小アジア地方においても蠟を引いて用いる文書板が使われていたと断定できる。また、木の板を用いた本のようなものでも、いくつかの異なる形態の蠟板が存在していたこともわかる。

図4　象牙製の蠟板（B.C.8世紀）

私たちが今、本というと思い浮かべる形態はいくつかの折帖からなる、いわゆる冊子本である。冊子本となるには折帖が必要であるが、この点、パピルスとは異なり、羊皮紙は折り曲げても破れたりすることはない。一枚の羊皮紙を真ん中で半分に折ることで四ページの面ができる。それらをいくつも重ねるとひとつの冊子本となる。とすると、数枚の蠟板を重ねて左側を紐で綴じたものは、冊子本のプロトタイプのひとつといえるのではないだろうか。

ヨーロッパにおける古代の書物は、大まかにいって、材料としてはパピルスから羊皮紙へ、形態としては巻子本《かんすぼん》から冊子本へ移行していった。しかし、過渡期にあってはそれまで使用していた

図5　彩飾写本を書く写字生

ものが突然なくなることはめったにありえない。このことを考慮すると、すでに述べたように、パピルスにも羊皮紙にも巻子本と冊子本の両方が併存していてもなんの不思議もないであろう。

このような本の形態における過渡期的な状況が過ぎ去り、文化の中心がエジプトやギリシャなどからイタリアへと移ってゆくと、パピルスにたいする羊皮紙の優位性は確かなものとなり、羊皮紙の特性を十分に生かした本が作られるようになる。それは羊皮紙を折って作る冊子本にほかならない。いくつかの羊皮紙の折帖が集まり、さらにそれらを保護するための表紙がつけば、造本上、一冊の本が完成したことになる。このあと時代が進むにつれ、次第に本の形態が洗練され、写字生たちの手によって、羊皮紙を用いた本文に美しい挿絵を描いた数多くの彩飾写本が制作されることになる（図5）。

三　羊皮紙作り

しばらく前になるが、南スペインを旅行したとき、薄い、乳白色の羊皮紙をメニューやランプシェードに使っていたレストランで食事をしたことがある。それらの小道具が、古めかしいレストランの雰囲気をさらに盛り上げていたのに感心したことを覚えている。このような羊皮紙はパピルスのあとに登場し、ヨーロッパ中に広まり、西洋では千年以上もの長いあいだ、紙のような存在でありつづけた。そのため今でもヨーロッパでは、羊皮紙が本の表紙や卒業証書をはじめとして、さまざまなものに使われている。

日本人が書いた西洋の書物に関する本にも、美しい羊皮紙装本がしばしば紹介されている。しかし、それらの本に使われた羊皮紙の性質やそれを用いた製本の仕方など、具体的に述べている本はほとんどないようである。その理由は、この種の本の著者たちの大半は外国語のできる書物好きであっても、壽岳文章《じゅがくぶんしょう》など数人の書物研究家をのぞけば、羊皮紙装本が作られる様子はもちろんのこと、おそらく一枚の羊皮紙そのものも見たことがないからではないだろうか。モロッコ革についても同じことがいえるが、羊皮紙そのものを知らないで、羊皮紙装本について多くを語れないように思える。

羊皮紙やそれと同じようなヴェラムは、モロッコ革やシャグラン革（粒起革《りゅうきがわ》）などの製本用の革とまったく異なる性質を持っている。というのは、それらの革と異なり、羊皮紙やヴェラムには製造段階で「鞣《なめ》す」という工程がない。そのため、これらは皮なのに柔軟性がまったくなく、ひどく硬いうえ、糊づけなどで皮が湿ったときには波を打ち、きわめて扱いにくい。当然、羊皮紙やヴェラムを用いる製本には越えがたい困難がつきまとう。たとえば、ケルムスコット・プレスの表紙が軽く波を打っているのを目にすることがあるが、これは湿気に皮が反応したことや、表紙に芯となるボール紙が用いられていないことの結果である。

羊皮紙やヴェラムについて知るために、これらの皮の作り方を簡単に紹介してみよう。

羊皮紙やヴェラム作りは、まず、羊皮、山羊皮、仔牛皮などから毛や表皮、肉を取りのぞく。ここまではモロッコ革やシャグラン革の製造方法と同じである。それから、羊皮紙やヴェラムに適した、白く美しいものを選別したあと、つぎのような作業がおこなわれる。

1　選んだ皮を、石灰水に漬ける。
2　さらに白さを増すために、過酸化水素水に漬ける。
3　皮の周囲に穴を開け、そこに通した紐を長方形の大きな木枠にとめ、皮を強くはる。
4　リュネットという半月刀や浅いすり鉢状の形をした特殊な皮すき具を使い、皮を薄くすく（章扉参照）。このときにすく量で皮の厚さがきまる。
5　粉末の石膏をかけたあと、きわめて目の細かい石を使い、表面のやすりがけをおこなう。
6　このままの状態で自然乾燥をさせる。

これらの工程は、一九八一年にパリのモンパルナスにある郵便美術館で催された「フランスの製本装丁展」のカタログをもとに述べたものである。(7) 本によっては、皮を木枠にはる前に、過酸化水素水のかわりにライム液に漬けると述べているものもある（図6）。

このようにしてできあがった羊皮紙やヴェラムを使い製本をおこなうのであるが、表紙の芯にボール紙を使う場合は、皮をはる前に特殊な下準備をおこなう必要がある。

羊皮紙やヴェラムは薄く、その厚さは〇・一——〇・五ミリほどのものが大半である。また、一枚の皮でも

図6 「羊皮紙作り」（18世紀中頃）
左から 伸ばし用の木枠にはった皮を削る人 液体の入った槽に皮をつける人 皮をはぐ人 皮にヤスリがけをする人 水槽に皮を入れて洗う人 でき上がった羊皮紙を決まった大きさに切る人

薄いところと厚いところがある。そのため、皮をはったとき、地の色が、つまり表紙の芯に使ったボール紙などの色が透けて見えることがある。そこでほとんどの場合、白い紙で羊皮紙やヴェラムを裏打ちしてから、表紙に用いなければならない。羊皮紙やヴェラムを裏打ちすることで、ボール紙の色などが透けて見えることを防げる。これとは別に、皮のはられる箇所に白紙をはったり、白い絵の具を塗る方法もある。

表紙の芯にボール紙を用いた製本では、どちらかといえば薄い羊皮紙やヴェラムを使った方がよいといわれている。厚い皮では折り曲げにくく、美しい装本に仕上がらない。ただし、羊皮紙やヴェラムには紙以上に薄いものがあるが、あまりに薄すぎる羊皮紙やヴェラムは裏打ちして使うにしても勧めることができない。なぜなら、これらの材料は、基本的には「紙」ではなく「皮」なので、ある程度の厚さが求められる。微妙なことだが少し厚さのあるものを使う方が、美しい羊皮紙装やヴェラム装の本ができあがる。

羊皮紙の色についても少し述べておこう。ケルムスコット・プレスが好例となるように、一般的な羊皮紙の色は乳白色や薄いアイヴォリー色といえる。たとえば、岡本かの子は『老妓抄』(一九三八)において、主人公の老奴の皮膚を「鰻の腹のやうな靭い滑らかさと、羊皮紙のやうな神秘な白い色」と表現している。しかし、女性の肌のように白いとはいえない羊皮紙も存在する。それは日本では目にすることはないようだが、フランス語でパルシュマン・アンティック Parchemin antique(古羊皮紙)と呼ばれている、トパーズ色をした羊皮紙である。これは皮革屋で売られているときから、古さを醸しだすような、くすんだ黄色味がかった色を持っていて、一般的な白い羊皮紙より見た目の雰囲気がよい。また、手漉きの和紙などにときおり見受けられる、細かな繊維むらのような筋がところどころにはいっている羊皮紙もある(84ページ、図11参照)。

四　羊皮紙とヴェラム

ヨーロッパでは紙が使われだしてからでも、羊皮紙は重要なことをしたためるとき、しばしば書写材料として用いられていた。

東京都庭園美術館で催された「レオナルド・ダ・ヴィンチ人体解剖図展」(一九九五)を見たら、作品のほとんどが紙に描かれており、しかもそれらの多くは、裏面にもさまざまな器官が描かれていた。ところが、この展覧会には羊皮紙に描かれた内臓の絵が一点だけ展示されていた。しかし、レオナルド・ダ・ヴィンチ（一四五二—一五一九）はこの羊皮紙の作品では裏面になにも描いていなかった。羊皮紙は紙と異なり表と裏の差が歴然としているために、レオナルドは裏側に描かなかったと考えられる。

オーストリア生まれの伝記作家シュテファン・ツワイクは『マリー・アントワネット』のなかで、彼女が結婚の誓約を署名した羊皮紙について描写している。

それからまず第一に王が、つづいて身分の順にしたがって一族の人たちが、結婚約束書に署名するのであった。それはもの凄く長い幾重にもたたまれた文書である。今日なおわれわれはこの色あせた羊皮紙の上に、十五歳の子どもらしい筆蹟でたどたどしく書かれた、不揃いな下手に並べられた「マリー・アントワネット・ジョゼファ・ジャンヌ」という四語、そしてそのかたわらに——またしても不吉な兆だと誰しもささやくところであるが——あらゆる署名者中まったくただ一人、彼女だけがままならぬ筆をすべらしてよごした、大きなインキのしみを見るのである。(8)

マリー・アントワネットが自らのサインを書き損じた（?）羊皮紙はぜひ見たいものだが、ヨーロッパにおいては、このように羊皮紙に書かれた重要な文書の存在は珍しくない。ドイツ・ルネサンスの画家アルブレヒト・デューラー（一四七一—一五二八）はニュールンベルクに住んでいたが、一五二〇年から翌年にかけて、妻と召使いを同行して、およそ一年のあいだフランドル地方を旅行した。そのとき彼は、どのように収入を得て、なににいくらの支出をしたかを詳しく書いた旅日記を残している。私たちはそれを『ネーデルラント旅日記』(9)として今も読むことができるが、それによれば、彼は紙も買っているが、羊皮紙も買っていることがわかる。その枚数は不明だが、金額的には羊皮紙のほうに三十倍以上も支払いをしている。デューラーはこの羊皮紙をなにに使用したのであろうか。手紙であろうか。それともレオナルドのように、羊皮紙になにかを描こうとしたのであろうか。残念ながら、彼は使用目的までは書きしるしていない。

ところで私は、何気なく羊皮紙という言葉をここまで使ってきたが、長いあいだ羊皮紙について疑問に思っていることを述べてみたい。

私の疑問はただひとつ、「羊皮紙とヴェラムにはどんな違いがあるのだろうか?」ということである。両者のあいだに、一般的にいわれるような違いが本当に存在するのだろうか。レオナルドが描いたのはなぜヴェラムでなく、羊皮紙なのだろうか。マリー・アントワネットの結婚約束書が書かれたのは間違いなく羊皮紙なのだろうか。けっして多いとはいえないが、私の羊皮紙やヴェラムを見たり触ったりした経験からいえば、両者のあいだにはっきりした違いはない。

『夜警』(一六四二)で馴染み深いオランダの画家レンブラント(一六〇六―一六六九)。彼の銅版画には、イギリス人の編纂した銅版画カタログによれば、かなりの点数ヴェラムに刷られているものがあるという。たとえば『三本の木』(一六四三)(図7)や『画家ヤン・アセリン』(一六四七)がそうである。またケルムスコット・プレスでは、ふつう、ヴェラム装と説明されることがあっても、羊皮紙装と説明されることはない。モリスやケルムスコット・プレスに関する文献は膨大な数にのぼるが、羊皮紙とヴェラムの違いについて触れている本はほとんどないようである。つまり、ケルムスコット・プレスはヴェラム装ということで衆目は一致している。たとえば、ケルムスコット・プレス研究家のウイリアム・S・ピータースンが、一九九一年

図7　レンブラントの銅版画『三本の木』

に発表した『ケルムスコット・プレス――ウィリアム・モリスの活字の冒険の歴史』（邦題『ケルムスコット・プレス――ウィリアム・モリスの印刷工房』）には、珍しくケルムスコット・プレスの製本について触れている箇所がいくつかある。それによれば、モリスの時代には良質の山羊革や仔牛革が存在しなくなったため、その耐久性を考慮して、簡素な全ヴェラム装かクォータリー・リネン装になったという。つまり、あのきわめて工芸的に仕上げられた豚革装やモロッコ革装の本は特別に制作された豪華な革装本というわけである。しかし、このような興味深い指摘はあるものの、この大部の著作ですら、ケルムスコット・プレスに用いられたヴェラムそれ自身については触れていない。

それではここでの本論に立ち返ろう。

一般的にいわれている羊皮紙とヴェラムの違いとはつぎのようなことで、それは百科事典などに書かれている。つまり、羊皮紙は山羊や羊の皮から作られ、ヴェラムは仔牛の皮から作られる。ヴェラムはそのこともあってか、犢皮紙《とくひし》と漢字で表現されたりする。これはあきらかに羊皮紙と対比させた翻訳語と思われる。「犢」とは子（仔）牛を意味する。また「仔」とは小さい動物を意味する。しかし羊皮紙とヴェラムをつぎのように述べている専門家もいる。有名な製本装丁コースのあるパリのエスティエンヌ校の教授が書いた『製本装丁』には、羊皮紙は羊皮から、ヴェラムは山羊皮や仔牛皮から作られるとある。(10) さらには、両者の見た目などを説明している本もある。その場合は大抵、ヴェラムは羊皮紙にくらべると、質がよく美しく高価であると述べている。ヴェラムが羊皮紙にくらべて良質で美しいということは、ヴェラムが仔牛の皮から作られるとすれば納得がゆく。ヴェラムは、ヴェラムが仔牛の皮から作られるとすれば納得がゆく。モロッコ革にくらべると仔牛革は耐久性に劣る。しかし十七、八世紀のフランスでは、モロッコ革装本と同じように仔牛革装本が多く作られている。山羊皮から作られるモロッコ革は「しぼ」があり、独特の美しさを持つが、仔牛革は、モロッコ革とは反対に、まったくしぼがなく、繊細な美しさを持つことで人気があった。このことは、仔牛の皮から作られるヴェラムが、そのほかの動物から作られる羊皮紙（やヴェラム）と比較して、質がよく美しいということにつながるのではないだろうか。

一見して両者の差がさほどないといったが、不思議な現象がある。一般的にフランスで書かれた製本についての本では、羊皮紙についておもに書き、ヴェラムについては触れていないことが多い。これにたいしてイギリスで書かれた製本についての本では、ケルムスコット・プレスが物語るように、ヴェラムを中心に述べ、あまり羊皮紙について触れていない。

ところで、一九七五年にイギリス人のロナルド・リードが著した『羊皮紙の性質と製法』(11) には、私の年来の疑問を氷解させるような、いくつかの興味あることが書かれている。

リードの結論をまとめれば、羊皮紙とヴェラムには、両義的な表現になるが、違いがあるが違いがないこと、いいかえれば、羊皮紙のなかにヴェラムが存在していることになる。彼はふたつの言葉の存在理由をエティモロジィ（語源学）から説明する。リードによれば、かつて羊皮紙は山羊や羊だけでなく、仔牛、豚、うさぎ、牛など、さまざまな動物から作られていたという。羊皮紙が山羊や羊から多く作られたわけは、これらの動物がもっともありふれていて利用しやすかったこと、さらには皮の大きさがちょうど手ごろだったことが考えられる。しかし、実際には、僧院で彩飾写本を制作していた写字生には仔牛の羊皮紙（ヴェラム）が好まれた。仔牛皮から作った羊皮紙は丈夫で、かつ表面がなめらかだった。このようなことからしだいに、写字室では仔牛の羊皮紙が用いられるようになった（図8）。

語源的にみれば、まず、ヴェラム Vellum はフランス語のヴェラン Vélin から、そのヴェランは仔牛を意味するラテン語の Vitellus や Vitulus から生まれたと考えられる。たとえば、『ロベール仏和語大辞典』（小学館）によれば、ヴェランは「①犢皮紙、仔牛革紙：主に死産の子牛の革で作られ、通常の羊皮紙より滑らか。②子牛革。③ベラム紙」などとある。ついでにいえば、現在では、画家にとってのヴェランという言葉は、フランス産の高級な水彩画用紙や版画用紙をさす。リードはしかし、ヴェラムはそれらの言葉だけから由来するのではなく、皮膚を意味するラテン語 Pellis が変化したとも考えている。この言葉が転訛して、ドイツ語や古代英語で皮膚や毛皮を意味する Fell になったことは知られている。彼はまた、十四世紀の『フラン

図8　羊皮紙に書く写字生

— 251 —

Trintchefile. Tranchefile. Petit rouleau fait d'un petit morceau de ficelle recouvert de soie, de coton, de flanelle rouge ou de peau, que l'on place aux deux extrémités du dos d'un livre.

V

Vê. Veau. Peau se préparant avec de minces peaux de veau. On en fait surtout usage pour les reliures d'amateur et de bibliothèque, ou en général pour toute reliure ou demi-reliure sérieuse.

W

Wâde. Voyez *Tchimîhe.*

Winne. Voyez *Gainne.*

図９　『ワロン・フランス語製本用語集』
（翻訳）Vê　仔牛。薄い仔牛の皮から作られる革。とりわけこの革は愛好家や図書館の製本、また総革装本や貴重な半革装本のために用いられる。

ス・フランドル語辞典』に見つけたPiel（皮膚という意味）がVelになった例もあげている。二十世紀の初めに出版された『ワロン・フランス語製本用語集』という小冊子には、仔牛革がVêと表記されている（図9）。ワロン語とはベルギー南部のフランス語圏で話されていた言葉である。フランス語の一方言といえばわかりやすいだろう。

ラテン語のVitellusやVitulusが変化して、中世フランス語ではVell、フランドル語ではVelなどと転訛していった。このような結果、英語ではヴェラムという言葉が登場したと考えられる。それにしてもラテン語を少し学んだ者なら、Vellumという言葉がumで終わっていることから、一見してこの言葉自身がラテン語ではないかという印象を持つのではないだろうか。羊皮紙作りに仔牛が使われるようになって、先に述べたように、写字生たちにその仔牛の羊皮紙が好まれたため、仔牛による羊皮紙が独立し、ヴェラムやヴェランという言葉が誕生したと思える。リードは、十五世紀のフランスの写字生たちの会話に、ヴェラムと羊皮紙を同じ意味で使っているやりとりが残っていることも例証している。

すでに述べたように、羊皮紙はペルガモンで作られたことから、英語ではパーチメント、フランス語でパルシュマンと呼ばれているが、ペルガモンで作られた当初の羊皮紙には、おそらく羊の皮、もしくは山羊の皮が使われていたと考えられる。しかし羊皮紙が広まるにつれて、当然のこととしてさまざまな動物の皮が使われだした。羊皮紙職人によって良質なものが追求されたり、安価なものが考案されたりしたはずである。仔牛の皮の使用もこのようにしてはじまったと思われる。そして仔牛の皮から作る羊皮紙は、羊や山羊の皮から作る羊皮紙より質がよかった。ここから羊皮紙と同じ意味でありながら異なる仔牛皮紙（犢皮紙）という言葉がおこり、結果的に両者の混同を招いたと考えられる。日本語ではパーチメントが羊皮紙というように、「羊」の字が使われている。そのため羊皮紙といえば羊や山羊の皮で作られている印象を与えるため一層混乱するが、リードに従えば、紙のように薄く処理した皮は、その原皮がどんな動物であれ、基本的には羊皮紙（パーチメント）といってよいようだ。

このようにみてくると、ヨーロッパの語族から遠い私たちにとっては、右か左かはっきりしない迷える結論ではないかというきびしい評が聞こえてきそうだが、かのシェイクスピアはつぎのように書いている。

ハムレット「羊皮紙は羊の皮から作られているのではないのか？」
ホレイシオ「しかり、閣下、それと仔牛からも作られています」

（『ハムレット』第五幕、第一場）

ヴェラムは生まれたばかりの仔牛だけではなく、しばしば腹子《ハラコ》を使って作られた。これも仔牛だけにかぎるのではなく、羊や山羊の腹子も使われたと考えられる。まだ毛のはえていない、薄く丈夫な皮膚は、もっとも上質な羊皮紙として愛用された。しかし、大きさの問題があって、腹子の場合はしだいに仔牛だけが使われるようになったようである。この皮はきわめて良質で薄いこともあって、書写材料としてだけでなく、写本にあいた穴を繕うためにも用いられた。薄くて丈夫なので、一ページをまるごと覆い、写本を補強し、読みやすくした。このような使い方は、わが国における薄様《うすよう》の雁皮紙を用いた修補や裏打ちとそっくりである。なお、腹子の皮は畏怖と迷信から適当な材料ではないと見なされ、イタリアのいくつかの都市ではこれを使う皮の製造が禁止された。

このほかにも、羊皮紙には珍しい用途があった。ヨーロッパでは和紙のように薄くて丈夫な紙がなかった。そこで、長いあいだ、薄く堅牢な羊皮紙が箔打ち用に供されていた。金色は写本や建物を飾るもっとも美しい色彩である。当初は金粉を筆につけて用いていたが、もっともよい方法は、アガートと呼ばれる道具で金箔をこすってはりつけることであった。そのためには薄く延ばした金箔がどうしても必要となった。薄い金箔を作るための箔打ち紙として使われたのが、動物の腸から作られた羊皮紙だった。この羊皮紙はきわめて薄いが丈夫で弾力があるため、薄く金を延ばすために適しており、数百回、数千回という箔打ちにも耐えるのである。

第三章　本の誕生と製本術

巻子本をいれるカスパと呼ばれる丸木箱（古代ローマ時代）

一　コデックスの誕生

本の誕生をどこに求めるかにはさまざまな意見があるが、巻子本を初期の本と考える人が多い。西洋ではパピルスや羊皮紙による巻物が作られ、それは古代ローマ時代にはウォリューメン volumen――ラテン語の発音では、ふつうvは濁らない――といわれていた（図1）。この言葉は英語やフランス語となって、本や巻数、容積や量を意味するヴォリューム volume へと変化した。本の歴史を考えるとき注目しなければならないのは、長いパピルスや羊皮紙が巻物をやめ、いつから一定の大きさのシートとなって紐や糸で綴じられたのか、ということである。またその一方で、初期の本の形態でいえば蠟板の存在にも目を向けなければならない。蠟板は一枚だけで使うのでなく、必要に応じて二枚、もしくは三枚と重ねて用いられたことはすでに述べた。このように複数の蠟板を使用したときは散逸しないように重ねて綴じられた。形態と材質のまったく異なる初期の本、つまり、巻子本と蠟板が、綴じるということで冊子本の誕生に結びついたと考えられる。

図1　巻子本を買う古代ローマ人

図2　初期コデックスの板表紙の表［上］と裏［下］（2、3世紀、チェスター・ビーティー図書館）

古い時代の本をさす言葉にコデックスcodexというラテン語がある。この言葉は古代ローマ時代には、初め綴じた蠟板のことをさしたが、のちには羊皮紙やヴェラムからなる冊子本をさすようになった。そして人によっては、漠然とした印象を与えるが、古写本や古文書という意味で使う場合もある。つまり、コデックスとは綴じられた初期の本といってよいようだ。西洋においては、ある時期から、木製の表紙によって、パピルスや羊皮紙の折帖がはさまれる形態となった。これはコデックスの進歩した形である。

わが国ではほとんど馴染みのないコデックスを具体的に、いくつか紹介してみよう。

ダブリンのチェスター・ビーティー図書館には、きわめて興味深い初期のコデックスが所蔵されているが、それらの形態をかなり詳しく紹介した小冊子が存在する。それには蠟板とは異なる、いくつかの板表紙に関する報告が載っている。ここで紹介されている板表紙のついたごく初期のコデックスは四点である。ツゲやプラタナスから作られているそれらの表紙は一〇センチ四方ほどで、けっして大きなものではない（図2）。残念なことに中身（本文）は残っていないが、パピルスと考えて間違いないようだ。パピルスは想像するより丈夫である。必要となれば表面を削ったり、海綿で拭きとったりして、書かれた文字を消し、再利用することもできた。しかし、その保存はエジプトのように乾燥している土地でこそ可能であったが、湿気が多いところでの保存はうまくゆかなかった。またパピルスは皮や紙と異なり、折り曲げることに弱かった。このような結果、中身が散逸したものと思われる。

これらのコデックスは、おそらく前コプト語の本、つまり紀元二、三世紀頃のものと見なされている。図2は同じコデックスの板表紙の表と裏である。正確な板の大きさは、高さ一〇二ミリ、幅九六ミリ、厚さ一一ミリ、木の材質はツゲである。裏側にある窪みは縦五六ミリ、横五〇ミリ、縁の幅は四方ともほとんど同じ（二、三ミリ）である。窪みのあることから、これを蠟板ではないかとする意見があるかもしれないが、いくつかの状態から判断してそれはありえない。たとえば、この時代の蠟板にしては板のサイズにくらべて縁の幅が大きく洗練されていないこと、窪みに蠟の痕跡がないこと、そしてなによりも目につくのだが、表側まで通じるふたつの穴が存在していることなどが反証の根拠となる。この小冊子の著者ベルト・ファン・レゲモルテルは、窪みの存在について、「工芸においては伝統が強く影響するため、蠟板を作るという習慣の職人は木の表紙を作ったときでも、表紙の裏をそのまま平らに残して、労働時間を節約しようとすることを考えなかった[1]」と述べている。

この表紙でもっとも重要なことは、写真ではわかりにくいが、板の横の方からも、図解したような穴がさらにふたつあけられていて、上の穴はちょうど窪みの上部に、下の穴はちょうど窪みの下部に通じていることである（図3）。そして、これらの穴のなかには革紐の通った痕跡が認められている。つまり、なんらかの方法でかがられた中身（パピルス）に、この板の表紙が革紐を使ってつけられていたと考えられるだろう。パピルスの折帖につながっている革紐がAからA´へ抜けてBにはいり、表へ抜けたと考えられる。またもうひとつの革紐はDからD´へ抜けてCにはいり、表へ抜けたと考えられる。このようにして折帖に表紙がつき、初期の冊子本のひとつができたのではないだろうか。少なくとも、この板は初期の本の一

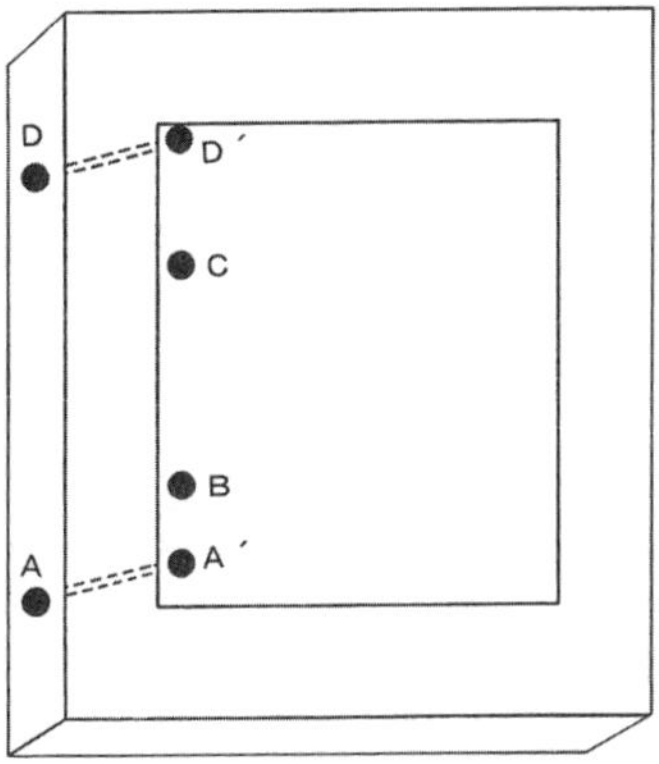

図3　コデックス（図2）の板表紙の図解

形態のきわめて具体的な証拠である。この表紙は木が露出していて、いまだ革や布などで表紙はおおわれていない。しかし、図2でわかるように、表側にはすでに模様が彫られ、本の表紙がすでに装うことを始めていることに気づく。興味深いことは、この矩形《くけい》と菱形は、近世に発達したモロッコ革装本などでも頻繁にモチーフとなり、金箔押しされた模様と類似しているということである。書物は本文を保護するための表紙を持つやいなや、その表紙に装飾を持ち、爾来《じらい》、その表紙の装飾は、つまり今でいうブック・デザインは、長いあいだざほど変化しなかったといえる。

板だけでおおわれたコデックスには革も使われるようになる。それはほとんど半革装本といえるものである。パピルスの折帖を二枚の板ではさむだけでなく、背を革でおおい、左右にはみでた革が両側の表紙にはられる。この表紙では裏側（内側）に窪みはなく、平らである。紀元五、六世紀にエジプトで作られたと推測されているこのような表紙もチェスター・ビーティー図書館に保存されている。パピルスの折帖を二枚の板ではさんだだけでは、背が露出してきわめてプリミティブな印象を与えるが、その背が革でおおわれると、基本的な製本術がすでに完成してしまったといえるだろう。初期のコデックスには、このような板の表紙以外のものも存在している。それは数枚から十枚ほどのパピルスを固め、芯として使い、それを革でおおったものであり、それらはチェスター・ビーティー図書館やパリ国立図書館に保存されている。このような表紙は、紙漉きがおこなわれるようになって使われだしたボール紙を思い起こさせる。こうしてみてくれば、コデックスとはあきらかに製本術の出発点となっていることがわかる。

製本術では表紙の作り方だけでなく、折帖のかがり方やかがった折帖と表紙のつけ方もきわめて重要となる。

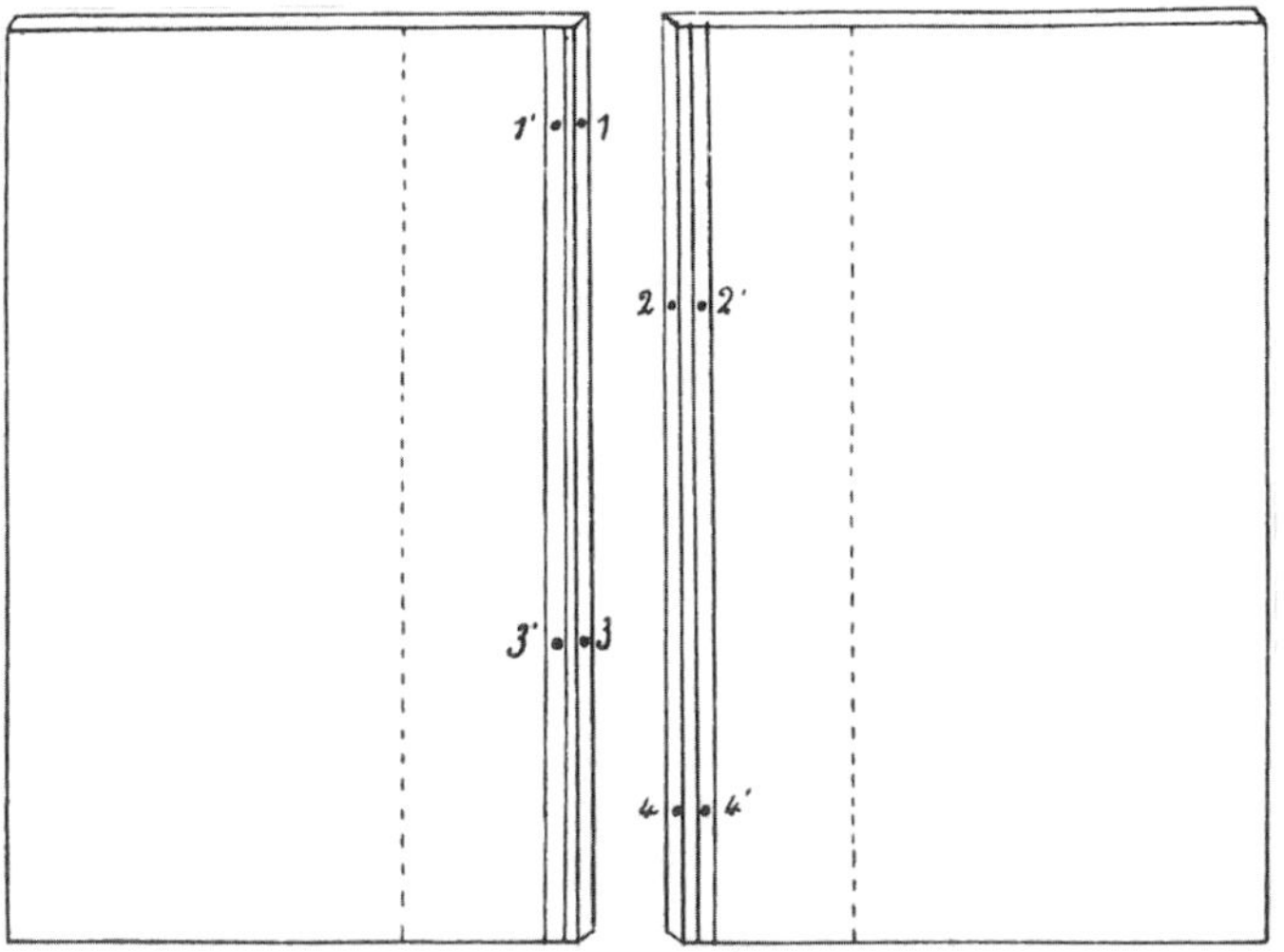

図4　5、6世紀頃のコデックスの板表紙の図解（点線のあたりまで革がはられた）

パピルスの折帖は初め「ぶっこ抜き」のように綴じられたようだ。これは乱暴な綴じ方であり、かがり方である。ぶっこ抜きは、綴じとかがりを同時におこなう、もっとも初歩的な製本術といえる。これはどちらかというと、和本などの折帖、つまり、袋綴じになっている折帖に適している。この綴じ方は、蠟板の端の一カ所もしくは数カ所を紐でループ状に綴じることと似ている。しかし、この方法では折帖がかがられているとはいえないであろう。すでに紹介したように、初期のコデックスの板表紙では、板の側面から紐が通されている。このことは折帖が一折、一折かがられた可能性を示唆しているのではないだろうか。チェスター・ビーティー図書館には革でおおわれた板表紙があると述べたが、その一例を図で紹介してみる。報告では、この二枚の板は杉であり、高さが一二四ミリ、幅が八四ミリ、厚さが九ミリである。板表紙の側面から一〇ミリのところに窪みが作られていて、そこには交差した線が刻まれているが、これは革のつきをよくす

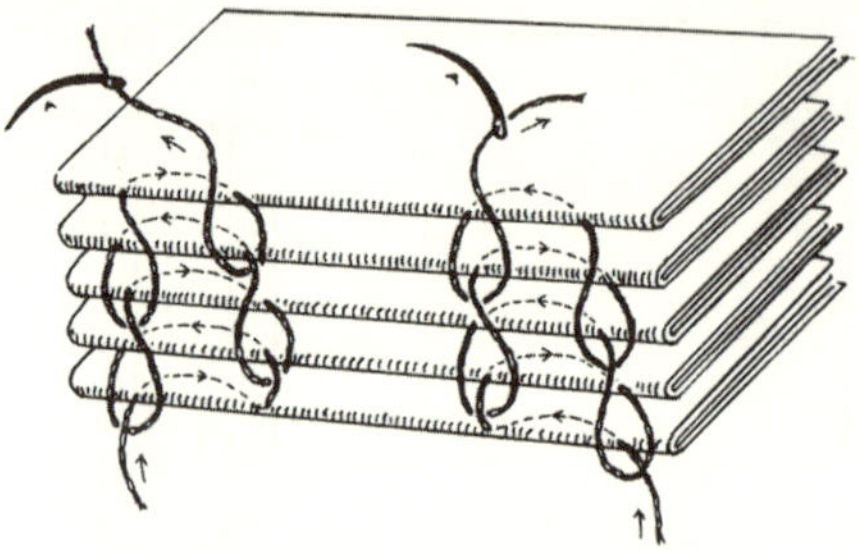

図5　2本の糸を使ったかがり

るためにつけられたという。[2] B・V・レゲモルテルはこの線を、先に紹介したニムルドの遺跡から発見された象牙製の蠟板に見受けられた交差線と同じようなものと考えている。ここで目につくのは穴の位置の違いである(図4)。1—1′、2—2′、3—3′、4—4′の穴は貫通するように開けられているが、右と左の表紙ではそれぞれの穴は対称的な位置にない。1は上から一四ミリ、3は下から三五ミリのところにある。2は上から三八ミリ、4は下から一二ミリのところにある。さらに気づくことは、1と3、2と4の間隔がほとんど同じということである。これらの穴の位置には、表表紙と裏表紙の関係にあって、なにか機能的なことが存在していると推測できる。もっとも考えられることは、折帖のかがり方が要求した穴の位置ということである。

　折帖のかがり方にはさまざまある。初めにおこなわれていたかがり方は二本の糸を使い、折帖をつぎつぎにかがる方法であった(図5)。不思議なことだが、この方法はカタン糸を使った現在の機械かがりと似ている。このかがり方は、折帖のひとつの穴からはいった一本の糸がでてきたら、すぐ上のつぎの折帖の穴にはいり、再びでてくる。その糸は、前の折帖をかがった糸をからげてから三番めの折帖の穴のなかにはいってゆく。これを繰り返し、最後の折帖までかがってゆく。もう一本の糸でも同じかがりがおこなわれる。この結果は図でわかるように、それぞれのかがり糸の初めと終わりの位置がずれている。その位置が図4にある二枚の板表紙の穴の位置1と3、2と4に対応しているのではないだろうか。これらの二本の糸の端が木製の表紙に穿っておいた穴に通され、板表紙が綴じつけられた。そしてむきだしの背にまたがって革をはれば、中世初期の半革装本ができたことになる。このようにして初期の冊子本のひとつ、つまりはパピルスや羊皮紙が折帖となっている板表紙の本が誕生したと考えられる。

二　製本術の変遷

中世にあっては一冊の本は羊皮紙から作られていた。そのため、本を作ることは、まず、羊皮紙を作ることから始まった。ふつう、羊皮紙は写本のおこなわれている修道院で作られた。というのも、多くの修道院がきれいな水の流れる川のそばにあったため、皮を漬けたり、洗ったりして大量の水を必要とする羊皮紙作りには適っていた。

写字生たちは僧院に設けられた写字室で、できあがった羊皮紙をしかるべき大きさに切って、それらの表と裏に文字を書き、さらに装飾模様や挿絵を描いた。折帖を作るときは、一定の大きさに裁った羊皮紙を真ん中で半分に折り、一枚で四ページとなるようにするのだが、羊皮紙の折帖にはその組み立て方に重要な決まりがあった。羊皮紙は動物の皮なので、羊皮紙の製造方法が進歩しても、紙と異なり、表と裏にははっきりした違いがある。つまり、皮なので毛皮側と肉側がある。そのためページを繰ったとき、見開きのページで左右に差のないように折帖を作らなければならなかった。事実、長い年月のうちに、羊皮紙は毛皮側が黄ばんでくるため、より一層、表と裏に色の差がでてくる。そこで、表は表の面が、裏は裏の面が隣り合うよう

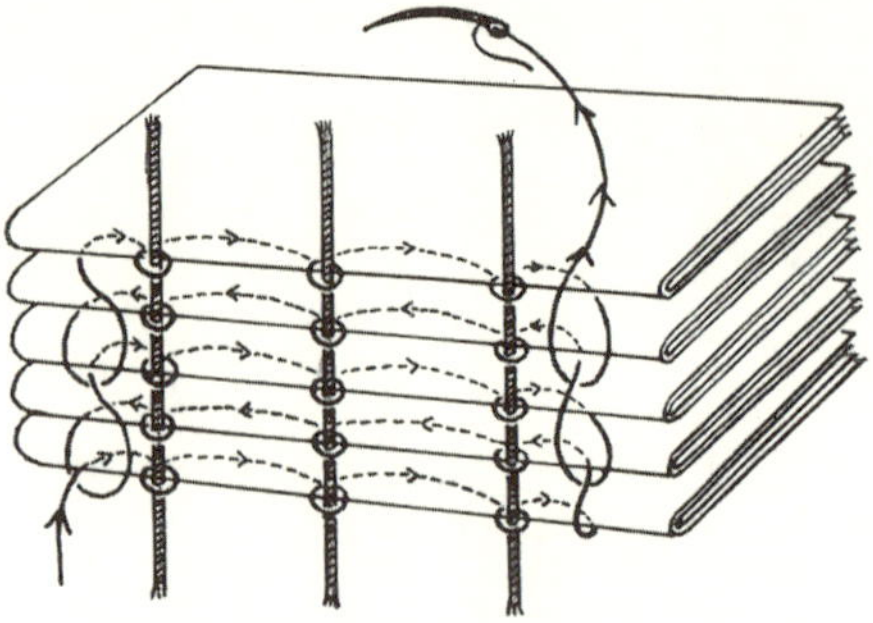

図６　１本の糸を使ったかがり

に、いいかえれば、本を見開いたとき、毛皮側は毛皮側と、肉側は肉側と面するように羊皮紙を重ね、折帖を組み立てた。当然、かがる時間を少なくするために、一折のページ数を多くする必要があったが、そういう場合でも、羊皮紙の同じ面（表または裏）を合わせるということは必ず守られた。

独立した二本、もしくは三本の糸を使うかがり方のつぎに、一本の糸と数本の「綴じ紐」を用いたかがり方が登場した（図６）。それは折帖の背にたいして数本の綴じ紐を真横にわたし、折帖のなかを通る糸が外にでてきてはそれらの綴じ紐をからげながら折帖をかがる方法である。この方法ではかがり糸がどこかで切れても、折帖がばらけることはほとんどありえない。しかし、表紙となる板に数本の綴じ紐を固定してから、折帖をひとつのせてかがり、またひとつのせてかがってゆくのでは、折帖をかがる作業が不安定ではかどらない。そこで折帖にわたす綴じ紐を、上と下で支える「かがり台」が誕生した（図７）。十一世紀頃のことであった。この道具を用いることで、糸を通した針が折帖のなかを通って背にでてきては綴じ紐をからげるかがり方、つまり、一本の糸ですべての折帖をかがる総かがり（本綴じ、総綴じ）が一般化した。

かつて綴じ紐には牛の靭帯が使われていた時期がある。そのことを物語るように、フランス語では背バンド（綴じ紐によって背にできる凸状のでっぱり）のことを靭帯とか筋を意味する「ネール nerf」といっている。

一般的な綴じ紐には丸い麻ひもや平らな革帯がある。この麻ひもは、わが国では麻緒《あさお》とか綴緒《とじお》とも呼ばれている。麻の綴じ紐を英語ではコードといい、フランス語ではセプタン septain という特殊な言葉で呼ぶ。七本の麻糸を撚《よ》って作るために、フランス語の数字の7（セット sept）という語から派生したためである。このような綴じ紐の用い方には「シングル」と「ダブル」のケースがある（86ページ、図12参照）。丸く太い麻紐を用いた製本では、折帖のすべてをかがる総かがりをするために、シングルでさえ時間がかかるのが、ダブルの綴じ紐を採用したときはことさら時間がかかる。さらにかがり方には、シングルの綴じ紐でもダブルの綴じ紐でも、同じ綴じ紐にかがり糸を二度巻きつける、念には念のいったかがり方がおこなわれることさえあった。これは羊皮紙で作られた折帖の重さに耐える、堅固なかがり方を求めた結果である。

ところがその一方で、堅固さではなく早さを追求した製本術が考えられた。綴じ紐は折帖の上におかれるのではなく、折帖の背をかがり糸の通る穴よりもっと大きく切って、そこのなかに綴じ紐を埋める方法である。フランスでは、この方法をギリシャ式製本術のひとつと考え、目引きのこぎり（図8）を使って折帖の背に溝を作ることを「ギリシャ式の目引き」と呼んでいる。しかし、愛書家によっては折帖を傷つけるといって、このような目引きをおこなう製本術を嫌う人がいる。もちろん綴じ紐が折帖の背に埋められるようになると、それまで使っていた綴じ紐はもっと細

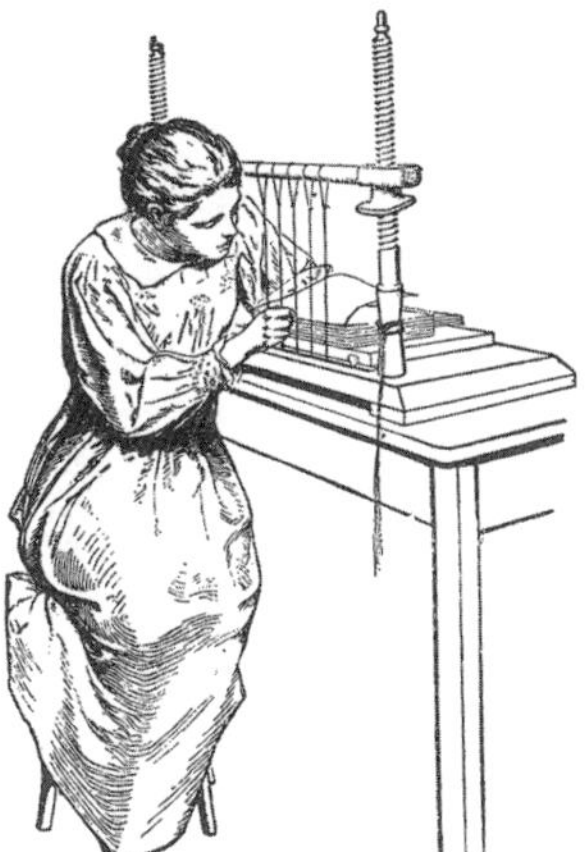

図7　かがり台で折帖をかがる人

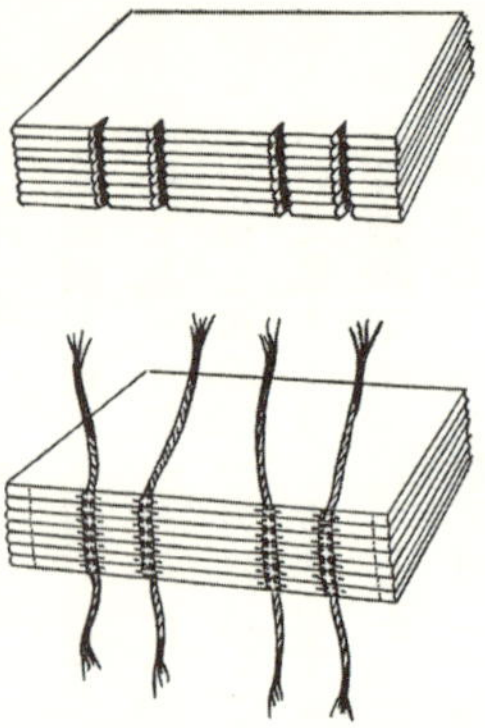

図9　目引きをした折帖と綴じ紐を埋めたかがり

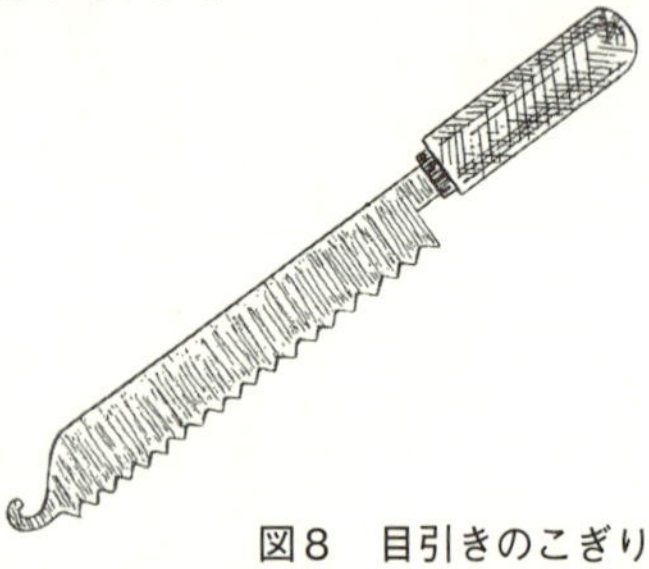

図8　目引きのこぎり

くなり、切られる溝は愛書家たちが想像するほどには大きくない（図9）。この方法が誕生した背景には、折帖をかがる時間の短縮だけでなく、本の背に凹凸をなくそうという意図があった。背バンドによる凹凸がなくなることで、狭い空間ではあるが、縦長の背にさまざまな装飾ができるようになった。

丸い麻の綴じ紐を折帖の背にのせたかがりでは背バンドのある製本となる。これは「真の背バンド」製本である。八六ページの図から想像できるように、綴じ紐の太さや数がそのまま革をはった本の背にあらわれてくる。当然そこに美意識や仕事の能率が働き、結果的に、ダブルの綴じ紐よりシングルの綴じ紐の革装本が多くなった。しかしギリシャ式の目引きによってかがりのおこなわれた本では、ふつう、できあがった本の背は背バンドのない革装本となる。そこで、このようなかがりをした場合でも背バンドをつける方法が考えられた。それは革の表紙ばりの直前に、短冊状に切った厚手の革を本の背にはりつける方法である（図10）。そうすれば背に凸部を作ったことになる。その上からモロッコ革などをはれば、外見は、丸い麻の綴じ紐を折帖の背にのせてかがった革装本と同じように見える。フランスではこの背バンドを「真の背バンド」にたいして、「偽の背バンド」と呼んでいる。

西洋の製本術が劇的に変わったといえる段階は何度かある。そのひとつに折帖の登場がある。すでに述べたように、西洋に製紙法が伝わったのは十世紀を越えてからである。それまではおもに羊皮紙やヴェラムが書写材料として使われていた。これらは巻物として使用されていたが、両面に文字が書かれ、折りたたんで使われるようになり、今あるようないくつかの折帖を中身とする本が登場した。中国や日本では、薄い紙が作られ、それに毛筆で書くということが一般化したため、ふつうは紙の片面しか使われなかった。その結果、折帖とはいっても一折一折が袋綴じであり、折山が前小口となる造本である。しかし、西洋では紙の前身が獣の皮を材料とする羊皮紙やヴェラムであり、その上にペン書きがおこなわれてきた。羊皮紙やヴェラムは厚くて丈夫で高価なため、両面に文章が書かれることが一般的であった。今でも欧米人は、一枚の紙の両面に文章や手紙を書く人が珍しくないのも、このような羊皮紙やヴェラムにペン書きという歴史があるからにほかならない。西洋の本と東洋の本の大きな違いは、皮とペン、紙と筆という組み合わせから派生したといえる。

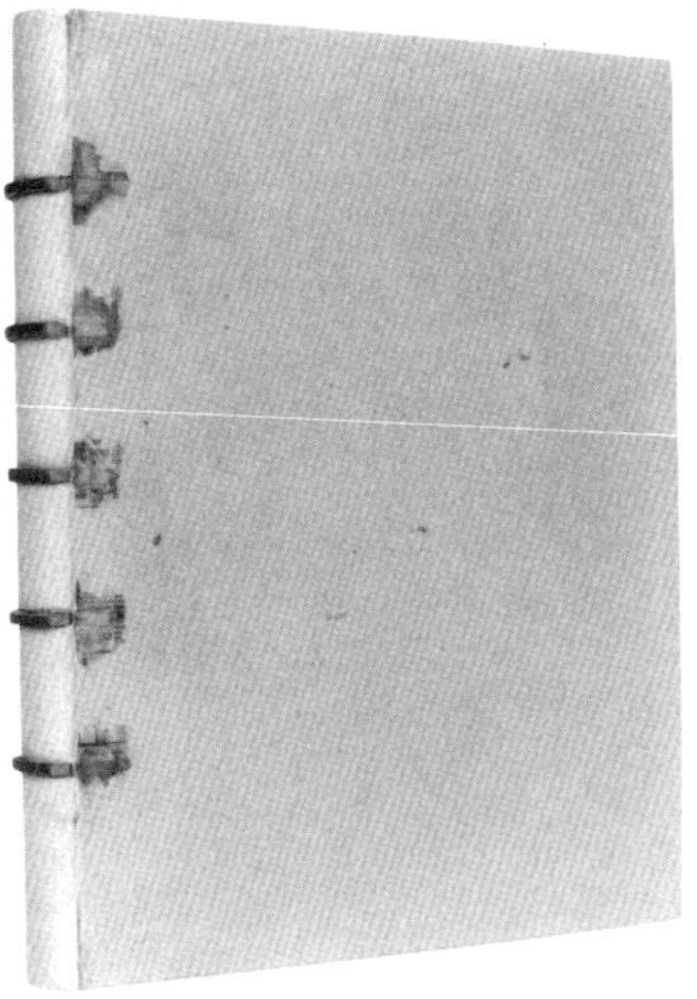

図10 「偽の背バンド」をつけた本

かつて本を作ることはあらゆる工程が手仕事であった。しかし、このことは今の感覚でいうような職人的ということではない。西洋においてもわが国においてもそうであるが、本を作る者は、僧侶に代表されるように、ごくかぎられた知識人だけであった。そのような時代の本は、製本の仕方が簡単で、少しばかりの道具と経験で作ることが可能であった。製本ができることは読者の常識であり、教養であった。近世に近づくと、西洋では製本が次第に複雑となり、とりわけ本がその表紙に装飾を持つようになり、製本を専門とする職人が登場した。ヴァチカン宮殿のシスティーナ礼拝堂に通じる回廊には、宝石や金銀で飾られた数多くの豪華な書物がケースのなかに展示されているが、それらは専門の職人以外にはとても制作できそうにないものである。一般的には、かがられた折帖にその折帖と同じ皮、つまり羊皮紙やヴェラムの表紙をつけるという簡単な製本術がおこなわれていたが、その一方で、本が丈夫であることだけでなく、豪華さも競うようになった。樅《もみ》、楡《にれ》、樫《かし》、杉、樺《かんば》、ブナ、ポプラなどの板で折帖の初めと終わりをおおい、丈夫な表紙をつける製本術が完成されていった。この木製の表紙を革や布でおおい、さらにその上にさまざまな宝石や金具をつけて、本を飾り立てた。とはいっても、中世においても華美に装丁した書物は少なく、羊皮紙やヴェラムで折帖をくるんだ、まさしくケルムスコット・プレスのヴェラム装のような、ごくシンプルな革装本が多かった。

ヨーロッパで紙が漉かれるようになり、さらに活版印刷が発明されると、書物の出版が各都市で試みられた。その当時、印刷され出版されたインクナブラにおこなわれた製本はそれまでのものとほとんど変わらないものであった。しかし、ほどなくして糊で数枚の厚紙をはりつけた「合紙《ごうし》」が登場し、羊や山羊の革でその合紙をつつむ製本がおこなわれるようになると、本がそれまでのものと異なり、瞬く間に軽く小さくなった。形態としてはより現在の本に近づいたといえる。これは十六世紀のできごとで、本を作るための基本的な技術「製紙術」「印刷術」「製本術」がそろったことになる。このような書物作りは大きく変化することとなく、本の出版が続いていったが、製紙術についていえば、十八世紀にはミルボード millboard が登場し、分離しやすい合紙にかわり、表紙のボール紙として用いられるようになった。また本文用の紙として、薄いが裏うつりのしないインディア紙 india paper のような良質の紙が漉かれるようにもなった。しかし製本術についていえば、しばらくのあいだは革表紙への装飾に専念したといえる。このようななかでモロッコ革や仔牛革を使った総革装本が完成した。

十七、八世紀におこなわれた本格的な革装本は、表紙に用いられた素材が板や合紙からボール紙へと変化したものの、その構造においては中世の本と大差はなかった。中世から近世においておこなわれた製本術は、折帖をかがりおえたあとに、折帖の背に渡した綴じ紐を表紙となる素材のなかに通す、いわゆる「綴じつけ」といわれる方法であった。ヨーロッパでは長年にわたって、表紙の芯となる素材（板やボール紙）が製本の途中で、綴じ紐によって本（中身）につけられる製本術がもっとも尊重されていた。表紙が木製の板の場合、表紙が重くなるため、その取りつけ方はきわめて堅固であった。綴じ紐の端は、面取りをしている表紙用の板の側面からはいり、表側に抜け、それから内側に抜けて、さらにもう一度表側にでてきて固定された（図11）。このような綴じ紐の通し方は、板の横でなく、上の方から内側に抜け、それから再び表側に抜けて固定される場合もあった。綴じ紐が二重のときも基本的には同じである。図版からわかるように、板の表紙をつけることはまったく木工細工のような仕事であった。しかし、ボール紙を表紙に用い

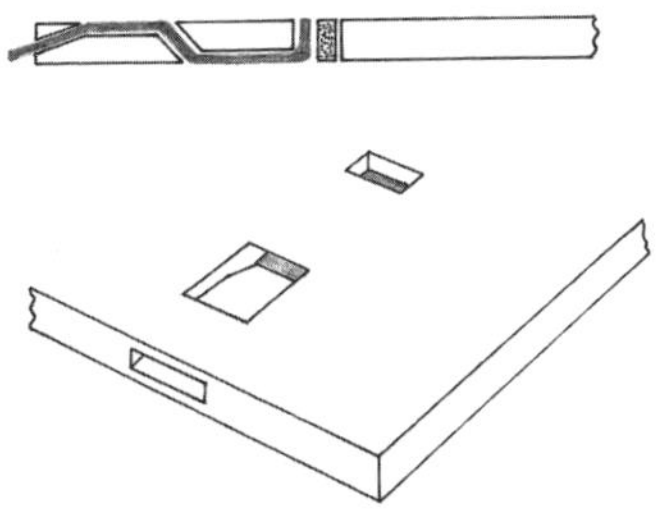

図11　板の表紙に綴じ紐を通す「綴じつけ」

るようになると、本が軽くなったこともあり、綴じ紐の処理はもっと簡単になった。ボール紙は木のように厚くないため、はじめ綴じ紐はボール紙に作った溝を通って内側に抜けてゆく。それからさらに上にでて、表紙の表側に固定された（図12）。これがさらに簡単になると、綴じ紐はボール紙に作った溝を通り内側に抜けて、そのままそこに固定されるようになった。今、フランスなどでモロッコ革を使った本格的な革装本が作られるときは、このような単純な綴じ紐の処理の仕方が採用されている。

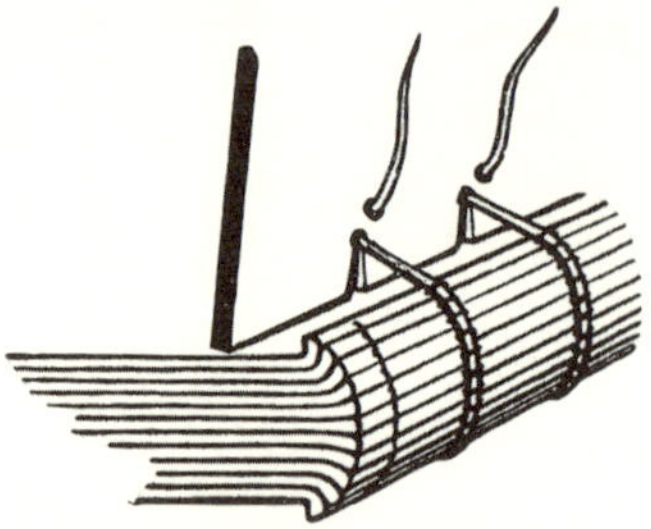

図12　ボール紙に綴じ紐を通す「綴じつけ」

綴じつけによる製本術が極度に洗練され、辿りついた先に、いわゆるモロッコ革の本がある。それ以前にも革を使った本はあったが、それらはおもに羊や仔牛の革を使ったものだった。そこに登場したのが、山羊革であり、それもとくにモロッコ革と呼ばれる革が珍重された。モロッコ革にはさまざまな種類があるが、製本用としては中近東やアフリカ産の山羊から作られるものがもっとも美しく丈夫であった。この当時の製本術では、製本の途中で表紙が折帖に綴じつけられてしまうため、表紙のボール紙をおおうことは革のように柔軟性のある素材でなければ困難であった。その結果、十六世紀以降、表紙を革でおおう製本術が一般化したとき、モロッコ革が革装本の王座についた。モロッコ革装の本には、羊皮紙装の本と異なり、表紙への金箔押しやモザイク模様をほどこす新しい装飾が可能であった。このことも、モロッコ革の高い評価につながった。とりわけフランスでは、十七、八世紀に多くの製本工房が誕生し、優れた製本家が輩出した。こうしてモロッコ革の本が製本とその装飾という点で見事に完成したが、そのようなモロッコ革の本の多くは王侯貴族の所有物であったことも事実である。このような綴じつけ、モロッコ革、金箔押しなどを特徴とする工芸的な製本術が大きく変化するためには、フランス革命や産業革命のような社会的変動が必要であった。

三　画家の描いた書物

多くの画家がさまざまな書物を描いている。写実主義の絵画においては、描かれた書物はさまざまな製本術を具体的に示している。

オランダの画家ヤン・リーフェンス（一六〇七―一六七四）の作品とされる『古書のある静物画』（一六二七頃）（図13）や、ミラノ出身のジュゼッペ・アルチンボルド（一五二七―一五九三）の風刺画『司書』（一五六六頃）のように、書物そのものが主題として描かれた作品は稀だと思うが、多くの作品に主題の人物に関係のある事物（アトリビュート）とし

図13　ヤン・リーフェンス『古書のある静物画』

図14　デューラー『瞑想する聖ヒエロニムス』

て書物が描かれている。そのようななかでまず注目に値する作品が、アルブレヒト・デューラー（一四七一—一五二八）が一五二一年に描いたとされる『瞑想する聖ヒエロニムス』（一五二一）（図14）である。この作品は、彼の書き残した『ネーデルラント旅日記』によれば、アントウェルペンのポルトガル商館で支配人をしていたロドリーゴ・フェルナンデス・ダルマーダへの贈り物だった。日記には「私は《ヒエロニムス》をすっかり油彩で丹精をこめて描き、ポルトガルのロドリーゴに贈り、彼は心付けとしてスザンナに一ドゥカートくれた[3]」とある。スザンナとは、デューラー夫妻が一年にわたってネーデルラント地方を旅したとき、彼らのお供をした召使いである。この作品はポルトガルに持ち帰られ、十九世紀末以来、リスボン古代国立美術館の所蔵品となっている。

『瞑想する聖ヒエロニムス』に注目するのは、この絵にはホロー・バックの書物が描かれているからである。デューラーの並外れた描写力から判断して、そこに描かれた本は当時の造本を正確に再現しているはずである。この作品には獅子は描かれていないが、多くの画家が描いた聖ヒエロニムスをテーマとした作品と同様に、髑髏《どくろ》と数冊の書物が描かれている。ゆるやかに斜めになった書見台の上には、ページのなかほどで開かれた角背の総革装の書物がのっている。書見台の下にも二冊の角背の総革装本が描かれている。本を閉じるために、そのうちの一冊には金具が、もう一冊には革紐が小口側についている。興味を引くのは、書見台にのっている本である。その本は開かれているために本の背と革の表紙のあいだに隙間（空間）ができている。花切れがついていないため、背が空洞になっていることがよくわかる。つまり、デューラーが書見台の上に描いた書物は、製本用語でいえば、背の処理がホロー・バックである。彼が活躍したのは十六世紀前半である。その時代のドイツでは、なぜか近世の製本術を先取りするかのように、ホロー・バックで製本された本が存在していたのである。

　周知のように、製本の世界には、折帖の背と表紙の処理の仕方につぎの三種類がある（図15）。

○フレキシブル・バック（柔軟背）
○タイト・バック（硬背）
○ホロー・バック（腔背《あなぜ》）

　フレキシブル・バックは、あえていえば、今の文庫本や選書などの背の形態といってよいだろう。それらの背にあたる部分には、柔らかくやや厚い

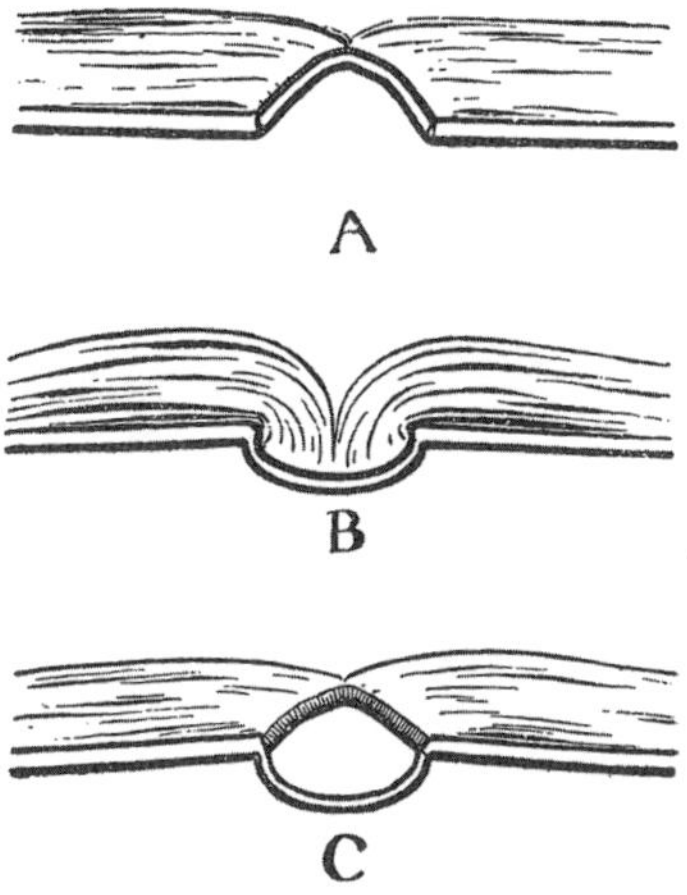

図15　背の種類
［A］　フレキシブル・バック（柔軟背）
［B］　タイト・バック（硬背）
［C］　ホロー・バック（腔背）

紙が表紙として使われている。しかし、歴史的には中世の製本術がだんだん完成されて登場したのがフレキシブル・バックである。このときのフレキシブル・バックの本の表紙には革や布がはられていた。そのために本をひんぱんに開くと、本の背が弓なりとなり、おもに縦状に背にひび割れがおきた。これがフレキシブル・バックの短所といわれている。長所としては本の開きがよいことや製本が早くできることがあげられる。

背をタイト・バックにする製本術は、モロッコ革などをはった丸背の革装本が、その背に金箔押しなどの装飾を持つようになったときに誕生した。というのは、フレキシブル・バックでは本を開閉することで、背が動き、最悪の場合は背にひび割れがおこり、背にほどこした金箔押しの装飾がくずれたり、金箔がとれたりする。そのためには本を開閉しても背がまったく動かないような製本術が必要であった。そこで登場したのがタイト・バックであった。かがり終えた本をバッキングして、丸背にする。それから背の形がくずれないように背固めをしっかりおこなうタイト・バックは、もっとも時間のかかる製本術である。十六、七世紀に、製本職人たちが時間をかけて、ゆっくり王侯貴族の書物を作っていた時代に完成した技である。しかし背の形がこわれないのはよいが、本の開閉が悪く、とても「のど」まで十分に開いたままで、読書を続けることはできない。また、製本に時間がかかりすぎるのも欠点である。タイト・バックはモロッコ革などを使った贅沢な革装本用の製本術といえる。

これらの欠点を克服するために生まれたのがホロー・バックである。表紙の背の部分が折帖の背に糊づけされていないため、背の箇所で、表紙と折帖のあいだに隙間ができている。本が開かれても、タイト・バックのようにはきつく背固めをおこなっていないので、のどの開閉がよい。しかし表紙の背までその動きが大きく影響しないため、フレキシブル・バックのように背がひび割れたりするようなことはない。このように、

図16　スルバラン『ナザレトの家の聖母とキリスト』（部分）

ホロー・バックはフレキシブル・バックの背のこわれやすさ、タイト・バックののどの開きの悪さを克服した製本術である。これをもっと効果的にするために、日本では「くうた」と呼ばれるハトロン紙を輪にして作った、円筒状の紙を背のなかにいれておくことが考案された。こうすればホロー・バックの背がもっと丈夫であり続けることになる。

スペインの画家フランシスコ・デ・スルバラン（一五九八―一六六四）は自作のなかに多くの羊皮紙（ヴェラム）装本を描いている。『ナザレトの家の聖母とキリスト』（一六三〇―一六三五？）（図16）の机上にある三冊の羊皮紙装本、『聖女マルガリータ』（一六三〇―一六三五？）の処女殉教者が手にする一冊の羊皮紙装本、二点の『受胎告知』（一六三八―三九、一六五〇）のマリアの前にある羊皮紙装本というように。さらに『聖ヒエロニムスの誘惑』（一六三九）や『ゴンサーロ・デ・イリェスカス司教』（一六三九）のように、五冊以上もの羊皮紙装本が

図17　レンブラント『両替商』

描かれた作品も存在している。スルバランは書物をもっともうまくアトリビュートとして利用した画家といえる。

ここで思い出されるのはモリスのケルムスコット・プレスである。ケルムスコット・プレスのヴェラム装本の色は、今では百年以上もの歳月が流れ、そのなかには薄い琥珀《こはく》色がかったものもあるが、その多くは乳白色である。そして、前小口側に絹の結び紐が二、三本ついている。スルバランの描く羊皮紙装本は背がやや丸く、前小口には革の結び紐がついているものが多い。また花切れのついているものが目につく。背の処理の仕方は、『ナザレトの家の聖母とキリスト』などに描かれている羊皮紙装本が示すように、ホロー・バックである。モリスのケルムスコット・プレスは中世の香りを十分に漂わせたヴェラム装本であり、背の処理の仕方はホロー・バックである。とすれば、スルバランの描いた羊皮紙装本はかなりケルムスコット・プレス的といえる。彼の描いた本は革を結び紐としているが、モリスも、ケルムスコット・プレスの最初の刊行本『燦然たる平原物語、あるいは永生不死の国物語』では、前小口に革の結び紐を採用している。モリスが絹の結び紐を用いたのは二作目からである。おそらく、スルバランの描いた羊皮紙装本とケルムスコット・プレスのヴェラム装本のもっとも異なる点は花切れの有無である。この花切れのあることが、スルバランの描いた書物が製本として完成していること、毎日愛読された本であることを意味し、花切れを持たないケルムスコット・プレスのヴェラム装本は、モリスがいつか改装されるであろうと考えていた半完成品であることを意味しているように思える。

レンブラントの初期の作品に『両替商』（一六二七）（図17）という油彩がある。絵の中央部に蠟燭《ろうそく》をかざしてお金の勘定をしている老人が描かれているが、その彼は、うずたかく積まれた書物のようなものに囲まれている。

もちろん、ここに描かれたほとんどのものは、作品のテーマから判断して、金銭の出納帳のような帳簿にちがいない。とすれば、それらの本は簡単な製本で仕上げられているはずである。羊皮紙装のものも描かれているが、積み上げられたもののなかにはノートのように見えるものも少なくない。そのようなさまざまな本のなかにあって、右側の中央部に描かれている一冊の帳簿が目をひく。その帳簿には表紙がついていないため、背が露出している。注目すべきことに、ダブルの綴じ紐でかがられていることがはっきりとわかる。手前にある書類がじゃまをして、この帳簿の下の部分が少しだけどうなっているのかわからないが、描かれている部分から考えて、ダブルの綴じ紐のわたっているところは全部で五カ所と判断できる。つまり、全部で綴じ紐の本数は十本となる。レンブラントは、それらの綴じ紐の端が帳簿の一ページ目の際にはりつけられているように描いている。表紙がついていない帳簿がダブルの綴じ紐で堅固にかがられていることに驚くのだが、そのことは両替商にとって、なによりも大切なものが帳簿であることを物語っている。

第四章　ケルムスコット・プレス

ケルムスコット・ハウス
（『ユートピア便り』冒頭
の挿絵より）

一　理想の書物

ウィリアム・モリスはロンドン郊外のハマースミスにあった自宅をケルムスコット・ハウスと名づけ、すぐ近くに印刷工房を設け、理想とする書物の印刷出版を試みた。一八九一年からおよそ八年のあいだに、そこから生みだされた書物は「ケルムスコット・プレス」という名のもとに、全部で五十三点、六十六巻に及ぶ。総冊数でいえば、手漉紙に刷られたものはおよそ二万冊、ヴェラムに刷られたものはおよそ七百冊にのぼる（図1）。

晩年のウィリアム・モリスが、なぜケルムスコット・プレスという私家版印刷（プライヴェート・プレス）を思い立ち、自分が理想とする書物を実現するためになにを実践しようとしたのであろうか。これらのことに関しては、カール・エデルハイムというアメリカ人の求めに応じて、モリス自身が一八九五年秋に書いた「ケルムスコット・プレス設立の趣意書」にもっともよく述べられている。ここに展開されているモリスの考えは突然まとめられたわけではなく、彼が一八九三年六月に発表した「理想の書物」においても公にされていることである。またケルムスコット・プレス設立の背景やその活動の様子については、モリスの死後、彼の秘書をしていたシドニー・カーライル・コッカレルが著した「ケルムスコット・プレス小史」に詳しい。この小文にもモリスが私家版印刷を興した意図が十分に読みとれる。シドニー・C・コッカレルは一八九二年の秋、モリスに蔵書目録を作成する仕事で雇われ、その二年後に二十七歳という若さでケルムスコット・

プレスのための秘書となり、モリスの私家版印刷のマネージメントに能力を発揮した人物である。彼はモリスの死後、ケルムスコット・プレスの整理にあたり、一八九八年三月にケルムスコット・プレスとしては五十三番目の、つまり最後にあたる『ケルムスコット・プレス設立の趣意書』を刊行して、モリスの私家版印刷に幕を降ろしている（図2）。この刊本には表題の文のほかに、コッカレルの「ケルムスコット・プレス小史」も含まれている。

図1　ケルムスコット・プレスの印刷マーク
［上］　初期のプリンティング・マーク
［下］　中期以降のプリンティング・マーク

図2『ケルムスコット・プレス設立の趣意書』の冒頭ページ。下は『ケルムスコット・プレス設立の趣意書』の冒頭ページの訳

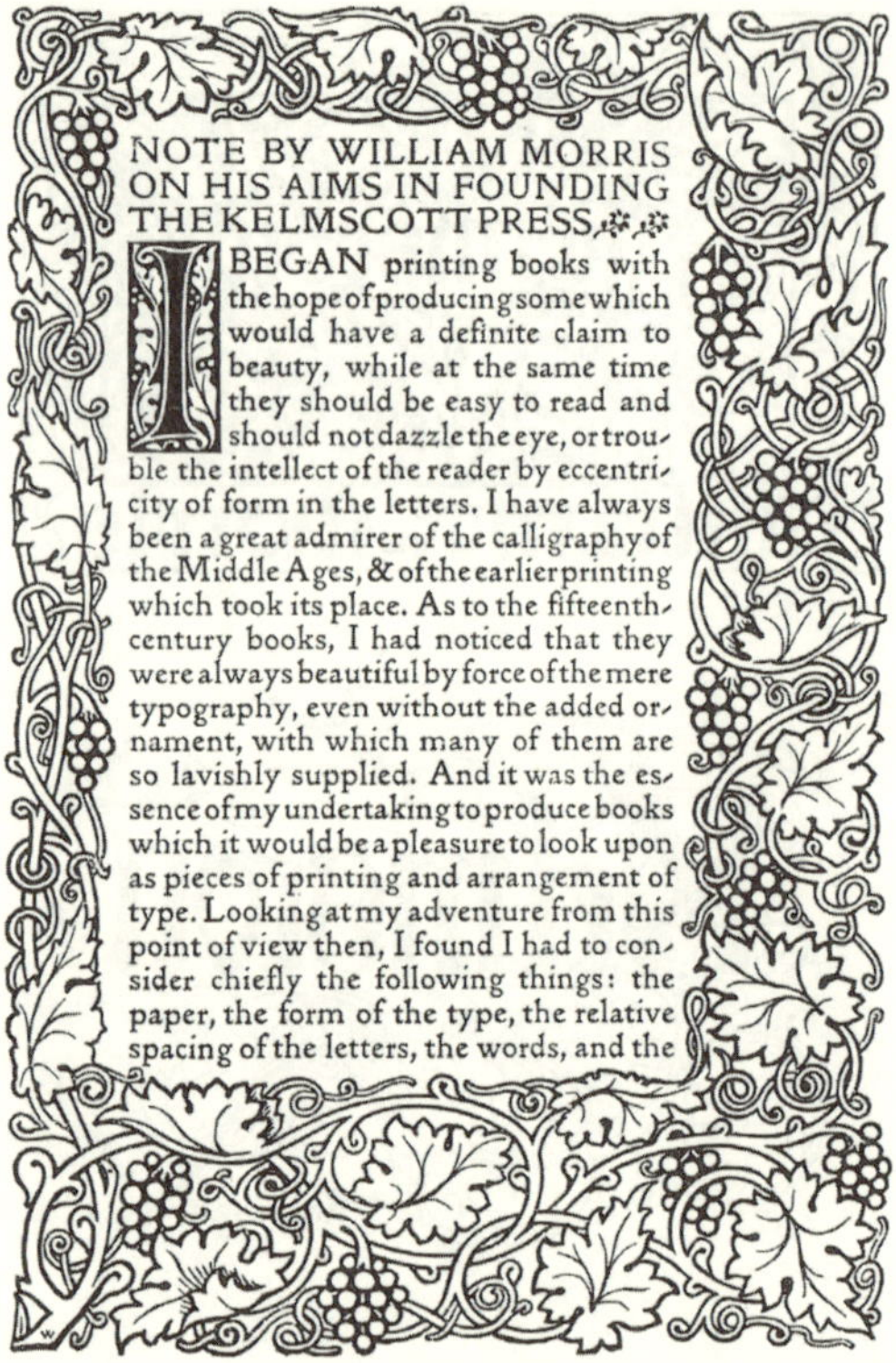

NOTE BY WILLIAM MORRIS ON HIS AIMS IN FOUNDING THE KELMSCOTT PRESS.

I BEGAN printing books with the hope of producing some which would have a definite claim to beauty, while at the same time they should be easy to read and should not dazzle the eye, or trouble the intellect of the reader by eccentricity of form in the letters. I have always been a great admirer of the calligraphy of the Middle Ages, & of the earlier printing which took its place. As to the fifteenth-century books, I had noticed that they were always beautiful by force of the mere typography, even without the added ornament, with which many of them are so lavishly supplied. And it was the essence of my undertaking to produce books which it would be a pleasure to look upon as pieces of printing and arrangement of type. Looking at my adventure from this point of view then, I found I had to consider chiefly the following things: the paper, the form of the type, the relative spacing of the letters, the words, and the

ケルムスコット・プレス設立の趣意書

私が書物の印刷を始めたのは、美しさへの明確な要求を持つと同時に、読みやすく眼をちらつかすことなく、また奇妙な書体によって、読者の知性を乱すことのない書物を作るためである。私はいつも中世紀の写本文字と、それにとって代った初期印刷文字の讃美者であった。十五世紀の書物についていえば、私は、それらの多くに過剰に施されている飾りなどなくても、単に印刷された活字だけでいつも美しいことを認めてきた。そこで印刷した活字と、それらが並んだものを見たときにも、一つの喜びとなるような書物を生みだすことが、私の企ての要となった。このような考えから、私の冒険を眺めてみると、私はおもにつぎのような点を考慮しなければならないことを理解した。つまり、用紙、活字の書体、文字、単語、そして（行）との相関的な間隔……

　ケルムスコット・プレスの目標とした理想の書物は、きわめて具体的な材料の選別からはじまる。紙は木綿でなく麻を材料とし、礬水《どうさ》をかけた簀目紙《すのめし》を最良とした。そこでモリスは、一四七三年頃にボローニャで漉かれた紙を見本に選び、自分のイニシャルWとMのすかしをいれた手漉紙を数種類作らせた。活字は一四七〇年代のニコラ・ジャンソンのローマン体を手本とした。そのためにジャンソンが一四七六年に印刷したプリニウスの『博物誌』を買い求めた。またすでに購入していたインクナブラのなかにあった、ヤコブス・ルベウスが同じ一四七六年にヴェネツィアで印刷した『フィレンツェ史』の文字がジャンソンのローマン体と似ているので、この本の文字とジャンソンの文字を研究し、ゴールデン・タイプと名づけられた文字を完成した。さらにトロイ・タイプ、チョーサー・タイプと呼ばれるゴシック体も作る。このようにしてできあがった用紙や活字を使って印刷がおこなわれたが、版面は一ページとしてではなく、見開きを一つの単位と見なして、文字の位置や余白がきめられた。そして図案家でもあるモリスが、装飾頭文字や縁飾り模様をデザインすれば、ケルムスコット・プレスを印刷する準備はほぼ完成したことになる。文字や図案のレイアウトは中世の写本を研究した結果である。モリスが理想とした書物の原形は中世の彩飾写本やインクナブラにある。彼は中世の建築を称賛したように、中世の彩飾写本を高く評価した。事実、若き日の彼は、大英博物館の図書館に足繁く通い、彩飾写本の研究に勤しんでいる。

　ケルムスコット・プレスに対する非難は珍しくない。文字の、特にゴシック体の文字の読みにくさや縁飾り模様のうるささは、日本でも壽岳文章をはじめとし、多くの人の指摘するところである。モリスは趣意書において、「図案装飾を業とする私が、自分の書物を適当に装飾しようと試みるのは、まさに当然のことであった。この問題については、私の装飾を、活字のページの一部分としようとする必要を、つねに忘れまいと試みたことだけ言っておこう[1]」と述べている。しかし、中世を遥かあとにし、近世をも通過した十九世紀末の書物にあっては、モリスの好む版面はあまりにも装飾が過剰である。モリスの言葉とは裏腹に、装飾的な頭文字や縁飾りは目につきすぎ、とても「活字のページの一部分」にはなっていない。またモリスがデザインした文字は、なかでもゴシック体は、アルファベット文字に慣れている人にとっても読みやすいとはいえないだろう。

しかしモリスは、半永久的に朽ちることのない手漉紙に、地元では良質のものが見つからず、わざわざハノーヴァーから取り寄せたインキを使い、数々の紙葉を刷っている。紙葉を折って折帖を作ったら、それらを丈夫な麻糸を用いて手かがりをする。背にわたす綴じ紐には、一センチ幅ほどの平らな紐を使ったが、それは染めた絹糸を織って作ったものである。色数は赤、青、黄、緑の四色が用意された。綴じ紐は表と裏の表紙の前小口まで延長され、表紙のなかからでてきて前小口のところで結ばれた。これらの紐は表紙である乳白色のヴェラムの下に透けて見えているため、装飾的な効果を生んでいる。背には金文字で本の題名がついている。花切れはなく、見返しは本文と同じ紙である。つまり、折帖の最初と最後の紙が表紙の内側にはられたわけである。これがもっとも一般的なケルムスコット・プレスのヴェラム装本の姿である。装飾的な版面を別にすれば、きわめて単純で、合理的な書物といえる。それはまた、フランスで完成したモロッコ革の本からなんと遠い革装本であろう。古くからある良質の材料を、無理なく使った当たり前の書物。モリスの理想とケルムスコット・プレスの特異性は、フランスで制作されたモロッコ革の本と比較したとき、よりよくわかる。ケルムスコット・プレスの研究家は、モリスのデザインした活字の書体や装飾用の縁飾りについて話し過ぎるようだ。

二　ケルムスコット・プレスの製本装丁

「ケルムスコット・プレス設立の趣意書」を読んで不思議に思うことがある。それは、モリスが一言も製本や装丁について触れていないことである。このことは、ケルムスコット・プレスを研究している人にも比較的あてはまる。彼らもまたその製本や装丁についてほとんど触れていない。たとえば壽岳は「製本は、最初からレイトン（J. and J. Leighton）がこれに当り、印刷にくらべると、苦心の跡が少いように思われるが、おそらくモリスの手と眼が、そこまで及ばなかったからであろう(2)」と述べている。やや批判的な内容ではあるが、このような短い製本評ですら目にするのは珍しい。

モリスはあまり製本に興味を持たなかったのであろうか。それとも彼は、コブデン＝サンダースンやJ・アンド・J・レイトン社の製本に全幅の信頼を寄せていたのであろうか。シドニー・C・コッカレルは「ケルムスコット・プレス小史」において、ケルムスコット・プレスの製本装丁について、つぎのように述べている。

ヴェラム装とハーフ・ホランド装（厚紙の表紙の背に麻布を張った装丁）による製本は最初からJ・アンド・J・レイトン社が請け負った。使われたヴェラムの大半は白色もしくはそれに近い色だったが、ウィリアム・モリス自身は濃い色の方がずっと好きで、褐色の毛のあとが見える皮が彼専用の本の製本のためにとっておかれた。赤、青、黄、緑の四色の絹紐は特別に織って染めたものである。[3]

ここでいう「褐色の毛のあとが見える皮」とは、「パルシュマン・アンティック」やスルバランの描いた羊皮紙装本のような色をしたヴェラムにちがいない。古さと微妙な美しさを与えるこのような皮にこそ、モリスの真の趣味を認めなければならない。

ケルムスコット・プレスには基本的に二種類の製本が試みられている。ひとつはもっとも知られている「ヴェラム装」である（図3）。それがどのようなものかはすでに概略した通りである。もうひとつは、背から表紙にかけてオランダ麻という製本用のリネンをはった丸背溝つきの「背オランダ麻装」である（図4）。表紙となるボール紙には青味がかったグレーの紙がはられ、そこには、ヴェラム装と異なり、本の題名や著者名などが印刷されている。ヴェラム装と同様に、これにも花切れはなく、見返しも本文紙と同じ手漉紙である。ここでは「背オランダ麻装」となるべく実物がイメージできる名称にしたが、英語ではこの製本はハーフ・ホランド装（シドニー・C・コッカレル）とかクォーター・リネン装（ウィリアム・S・ピーターースン）と表現されている。ハーフとクォーターではずいぶん違うように思えるが、欧米では、英語でもフランス語でも、たとえば、モロッコ革を背にはり、その革が表紙をほんの少しおおっていても、かなりおおっていても、一般的に半革装本といっている。要するに、背から表紙にかけて革や布をはった装丁には「半」がつくのである。つまり、この半という意味は総革装本や総布装本ではないというだけのことである。シドニー・C・コッカレルがハーフ・ホランド装と表現した理由もここにある。おそらくピーターースンはオランダ麻のはられている量が少ないので、「四分の一」、つまりクォーターという言葉を使ったのであろう。しかし、こ

図4　ケルムスコット・プレスの背オランダ麻装本

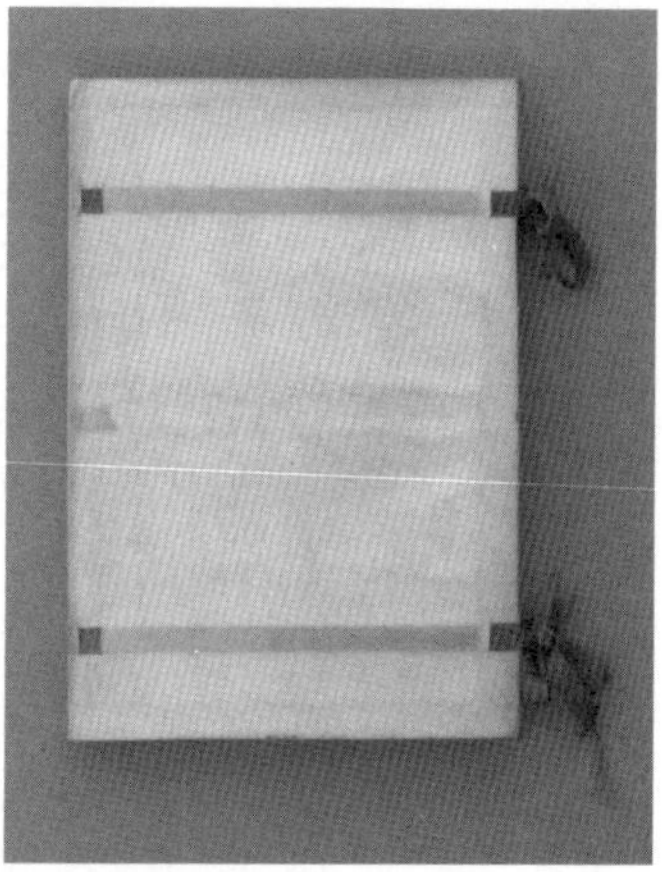

図3　ケルムスコット・プレスのヴェラム装本

図6　ケルムスコット・プレス『サンダリング・フラッド』の総モロッコ革装本

図5　ケルムスコット・プレス『ジェイソンの生と死』の総モロッコ革装本

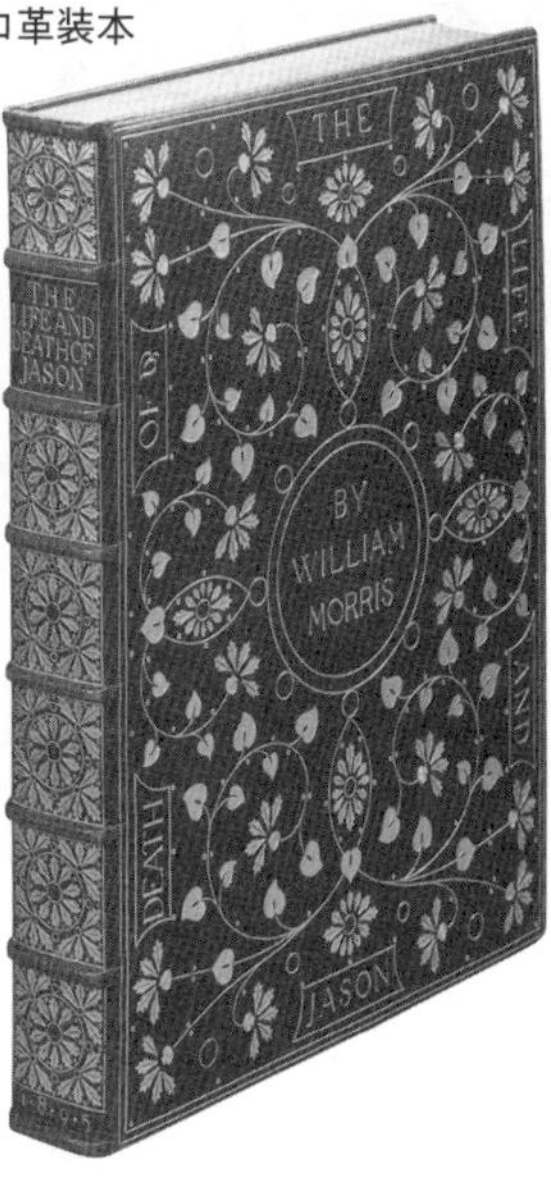

の布を背にはった多くのケルムスコット・プレスは、実際には、背にはられたオランダ麻が表紙にほんの少しかかっているだけで、クォーターという呼称でも多すぎるくらいである。たとえば、モリスの所有する中世の写本とインクナブラの蔵書目録をベースにした『十五世紀ドイツの木版画集』(一八九八)では、ほとんど背だけといえるほど、表紙にはわずかしかオランダ麻がはられていない。そして、これがケルムスコット・プレスの背オランダ麻装の一般的なものである。ただし、『チョーサー作品集』(一八九六)のような例外が存在している。この刊本の背オランダ麻装では、オランダ麻が表紙の幅の四分の一くらいまで表紙にはられている。ピータースンの表現するクォーター・リネン装そのものである。オランダ麻が多くはられた理由は、『チョーサー作品集』がケルムスコット・プレスのなかでもっとも大きく、ヴォリュームのある本なので、おそらく製本上の補強ということを考慮したためと思える。

さらにこれらのほかに、二種類の革装本がケルムスコット・プレスに存在する。白色の「豚革装」のものと「モロッコ革装」のものである。前者の豚革をはった本には、『シェリイ詩集』(三巻本、一八九四―一八九五)や『チョーサー作品集』などが存在している。また後者のモロッコ革をはった本には、『クウスタンス帝と異国物語』(一八九四)、『ジェイソンの生と死』(一八九五)、『サンダリング・フラッド』(一八九八)などがあり、その表紙には美しい金箔押し模様がちりばめられている(図5、6)。それらはコブデン＝サンダースン自身の考えで制作したものや、ケルムスコット・プレスを購入した者が自分の好みで作らせたものである。これらの革装本の存在は、数は少ないものの、ケルムスコット・プレスの背オランダ麻装はもちろんのこと、ヴェラム装すらも改装される可能性のある本であることを示していないだろうか。モリスが見栄えはするがなるべく簡単な製本をして、つまり、改装される余地を残してケルムスコット・プレスを頒布したのではないかと考えられる。『黄金伝説』(三巻本、一八九二)のように、刊行したときには背オランダ麻装で売っていても、ヴェラム装のものがあったり、『ジェイソンの生と死』のようにヴェラム装で売っていても、モロッコ革装のものがあったりすることが、このことを裏づけているように思える。また、「画家の描いた書物」において触れたことを繰り返すが、背オランダ麻装やヴェラム装のものに花切れがつけられていないこともその証となるのではないだろうか。

五十三点のケルムスコット・プレスのなかで、おそらくもっとも有名なのは『チョーサー作品集』である。この本は一八九六年五月に印刷されているが、刷本の内訳は、手漉紙に刷られたものが四百二十五部(二〇ポンドで頒布)、ヴェラムに刷られたものが十三部(一二六ポンドで頒布)であった。これらの多くは背オランダ麻装で頒布されたが、モリスは特装本として四十八部を白色の豚革で製本している(図7)。この特装本を制作したのは、コブデン゠サンダースンの率いるダヴズ製本工房であった。またケルムスコット・プレスのモロッコ革装本の大半はダヴズ製本工房で制作されている。弁護士だったコブデン゠サンダースンが製本をはじめたのは、一八八三年のある日の夕食時、モリスの妻ジェーンの製本を学んでみたらどうかという言葉がきっかけだった。豚革で製本された『チョーサー作品集』が示すように、コブデン゠サンダースンの製本はきわめて工芸的なため、その製本代が高かった。そのためコブデン゠サンダースンが製本工房を移転し、一八九三年にハマースミスに「ダヴズ製本工房」を開いても、あいかわらずケルムスコット・プレスの背オランダ麻装本やヴェラム装本はJ・アンド・J・レイトン社で作られた。

ヴェラム装を中心にケルムスコット・プレスの初期の作品を見てみよう。

ケルムスコット・プレスが最初に刊行した本は、『燦然たる平原物語、あるいは永生不死の国物語』(19ペ

図7　ケルムスコット・プレス『チョーサー作品集』の白豚革装本

図9　ケルムスコット・プレス『チョーサー作品集』の白豚革装本用デザイン

ージ、図13参照）というウィリアム・モリスの詩集である。これは一八九一年四月に印刷され、翌月八日に刊行されている。手漉紙には二百部刷り、それらを二ギニィ（一ギニィは一ポンド一シリング）で販売し、ヴェラムには六部だけ印刷し、うち二部を一二ギニィと一五ギニィで販売したという。この本から受ける全体的な印象はすでにあのケルムスコット・プレスであるが、初めての作品ということもあって、いくつかの点でその後のケルムスコット・プレスと異なっている。そのなかでもっとも興味をひくのはヴェラムの使い方である。羊皮紙やヴェラムは扱いの面倒な製本材料である。モリスたちもいろいろと考えたにちがいない。ヴェラムをそのまま使って表紙とするのではなく、表紙となるところに硬い厚紙の芯を用意して、表紙とすることをおこなっている。この「厚紙入りヴェラム装」は、厚紙を芯に使っていないヴェラム装に比較して、当然、表紙が硬く、本に重さを感じる。また前小口にでている紐は絹布ではなくて、革紐である。さらにサック式の黒いモロッコ革をはった外函《そとばこ》がついている。モリスは、この刊本のヴェラムに刷ったものを四部だけ緑色ヴェラム装（厚紙入り）に仕上げ、そのうちの一冊を自分が所有し、三冊を友人に献呈している。革紐を使ったものは、これが最初で最後であった。ここで注目すべきことは、特装本として緑色のヴェラム装のものを、モリス自身の考えで作らせたという事実である。

つぎに刊行した作品もモリスの詩集『偶成詩』（一八九二）である。この作品でも彼は、特装本として、厚紙入りで赤、黄、紺、濃緑に染めたヴェラム装本を各一点だけ作っている。これらも売られることはなく、モリス自身と彼の友人のものとなった。特装本ではあったが、このような染めたヴェラムを使った作品はつぎの三作目からは姿を消している。つまりモリスは、ヴェラムを数種類の色に染めて使ってはみたが、結局のところヴェラムの持っている乳白色の美しさを生かした方がよいとわかったのではないだろうか。それと、ヴェラムの染色があまりうまくゆかなかったとも考えられる。ここで重要なことに気づく。その後も多少の変化はあるが、ヴェラム装のケルムスコット・プレスの基本的な姿は、二作目までの結果でほとんどきまったということである。というのは、『偶成詩』以降に印刷されたケルムスコット・プレスのすべてに、『シェリイ詩集』と『手と魂』(一八九五)をのぞけば、前小口側に絹の結び紐がついている。また、この本からケルムスコット・プレスのマークが刷られ、黒と赤の二色刷りもおこなわれている。ただ表紙のことでいえば、厚紙入りヴェラム装がつづいていた。硬い厚紙を芯に用いず、ヴェラムをそのまま使いだしたのは五作目の『ギネヴィアの弁明』(一八九二)以降である。

このような変化をみてくれれば、中世の本に造詣の深かったモリスをしても、ヴェラムの選択やその使用法に具体的な経験が必要だったと考えられる。羊皮紙やヴェラム固有の扱いにくさが、ケルムスコット・プレスの製本にいろいろな影響を与えたのである。六作目の『ジョン・ボールの夢と王の教訓』(一八九二)、八作目の『トロイ戦史抄』(一八九二)も芯を使わないヴェラム装であるが、九作目の『無垢の書』(一八九二)は再び厚紙入りヴェラム装の製本がおこなわれた。このあたりのモリスの心の動きを推し量ることは難しい。ともかく、五作品の厚紙入りヴェラム装と三作品の芯を使わないヴェラム装などの結果から、モリスは後者の芯を使わない単純なヴェラム装の方を選択したことは確かである。

ところで、背オランダ麻装がはじめて使われたのは、七作目の『黄金伝説』である(図8)。これにはヴェラム装のものもあるが、五百部限定の多くは背オランダ麻装である。ケルムスコット・プレスの活字の基本となったゴールデン・タイプという名は、この作品に由来する。というのはモリスは、ジャンソンたちの文字を手本にして作った活字を組み、ケルムスコット・プレス最初の刊行本として、この『黄金伝説』を予定していた。しかし、漉かせていた紙が小さかったため、その紙の倍判のものができるまで、すでに紹介した『燦然たる平原物語、あるいは永生不死の国物語』などを刊行した。なぜ背オランダ麻装が『黄金伝説』ではじめておこなわれたのであろう。製本代を抑えるためだろうか。『黄金伝説』は三巻本なので、この考えは納得できる。また、モリスは背オランダ麻装にすることで、刊行した『黄金伝説』をもっと仮綴本に近づけたかったとも思える。背オランダ麻装で刊行されたケルムスコット・プレスは二十点弱で、およそ八千冊、つまり四割に近い。このような数字を見れば、ケルムスコット・プレスといえば、一般的にはヴェラム装のものをさすが、背オランダ麻装はモリスの製本にたいする考えを知るうえで無視できない存在といえるだろう。

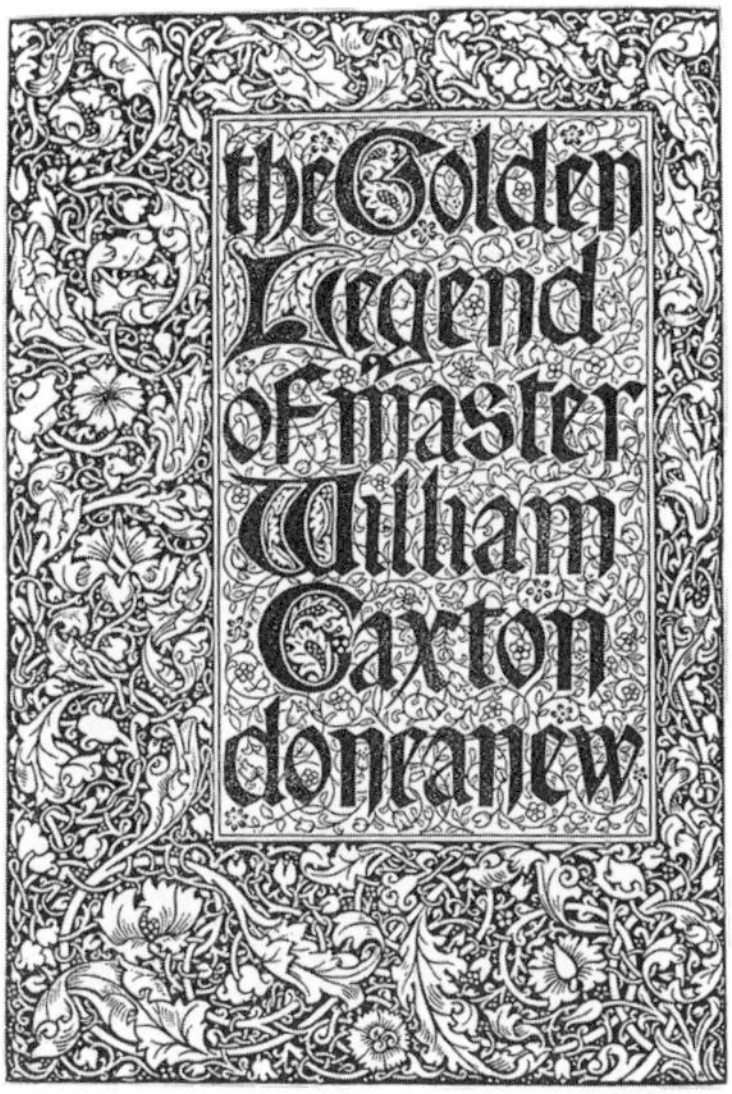

図8　ケルムスコット・プレス『黄金伝説』の扉頁

理想の書物の出版を掲げたモリスであったが、彼が製本や装丁にあまり興味を示さなかったという通説はすでに述べた。ウィリアム・S・ピーターソンがウィリアム・モリスの講演などを集めて編纂した『理想の書物』の序文において、彼はつぎのようにモリスの製本装丁観について述べている。

奇妙なことだが、モリスは装丁の問題にはほとんど興味を示さなかった。一八八五年に彼は、コブデン゠サンダースン（モリス夫人の勧めで装丁を始めていた）に装丁はできるかぎり「ラフ」で安手であるべきだと言い、「本の装丁のために何か機械が発明されるべきだ」と言い放って、相手を唖然とさせたことがある。（中略）素朴だが魅力的な一般向けの装丁——通常、紐のついたやわらかいヴェラム装か、青みがかったグレイの厚表紙の背に麻布を張った装丁だった——はロンドンのレイトン社にしてもらった。モリスは明らかに、客がずっと旧式の習慣にしたがって、各自自分の注文に合わせて装丁し直すだろうと踏んでいたらしく、それはモリスの署名入りで『黄金伝説』のなかにはさみ込まれた次の覚書が示す通りである。「本書が装丁される場合、三方小口は裁断してはならず、そろえるだけにしておくべきです」。しかしながら、死の間際にモリスは『チョーサー作品集』のために豚革の装丁デザインをしており、それがあとでダヴズ製本工房で四十八部の特装本を作る際に使われた。もっと長生きしていたら、モリスはおそらく、書物芸術においてこれまで彼が無視してきた唯一の方面に注意を向けるようになったことだろう。(4)

しかしモリスの死によって、「彼が無視してきた唯一の方面」、つまり、ケルムスコット・プレスの製本装丁は見直されることがなかった。参考までに、「白豚革装本用デザイン」を七六ページに示す（図9）。

ところで、ピーターースンがここでやわらかいヴェラム装といっているのは芯を使っていないヴェラム装のことである。彼の、モリスが「装丁し直すだろうと踏んでいた」という考えは、背オランダ麻装やヴェラム装のケルムスコット・プレスは、フランスの仮綴じに近い本、つまり、立派な仮綴本のようなものを意味しているのではないだろうか。『黄金伝説』のなかに挟んだという覚書きは、まさしくこの本が改装されることを前提としている。モリスは改装される可能性を残して、見栄えはするが簡単である製本をケルムスコット・プレスにおこなった。それがいつのまにか、とくにヴェラム装のものはケルムスコット・プレスを代表するような製本となり、それを改装するなどという考えはまったく姿を消してしまったのである。十九世紀末ですら、機械化されて量産されつつある本の世界にあっては、ケルムスコット・プレスのヴェラム装本はすでに異彩を放つ、特異な革装本となっていた。

三　羊皮紙とヴェラムの製本術

製紙技術が伝わる前までの西洋では、書写材料として羊皮紙やヴェラムをきわめて薄く仕上げ、それに文字を書き、挿絵を描き、一冊の本を作っていた。そのためヨーロッパ各地の僧院には専門の写字生がいて、羊皮紙やヴェラムへの写本に励んでいた。ボローニャ大学の記号学教授ウンベルト・エーコの書いた『薔薇の名前』は、書物を主人公にした小説といえる。この小説はショーン・コネリーの主演で映画化されているが、それを見た人は、僧院の図書室にうずたかく本が積まれている場面を記憶していると思う。羊皮紙やヴェラムの伝統のあったヨーロッパでは、アラブ世界からもたらされた製紙術が普及し、多くの本が紙に印刷されると、羊皮紙やヴェラムが本文として使用される機会は瞬く間に減ったが、ケルムスコット・プレスが示すように、これらの皮は書物を作る製本材料などとして生きのびてきた。

羊皮紙やヴェラムを使う製本には、大別してふたつの方法がある。

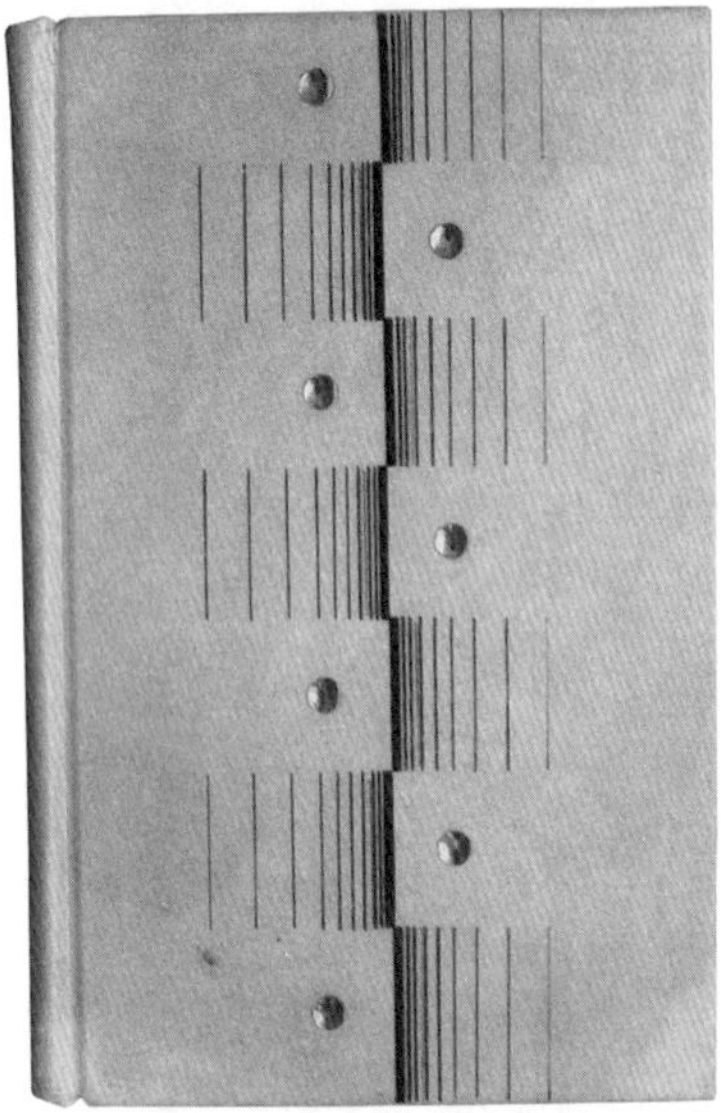

図10　ブラデル式羊皮紙装本
（シドニー・コッカレル工房制作）

ひとつは中世の本やモリスのケルムスコット・プレスに見られるような方法である。ひとまわり大きく用意した羊皮紙やヴェラムの上下左右を内側に折り、表表紙、背、裏表紙となるような表紙を作る。その表紙を使い、かがりの終わった折帖をおおい、折帖の最初と最後の紙を表紙の内側にはりつける。見返しである。すでに述べたように、ヴェラム装によるケルムスコット・プレスは見返しと本文用紙が同じ紙である。この方法は芯になるようなボール紙を使わず、羊皮紙やヴェラムがそのままやや厚手の表紙になる、きわめて簡易な製本である。しかしこの製本では表紙に芯がないため、表紙のおさまりが悪い。そこでスルバランの絵やケルムスコット・プレスに見られるように、小口側に革や布製の紐をつけることになる。

もうひとつの方法はフランスでいう「ブラデル式装丁」である（図10）。これは「丸背溝つき」で、芯にボール紙を使ったくるみ製本、つまり、一般的にいうハードカバーの上製本に近いものである。この製本では表紙が表（外）側にはねあがりやすいので、見返しをはる前の表紙の内側に羊皮紙（またはヴェラム）をはる人もいる。それだけ羊皮紙やヴェラムは伸縮が強い。表紙にはろうとして羊皮紙に糊をつけているとき、皮はどんどん伸びる。しかし、はり終えて乾燥してくると、伸びた皮は乾燥していたときよりもっと縮む。その結果、表紙がはねあがることになる。そこで、表紙の内側にも羊皮紙（ヴェラム）をはる製本術が考えられたわけである。モロッコ革の本を含め、革装本では長い年月を経て、表紙が外側にはねてゆく本が珍しくない。特に一年中、比較的安定した湿度のヨーロッパの街、たとえば、パリで作られた革装本が、夏場は湿度が高く、冬場は湿度の低い東京に持ってこられたらどうだろうか。気がつかないうちに、表紙がはねあがっていることがよくある。モロッコ革装の本以上に、羊皮紙装やヴェラム装の本にはこのような傾向がより顕著である。

前者の方法は、羊皮紙やヴェラムをじかに表紙として使っているため、短時間でできる簡単な製本といえるが、後者の方法は、芯にボール紙を使うため、かなり時間のかかる本格的な製本といえる。後者の方法で問題となる点について、もう少し具体的に説明してみよう。

羊皮紙やヴェラムを使う製本で表紙にボール紙などの芯を用いた場合、必ず「溝つき」にしなければならない。「突《つき》つけ」にすれば、背と表紙の境目でひび割れがおこり、皮が破れるケースが少なくない。なぜだろうか。すでに述べたように、羊皮紙やヴェラムにはモロッコ革などが持つような柔軟性がない。そのため、表紙の開閉を繰り返すことで、背と表紙の境目、つまり、ちょうど折り目になるところに大きな負担がかかる。この負担は、溝つきの本にすることでかなり軽減される。もちろん造本上、溝つきが突つけより表紙の開閉がよいこととも大いに関係がある。ヨーロッパで短期間だけ革を使った製本術を学んだ人が作ったという羊皮紙装本を見たことがあるが、それは、このような溝つきで作るべきところを突つけで作ってしまった、初歩的な知識に欠けた製本であった。ヨーロッパで数年かけて製本術を学べば、羊皮紙やヴェラムを用いた

図11　オランダ式羊皮紙装本

本格的な作り方を必ず教わるはずである。それだけ羊皮紙やヴェラムは、西洋の製本においては、今でも珍しくない材料であり、革装本を作る人は、難しくても羊皮紙やヴェラムを使った製本術を習得しなければならない。

羊皮紙やヴェラムを使う製本術のなかでもっとも有名なのは、「オランダ式装丁」と呼ばれる独特の様式である（図11）。十七世紀にアムステルダムで出版製本業をしていたエルゼヴィル一家が古典を小さな判で出版し、大成功する。そのとき彼らが採用した製本様式がオランダ式装丁である。このオランダ式装丁はケルムスコット・プレスの製本とかなり似ている。ケルムスコット・プレスを手にとってみると、背から表紙にかけて通っている紐が薄いヴェラムの下に透けて見えるが、オランダ式装丁では、この紐のかわりに、帯状に切った羊皮紙やヴェラムが用いられる。つまり、帯状の羊皮紙を背に渡して折帖をかがり、その両端を背と表紙のきわのところで表にだし、それから表紙の下へ通し、小口側でもう一度、表にだす。帯状に切った羊皮紙の幅や表紙にもぐらせたり、だしたりする位置は装丁をする人によって違いがある。ケルムスコット・プレスの装丁はこのオランダ式装丁に近いといえる。

羊皮紙やヴェラムを表紙に使った本ではどんな利点や欠点があるのだろう。ウィリアム・S・ピータースンは、ヴェラムの簡潔さと恒久性がモリスを捉えたとしながら、ヴェラム装の書物の欠点として、「年とともにヴェラムが硬化することであり、ケルムスコット・プレスの書物のなかには今ではじゅうぶん開くことができなくなっているものがある」(5)と述べている。しかし、年月が経過しなくても、このことは多くの羊皮紙装やヴェラム装の本にあてはまる。ケルムスコット・プレスのヴェラム装だけでなく、オランダ式装丁であっても、また、溝つきにしたブラデル式装丁であっても、モロッコ革や仔牛革を使った革装本とは比較できないほど表紙の開閉はよくない。羊皮紙装やヴェラム装の簡潔さや恒久性は、ケルムスコット・プレスのみならず、さまざまな中世の写本などに認められる。しかし、羊皮紙やヴェラムには「床《とこ》」(101ページ、図1参照)がなく、鞣していないため、まったく柔軟性に欠ける製本材料といえる。開け閉めを必要とする本の表紙には、羊皮紙やヴェラムはあまり向かない。つまり、これらは製本用の優れた革がなく、製本術が進歩していなかった時代の製本材料といえる。基本的には、羊皮紙やヴェラムは製本材料というより書写材料というべきであろう。

四　中世の花切れとケルムスコット・プレスの花切れ

中世の花切れをみると、背のきわを丈夫にすることと美的なことのためについたと考えるだけでは理解しがたい花切れがある。そのひとつとして、折帖をかがるときに用いる麻の綴じ紐とそれに巻きつけたかがり糸の露出したものが花切れとなったものがあげられる。今では想像しにくいことかもしれないが、かつて綴

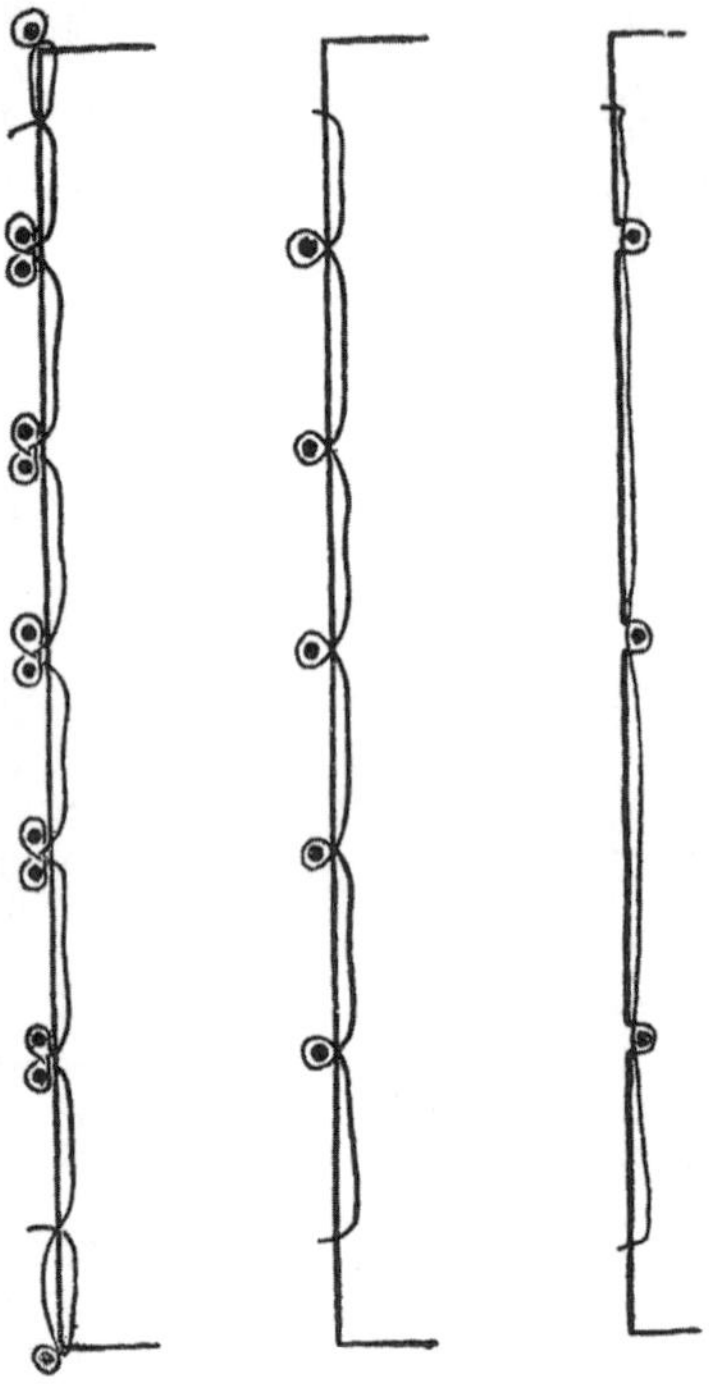

図12　折帖の背と綴じ紐（折帖の背の断面図）
［左］　折帖の背にダブルの綴じ紐
［中］　折帖の背にシングルの綴じ紐
［右］　目引きした折帖の背に綴じ紐

じ紐はしばしば本の背（折帖）のきわにも置かれて、かがりのおこなわれた時代があった（図12、13）。このような綴じ紐について、イギリスの高名な製本家ダグラス・コッカレル――ウィリアム・モリスの秘書を務めたシドニー・C・コッカレルは彼の兄である――は一九〇一年に出版した『製本装丁と本の保存』において、つぎのように書いている。

中世の本は、ふつうダブルの綴じ紐か革の綴じ帯を用いてかがられ、花切れも同時に編まれた。これは重い折帖の大型本には優れた方法であり、多くの場合、折帖がとても重いヴェラムに書かれた大判の写本には特に適っている。この方法の利点は、綴じ紐を二度まくことで、事実上、背バンドのところに結び目ができるため、どこの箇所でかがり糸が切れても、ほかのところの糸がゆるくなることがない。これが折帖の端から端まで糸を完全に通す唯一のかがり方であった。それと同時に編まれた花切れは、各々の折帖にしっかり結びつけられ、現在あるような取りつけ方よりは、堅固でしっかりしたものだった。十五世紀には、花切れとなる綴じ紐の両端は、ほかの綴じ紐と同様に、表紙となる板に通される習慣だった。[6]

この方法は天と地に強さを与える一方で、両端が切られたままになっている近代の花切れのやや不完全な感じを払拭できるが、革の強さがもっとも要求される内側に折り込むところで、その部分の革を切らなければならない短所がある、とダグラス・コッカレルは指摘している。[7] たしかに、近代の革製本における手編み花切れは、花切れの芯が両端で切られるために、コッカレルの指摘するように中途半端な印象、つまり、工芸的な配慮に欠ける感じがする。かといって芯の両端を長くのばし、図13にあるように表紙に通し、芯の両端を固定すれば、革を本にはるときに問題がおこる。革の折り返し部分の背と表紙の境にあたる箇所に切り込みをいれておかないと、革を表紙の内側へ折り返すことができない。花切れの両端を切るべきか、革の折り返しに切り込みをいれるべきか、選択を迫られる。結果的に、ヨーロッパでは前者を選んだ。

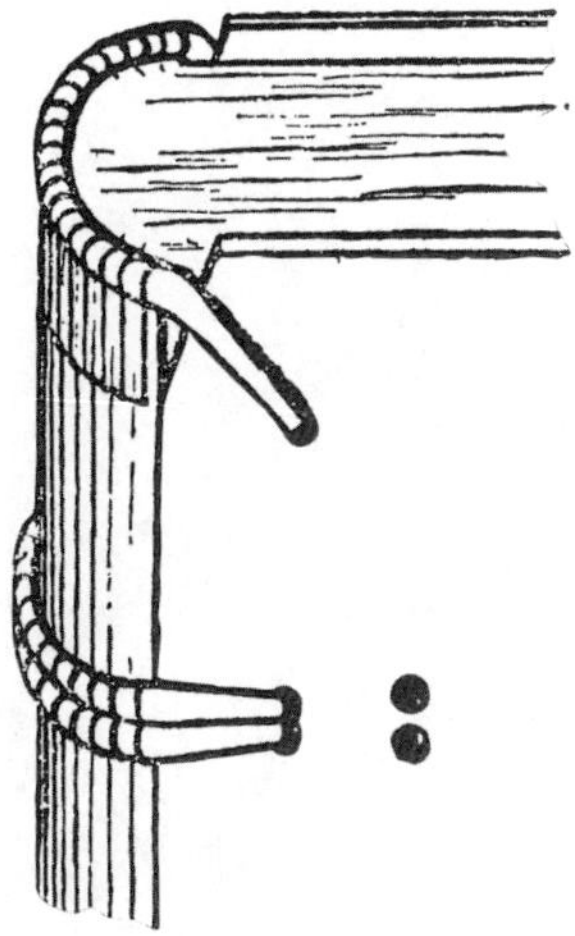

図13　表紙に通す綴じ紐

図14　ケルムスコット・プレスのモロッコ革装本の花切れ

イギリスやフランスにおいて十八、九世紀に作られたモロッコ革の本は、花切れの芯が両端で切られているのがふつうである。前者を選んだおもな理由はつぎのように考えられる。後者では、革の折り返しに切り込みをいれる方法も美しさに欠け、表紙の開閉を何度も繰り返すうちに、花切れの芯が、かなり太く丈夫であるにもかかわらず、背から表紙にわたるところで切れることが少なくない。結果的に、前者のような花切れの状態になってしまう。それならば、初めから花切れの芯の両端をきれいに切っておいたほうがよいのではないか。修復の仕事をしている製本工房で、このような花切れがついている革装本を見ると、花切れとなっている綴じ紐の大半が切れていることに気づくはずである。

ダグラス・コッカレルは十九世紀末から二十世紀の前半にかけて活躍したイギリスの製本家である。彼が製本術を学んだのは、コブデン＝サンダースンの製本工房である。コブデン＝サンダースンは、ウィリアム・モリスがケルムスコット・プレスを刊行するにあたって、モリスに製本のことでいろいろと助言をした人物である。モリスが中世の本を研究し、実現したケルムスコット・プレスには、すでに述べたように、多くの場合はヴェラムを使ったシンプルな装丁が試みられている。そしてこれには花切れがつけられていない。しかし、なかには豚革やモロッコ革を使って装丁したケルムスコット・プレスがあり、当然、それらには花切れがつけられている。いうならば、ヴェラム装や背オランダ麻装のものと異なり、完璧に仕上がった革装丁の書物となっている。これらの革装本はコブデン＝サンダースンの工房の仕事である。それらは『チョーサー作品集』をのぞけば、シングルの綴じ紐が用いられているが、背の上下の末端にも綴じ紐を置いたようなかがりがおこなわれている。外見的には、花切れの芯は天と地に置かれた綴じ紐である。しかも、コブデン＝サンダースンの製本工房で制作されたモロッコ革装本のケルムスコット・プレスでは、上下の端にある綴じ紐の両端が表紙に巧みに通されている。ウィリアム・モリスは中世に憧れ、ケルムスコット・プレス刊行においていろいろな点で中世の本を模倣した。モリスの目ざした私家版印刷に最後の仕上げをするかのように、コブデン＝サンダースンの製本技術は、『ジェイソンの生と死』や『サンダリング・フラッド』に見受けられるように、中世の花切れの弱点を克服しながら中世の花切れのつけ方を採用した（図14）。彼は花切れの芯の両端を切り、花切れをまったく独立した装飾であるかのように処理することに同意しなかった。近世の花切れのように、ほとんど装飾的な役割を持つだけの花切れに満足できなかったのである。

五　ケルムスコット・プレスと日本の書物

羊皮紙やヴェラムはなぜか日本人の愛書家に好まれる皮である。日本に本格的に羊皮紙装の、もしくはヴェラム装の本がもたらされたのは、当然、明治以降と思われるが、なぜこんなに人気があるのか、そのわけを考えてみる意味はありそうだ。というのは、一言でいって、羊皮紙やヴェラムほど扱いにくい製本材料はないからである。大英博物館に勤務し、長年にわたって図書の世界に身を置いたアランデル・エズデイルは『西洋の書物』のなかで、金箔押しの効果がもっともでる皮であると書いているが(8)、これは羊皮紙やヴェラムを用いて製本をしたり、それらの本に金箔押しをしたりした経験のない人の言葉のように思える。題名や著者名などの金箔押しをするとき、たとえば、モロッコ革などの場合は、革を少し湿しておこなうことができるので空押しや箔押しがしやすい。しかし、羊皮紙やヴェラムはきわめて硬いだけでなく、皮を湿すことができないため、容易には空押しや箔押しができない。湿すと、羊皮紙やヴェラムは「紙」に近いため、焦げる恐れがあるからだ。このような理由から箔押しの仕事がきわめて厄介になる。また、羊皮紙やヴェラムは床がないため、それらへの箔押しはほとんど力まかせの仕事につきる。どうみても、逞しい男性の仕事である。たしかにエズデイルの指摘するように、金箔押しされた羊皮紙装本は本当に美しい。しかし、そのような金箔押しされた羊皮紙装本を見る機会は滅多にない。それだけ羊皮紙やヴェラムへの箔押しは難しい。中世の羊皮紙装本のように、皮に直接、題名や著者名を手書きしたり、装飾的な図案を描いたりした羊皮紙装やヴェラム装の本が多いのは、ひとえにここに理由がある。

明治以降、日本にもたらされた西洋の製本術は、それまでの和本の製本術とはいろいろな点で異なっていたが、そのひとつに、表紙をおおう材料に皮革を用いることがあったことは疑いの余地がないだろう。紙や布なら和本の製本でも使われていたが、皮革が表紙用の材料に用いられることは驚きであった。しかも、モロッコ革や羊皮紙などは、皮革そのものの美しさもあって、欧化政策に乗りだしたばかりの日本人は、それらを使った製本に西洋の本の心髄を垣間見たにちがいない。金箔押しされたモロッコ革装や乳白色の羊皮紙装の本は、それまでの日本ではまったく考えられなかった書物であった。

日本人の羊皮紙やヴェラム好きの大きなきっかけは、ウィリアム・モリスのケルムスコット・プレスにあると考えられる。工芸美術としての本の制作を目ざしたモリス。その彼が作った私家版であるケルムスコット・プレスは、その多くがきわめて簡単な製本で仕上げられ、表紙にはおもにヴェラムが使われている。大正の終わりから昭和の初めにかけて、書物に美しさを求めた日夏耿之介《ひなつこうのすけ》や柳宗悦《やなぎむねよし》たちが、自らも私家版を試み、モリスの運動を自分たちなりに追求したことは、日本の明治以降の書物史を辿ってゆけばわかることである。このような彼らの運動がケルムスコット・プレスの日本での位置をきわめて高いものにし、それがひいては日本人の愛書家が羊皮紙やヴェラム装の本を好むきっかけとなった。

　このような愛書家たちの運動にあって、ヴェラム（または羊皮紙）を使った本まで果敢に刊行した壽岳文章の私家版「向日庵私版本」はもっともケルムスコット・プレスを意識した日本のプライヴェート・プレスといって間違いがないであろう。英文学者で和紙研究家であった壽岳文章が、一九三二年から一九五六年にかけて、理想の書物の実践として自ら十八点刊行したのが、自分の住まいの地名に因んで名づけた向日庵私版本である。それらのなかでは、おそらく全編が芹沢銈介《せりざわけいすけ》の紅型《びんがた》作品からなる『絵本どんきほうて』がもっとも有名であるが、この本は芹沢の意匠が勝ち過ぎて、とてもケルムスコット・プレスを感じさせない。向日庵私版本のなかで、もっともケルムスコット・プレス的な作品は『書物』であろう（図15）。そこには、コブデン＝サンダースンの「完全な書物」、エリック・ギルの「書物」、壽岳文章の「装本について」という三人の短い書物論が収められている。

　この『書物』は一九三六年に刊行された。本文用紙は人間国宝だった安部栄四郎の特漉き雁皮紙からなり、五十部はイタリアから取り寄せたヴェラム（羊皮紙）による装本で、百五十部は信州で蚕の卵を植えつける

図15　向日庵私版本『書物』（丹念紙装）

ときに用いられた特漉き和紙（壽岳は「丹念紙」と命名）による装本であった。一二ポイントの活字で統一された版面の美しさ、その版面の位置と余白の比率など、ここでは造本に関わる一切のことが検討され、実行された。ケルムスコット・プレスとの大きな違いは、モリスが自ら活字をデザインしたのにたいして、向日庵私版本では既成の活字を使わざるをえなかった点である。この点では日本語のプライヴェート・プレスを試みる者はモリスに太刀打ちできない。アルファベットの言語と異なり、日本語はあまりにも複雑で、必要な活字の種類が多すぎる。しかし、この越えることのできない活字の問題をのぞけば、向日庵私版本『書物』には、英文学、和紙学、書物学を通じて彼が辿り着いた「理想の書物」がある。おそらくそれは、ウィリアム・モリスからコブデン＝サンダースンへと連なる書物にたいする理念と多くの点で共鳴しあうものである。

しかし、彼が『書物』の制作においてすべてのことに満足したかというとそうではない。二十数年前に向日市の庵を訪ねたおり、彼は友人の手を煩わしてイタリアから入手したヴェラムが薄すぎたことを話していた。戦前のことなのに、彼はヴェラムの厚さに問題があったことを反省していたし、それを悔やんでいた。およそ作品を作るということはこのようなことを意味する。羊皮紙を実際に手にすることなく羊皮紙について語ることがいかに抽象的な論議になるか、このことはよく証明している。

彼は使用したヴェラムに問題があったことを気にしていたわけだが、このことは、雄松堂書店から出版された『ケルムスコット・プレス図録』においても紹介されている、そこに、この本の著者である関川左木夫は「私の書いた匿名の『書物』批評に対して壽岳氏側が手紙をくれた」という主旨の言葉を載せている。

白犢総皮の装本の表紙には、製革工程の未熟か、製本技術の未熟かは確かめられなかったが、いずれにしろ平滑均等に鞣すことができず、反りかえったり収縮したり、皺が現れたりしていて、何としても美麗な装本とは言えず、止むなく表紙と綴の装本の印象をそのまま率直に批判することになった。(9)

関川のこのような批判的な評にたいして、壽岳側から使用したヴェラムに問題があった旨の返信を受けとったというのである。関川はこれと同様の内容を『本の美しさを求めて』(昭和出版、一九七九)においても述べている。

しかし、私の『書物』にたいする評はやや異なる。羊皮紙やヴェラムを使うことの困難さや湿気に弱いことを考えれば、ヴェラム装の『書物』は、日本で作られた革装本の代表的なものといってよいのではないだろうか。ただ一見して、ケルムスコット・プレスと同じヴェラム装とはいっても、あまりにも雰囲気がちが

図16　アラビア風の羊皮紙装本（17世紀　トレド　タベラ病院）

う。それは本文が和紙で、表紙がヨーロッパの皮という、和洋混交のせいではないだろうかとも考えてみた。しかし、フランスなどで出版される詩集や小説は、同じ本なのに、限定本を二、三十部、普及本を数千部というように、しばしば二種類の版で刊行される場合が少なくない。そのようなときの限定本には手漉の紙、とくに和紙やオランダの紙が用いられることが多い。とすれば、必ずしも和紙にヴェラムという組み合わせはミスマッチとはいえないことになる。問題はもう少し根深いところにあり、それは製本術を含め、たやすくは越え難いもののように考えられる。

その解答のひとつは、私が今まで見た羊皮紙装本のなかで、もっとも美しいと感じた本のなかにあるように思える。その本はケルムスコット・プレスではない。スペインのトレドにエル・グレコの油彩画を見にいったとき、たまたま目にしたものである。それはかつて病院だった小さな美術館の一階に、ガラスのケースにはいることもなく、大きな横長の書見台に一本の紐で押さえられて、数冊おかれていた（図16）。それらの羊皮紙装本は十七世紀に作られたもので、表紙に細い皮を編んで作ったアラビア風の装飾を持っている。この本の装飾模様を見たとき、私は当然、あのグラナダのアルハンブラ宮殿に代表される、アラベスク装飾模様を思い出したが、それと同時に、数時間前にプラットホームにおりて、あとにしてきたトレドの駅舎の美しい窓の模様とそっくりではないかと思った記憶がある。このように歴史と文化を想起させて、かつ美しいと思わせる革装本はめったにない。

向日庵私版本の『書物』の羊皮紙装がなにかうまくいっていないとすれば、その理由は、制作者本人や関川のいう皮の薄さや鞣しの悪さだけではないようだ。その問題以上に、向日庵私版本の『書物』が、歴史と文化を自然と感じさせるヴェラム装本になっていないためではないだろうか。その証拠に、特漉き和紙（丹念紙）による装本の『書物』は、ヴェラム装の『書物』よりずっと好ましい本に見える。羊皮紙やヴェラムを用いた装本は、一朝一夕では制作できないようだ。

それにしてもトレドでは、なんと見事な羊皮紙装本が、三百年以上の歳月を経て、だれに読まれることもなく、信じられないほど無造作に、ひっそりと展示されていたことだろうか。

第五章　モロッコ革を求めて

革製造職人（16世紀）

一　『パンタグリュエル物語』のモロッコ革

モロッコ革の本。それは本の好きな人にとってなんと優雅な響きを持つ言葉であろう。一冊でもよいからモロッコ革の本を持ってみたいと思わないだろうか。おそらくモロッコ革の本は、ヨーロッパの書物が長い年月をかけて辿りついた究極の本の姿である。欧米の愛書家ならずとも、一度、モロッコ革で製本された本を手にすると、その美しい「しぼ」やモロッコ革独特の肌触りに魅了されるにちがいない。

山羊革から作るといわれるモロッコ革とは、そもそもどんな革であろう。イタリアでは十五世紀後半に、モロッコ革が革装本に使われている。ほどなくして、イタリアからフランスにモロッコ革は伝わった。おそらくそれらのモロッコ革は、アフリカや近東の国々から輸入されたものである。その頃に書かれたフランス文学の名作に、モロッコ革について触れている箇所がある。

フランソワ・ラブレーの世にも不思議な冒険譚『パンタグリュエル物語』（一五五二）には、お伴のパニュルジュが、口の悪い商人から一頭の羊を高い値で買わされるが、その羊を海中に放り込むと、残った羊もつぎつぎに海に飛び込んでしまい、あげくには、商人まで羊もろとも溺死するという話がある。その欲張りな商人がなるべく高く羊を売ろうとして、モロッコ革についてこのように述べている。

（羊の）皮を使えば、立派なモロッコ革ができますが、こいつを、トルコ渡来の或いはモンテリマール産、或いは、どう間違っても、イスパニヤ渡来のモロッコ革としては売り捌けまさ。その腸を用いれば、提琴や竪琴の絃ができますが、ミュンヘンなりアクイラ産の絃として売れますな。いかがでござる？(1)

モンテリマールとはフランス東南部、ローヌ川流域にある町で、巴旦杏《はたんきょう》や胡桃などに蜂蜜を使った砂糖菓子ヌガーの産地である。かつてそこは皮革業で有名であった。この商人の短い言葉から、モロッコ革はその当時、高級な革として珍重されていたことがわかる。さらに重要なことは、羊の皮からもモロッコ革を作ったことが推測される。そしてさまざまなモロッコ革があり、おそらく、産地によってモロッコ革にグレードが存在していたことも読み取れる。

現在、革装本に使われる代表的な革はつぎのようなものである（口絵5）。

○モロッコ革
○シャグラン革（粒起革）
○仔牛革
○羊皮紙
○ヴェラム
○羊革（バザンヌ革）
○豚革
○ボックス革（クローム鞣しをした牛革）

量的には少ないが、これらのほかにもさまざまな革が使われている。たとえば、蛇やトカゲのような爬虫類の革を使った本はそんなに珍しくない。「斑《ふ》」が硬いため、爬虫類の革を使う製本には高い技術が求められる。稀なものでは、象やアザラシの革をはった本をパリやブリュッセルで見たことがあるが、両方とも高名な製本家の手になるもので、それぞれの革の特徴がよく活かされていた。おそらく革をすくときや革をはるときにずいぶん苦労したのではないだろうか。

わが国の製本業界でも、山羊の革は装丁に使う革としては高級なものといわれているが、そのなかでもモロッコ革は最高級の革と見なされている。皮革に関する専門的な辞典は、モロッコ革について「植物タンニン鞣しを行い、銀面模様を粒状に硬く際立たせた革。モロッコのムーア人によって始められたといわれている。用途は古くから本の表紙、小物、高級靴の甲革など多方面にわたっていた(2)」と説明している。ここで注目を促したいことは、モロッコ革が山羊皮から作られるとは述べていないことである。

製本術や書物史の本はモロッコ革をどのように紹介しているのだろう。少し例をあげてみよう。アランデル・エズデイルは『西洋の書物』のなかで、かなり詳しくモロッコ革について述べている。

山羊革 Goatskin　16世紀から17世紀にかけて、ヨーロッパに輸出した国の名にちなんで俗にモロッコ革と呼ばれている。適切な処理が施されていると、図書館で使用する革としては最適であり、それにその信頼に十分答えるものである。この革の表面には網状のしぼがかなりはっきりみえている。これを加工して同一方向に伸ばすと、「平行しぼ」（いくえにも平行してうねっているしぼ）と呼ばれ、これを2

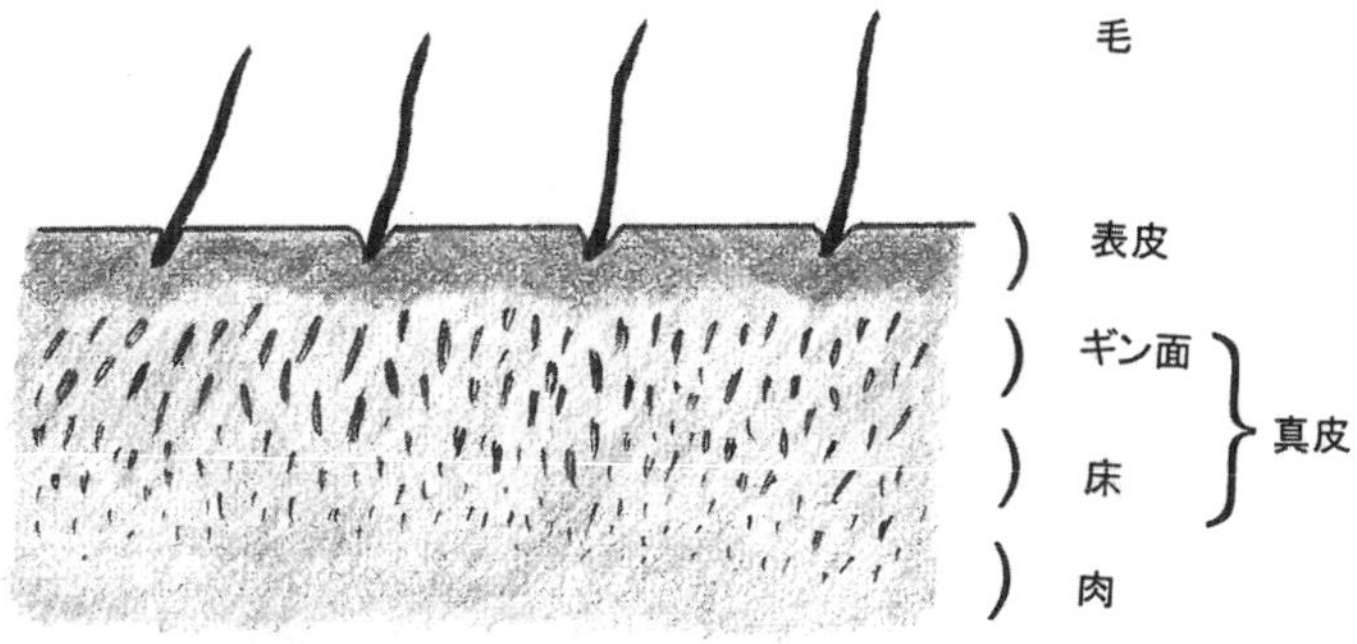

図1　皮の断面図

つの別方向に伸ばすと「交叉しぼ」や「ピン・ヘッド」と呼ばれるものになる(3)。

さらにエズデイルは、『パンタグリュエル物語』の商人のように、モロッコ革は羊皮からも作られるとも述べている。

いわゆるモロッコ革と呼ばれるものの中に羊皮製のものがあるが、質ははるかに劣り、そのほとんどが製本材として使えないものばかりである。きわめて粗悪なものの1つに数えられている「ペルシャ・モロッコ革」となると、真のモロッコ革のよい持ち味は全然備えておらず、これなどは絶対に製本材として使ってはならない代物といえる。このペルシャ・モロッコ革は、インド山羊とかインド羊から作られたものであり、なめし方は粗雑である(4)。

なぜ羊皮によるモロッコ革が存在するのだろう？

もともとモロッコ革は山羊皮から作られていたようだ。しかし、そのモロッコ革は革として優れていたため高値で売買された。そこで羊皮によるモロッコ革が登場したのではないかと思える。いつの時代に

図2　モロッコ革のしぼをだす職人

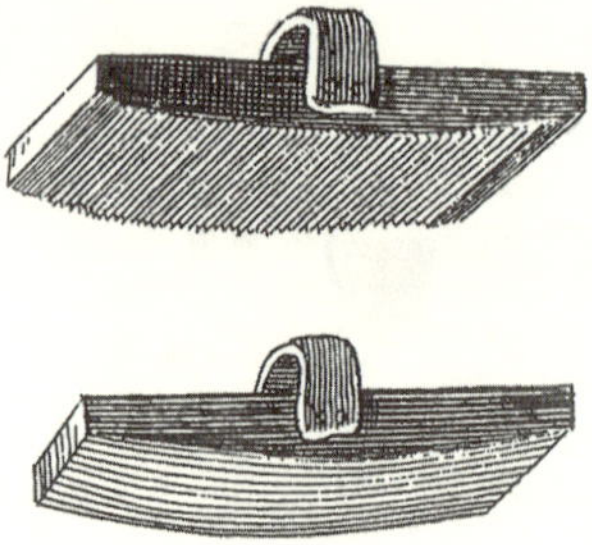

図3　ポメル

も、儲けるための偽ブランドが横行する。

モロッコ革をモロッコ革たらしめている大きな要素は、その「しぼ」にある。おそらく、しぼを似せることで羊皮によるモロッコ革もその市民権を得たのではないだろうか。視点を変えれば、モロッコ革とは、動物の違いというよりは、革の表面、とりわけしぼの調子に負っているといえる。今ではモロッコ革は山羊皮といってよいだろう。しかし、見てきたように、羊皮のモロッコ革が存在したことを認めなければならない。というのは、しぼは革の種類に固有のものであるが、ある程度は人工的につけることが可能であるから。

革とは毛や表皮を取り去ったあとの、真皮層の部分を鞣したものをいい（図1）、この真皮層の表側をギン面と呼び、皮革職人はこの部分にしぼをつける。職人は床《とこ》側を上にして皮を上下半分に折り、ギン面同士がこすれ合うように、床側から揉む。このとき、ポメルという黒板ふきのような道具を手にして、しつこく皮を揉むことで、より一層、しぼ出しが可能となる（図2、3）。つぎに、皮をひっくり返し、同じことをする。さらに今度は、床側を上にしたまま皮を左右半

図4　アスコナ（スイス）の製本学校のアトリエ

分に折り、同じように皮を揉む。このような揉み方は専門用語で「四方揉《しほうも》み」といわれている。

それでは山羊皮から作られた革なら、すべてモロッコ革と呼べるのであろうか。もちろんそれはありえない。すでに述べたように、モロッコ革と呼ばれる革には独自のしぼが必要である。ではモロッコ革とはどのようなしぼを持っているのだろう。しぼについての説明は簡単ではない。というのも、モロッコ革は数種類あって、しかもそれらは、それぞれしぼが違うだけでなく、国によってモロッコ革の呼称が異なっているからである。

二　フランスの山羊革

ヨーロッパでは長い期間にわたって革装本が作られてきた。当然、今でも多くの国で革装本が作られている。それを裏づけるかのように、フランス、イギリス、ドイツ、ベルギー、スイス、イタリアなど、多くの国に革装

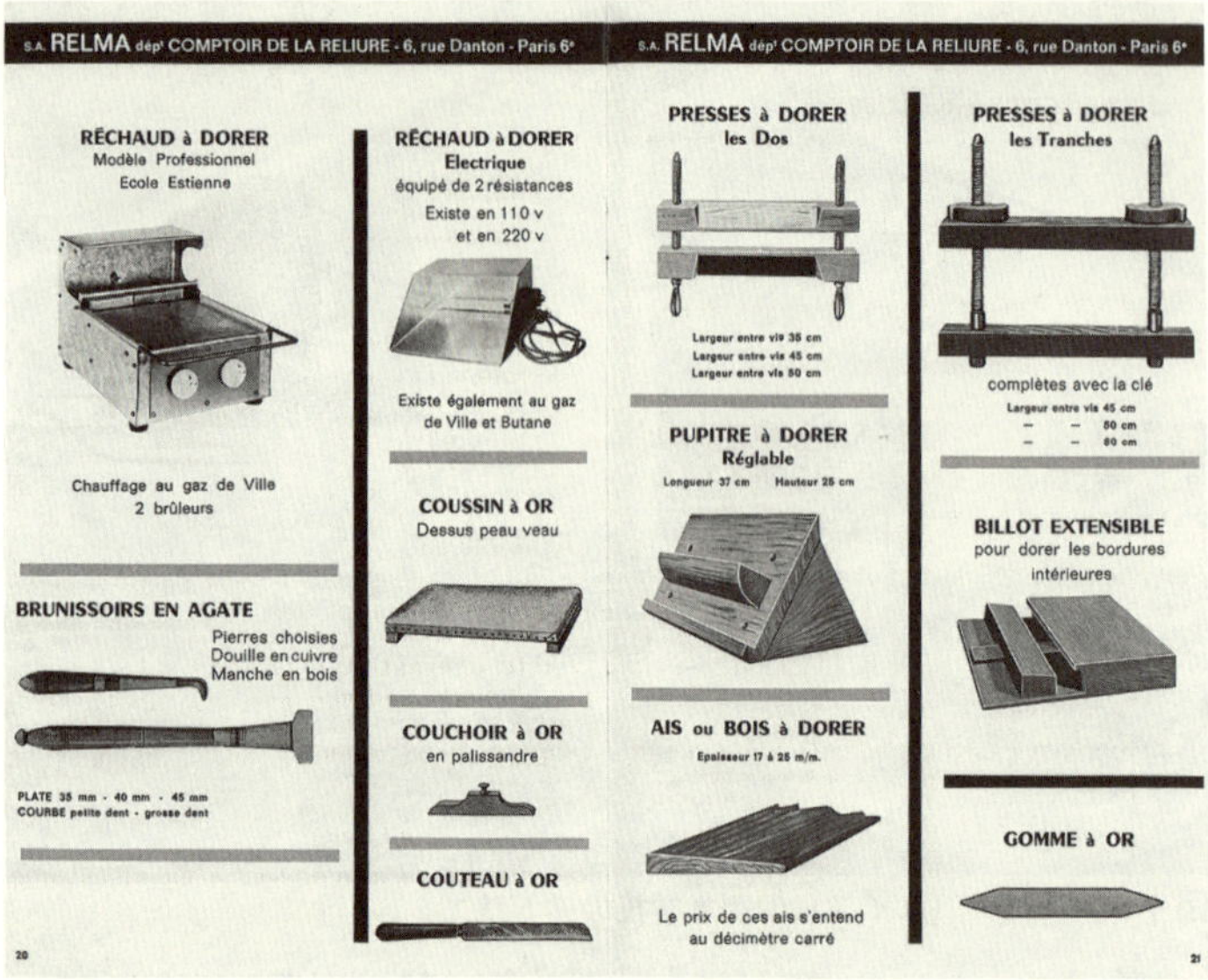

図5　パリで製本材料と道具を売っている店「レルマ」のカタログ

本の作り方を学べる製本学校が存在している（図4）。ただし、製本道具やモロッコ革などの材料を販売している店（図5）、さらには、革をはった表紙に金箔の模様をつける花型やコテ、背にタイトルをいれる真鍮の活字などを製作する職人の存在まで考慮すると、現在ではフランスが革装本のもっとも盛んな国であり、そのつぎにイギリスが続いているといって間違いないだろう。そこで、イギリスのモロッコ革と比較しながら、フランスで使われているモロッコ革について述べてみたい。おもに、ラテン系の民族の集まりであるフランスとゲルマン系の民族の集まりであるイギリス。異なる民族の作る文化は、一冊のモロッコ革の本にもさまざまな形で反映されている。

　現在、フランスで売られている革装本用の山羊革はつぎの三種類である。

○モロッコ革

○シャグラン革（国内産の山羊）
○シャグラン革（インド産の山羊）

フランス語ではモロッコ革を、その原産地がわかるように、「マロッカン・デュ・カップ Maroquin du Cap」と呼んでいる。カップは岬という意味であるが、この場合は大文字なので、南アフリカのケープタウンをさす。つまり、言葉だけからいうと、フランスで売られているモロッコ革は、ケープタウンから輸入した山羊皮を鞣し、染色したあと、しぼを与えたものということになる。ただし、それが本当に南アフリカ産の皮かどうかということになると、疑問が湧く。つまり、ケープタウンに集荷された皮のあるものが、フランス向けに船積みされたとも考えられるからだ。交通の不便な時代であればなおさらのことである。マロッカン・デュ・カップは厚く、しぼが強いうえに、ほかの山羊革と比較すると一枚のサイズが大きい。製本用の革としてはもっとも高価である。そこでフランスでは、山羊から作った革でも、ほかのものはシャグラン革と呼び、マロッカン・デュ・カップと区別している。フランスでモロッコ革の本といえば、ふつうはマロッカン・デュ・カップを用いた革装本ということになる。

シャグラン革には二種類あるが、よく使用されているものは国内産の山羊から作ったものである。インド産のものはマドラス・シャグランという。しぼが規則的で、詰まっていて、革装本の最後におこなう仕上げの艶出しがとても効果的な革であるが、あまり目にすることがない。国内産のシャグラン革はフランスのモロッコ革、つまりマロッカン・デュ・カップと比べると、細かなしぼが整然と並び、一枚のサイズは小さく、価格は半値以下である。しかし、このシャグラン革は、バザンヌと呼ばれる羊革より、ずっと高級感があり、扱いやすいので、手頃な革装本を作るためにはうってつけの革である。

日本ではシャグラン革は「粒起革」とよく訳されている。これは革の表面につけられたしぼが、それまで使われていた製本用の革と異なり、でこぼこしていて、凹凸がはっきり見えたことから考えられた名称のように思える。フランス語に「あら皮のごときもの」という有名な句がある。命や財産など、次第になくなっていくものを表現するときに使うのであるが、もともとは、バルザックの小説『あら皮』(一八三一)の主人公ラファエルの運命になぞらえたものである。小説の原題は《Peau de Chagrin シャグラン皮(革)》という。つまり粒起革というわけであるが、本の題名らしく『あら皮』と翻訳された。

この小説は、人生に落胆した一文無しで自殺志願の青年ラファエルが、とある老人の部屋で壁にかかっているあら皮を目にすることから話が展開してゆく。バルザックはこの皮を「インドの驢馬《ロバ》の皮」と青年にいわせている。そして、この皮の裏側にはつぎのような意味のサンスクリット語が書かれていた。


汝われを所有せば、すべては汝のものたらん。

されど汝の生命《いのち》わがものとなるべし。

主しか望みたまいしがゆえなり。

望めしからばかなえられん。

されど、汝が望みを、おのが生命に応じてはかれよ。

ここに生命あり。

望むごとに、汝が生命のそれのごとく、

われもまた縮まりすくまん。
われを望むや。
さらば取るべし。
主汝を嘉《よみ》したまわん。しかあれかし。(5)

これを読解した主人公は、金持ちになるという代償に、自らの命を縮めることを覚悟して、このあら皮を手に、往来に飛びだしてゆく。ラファエルのその後の運命はともかく、バルザックの生きたロマン主義の時代は、ロバの皮からもシャグラン革を作っていたのであろうか。事典によっては、シャグラン革は山羊、羊、ロバの皮から作るとしているものもある。おそらくここにもモロッコ革のように、動物の種類を無視して、外見を似せて作った偽ブランドの存在があるようだ。製本用として山羊からつくったシャグラン革が優れている以上、そのしぼを真似た、山羊以外の動物から作った安物のシャグラン革が登場したことは十分に考えられることである。

三　イギリスのモロッコ革

イギリスでは、マロッカン・デュ・カップを「フレンチ・モロッコ革」と呼び、製本用の革としてそれなりの評価をしているが、不思議なことに、イギリスの製本材料店ではマロッカン・デュ・カップを売っていない。戦後のイギリスを代表する製本家フィリップ・スミスの本には、私の知る限りではマロッカン・デュ・カップが使われていない。イギリスの現代作家による革装本展のカタログを眺めても、フィリップ・スミスのように、ほとんどの作家がマロッカン・デュ・カップを使用していないことに気づく。彼らの使う革は、同じ山羊革でも「オアシス・モロッコ」と呼ばれる革である（口絵5）。ヨーロッパ諸国の統合が進む現在では状況が変化する可能性は十分あるが、フランスではオアシス・モロッコ革を、そしてイギリスではマロッカン・デュ・カップを、今のところまだ売っていない。

イギリス人の書いた書物についての本でも、製本用の山羊革をいくつか紹介している。ふたたびここで、エズデイルの『西洋の書物』から引用してみよう。

最上質のモロッコ革は目潰しレバント・モロッコ革と呼ばれ、ベーラムを除けば、これほど箔押しの効果がでる革はほかにない。といっても、高価であるため、貴重本にしか用いられていない。この革は、もと地中海地方の東端の諸国〔シリア、レバノン、パレスチナといったレバント地域〕から輸入されたので、その名がある。レバント地域はイタリア、中でもとくにベニスと商売上のつながりが強かったことから、この革はイタリアの図書の製本にかなり使われている。16世紀初頭のフランスでもかなり使われているが、これは当時のフランスの製本様式がイタリア様式にかなり近い線にまで発展していたからである。（中略）大型で、重みのある図書用にというのであれば、厚味があってかなり強靭なナイジェリア・モロッコ革に代わるものはない。(6)

このようにエズデイルは、レバント・モロッコ革とナイジェリア・モロッコ革を革装本のための最良の革としている。

製本術や革装本の修復について著しているバーナード・C・ミドルトンも、レバント・モロッコ革、オアシス・モロッコ革など、いくつかの山羊革を紹介している。彼の『革装本の修補』(一九七二)に載っている革のしぼの写真から判断すれば、レバント・モロッコ革はフランスでいうマロッカン・デュ・カップときわめて似ているが、レバント・モロッコ革とマロッカン・デュ・カップは産地が同じでない。

イギリスでのオアシス・モロッコ革の評判は信じられないほど高い。そしてすでに述べたように、現代イギリスのほとんどの製本家がこの革を使っている。オアシス・モロッコ革とは、西アフリカのナイジェリアやその近隣諸国より輸入された革である。イギリスではこの革を、ナイジェリア・モロッコとか、ニジェール・ゴートスキンとか、オアシス・ゴートスキンと呼び、フランスではマロッカン・オアジスと呼んでいる。

十七世紀にはじまった西欧先進国によるアフリカ諸国の植民地化には目をおおうものがあるが、西アフリカ諸国でいえば、結果的には、十九世紀後半になってニジェールはフランスに、ナイジェリアはイギリスに属することになった。ところが、アフリカで三番目に大きいニジェール川がマリ、ニジェールを流れ、しだいに大きくなって、ナイジェリアを通ってベヌエ川と合流し、ギニア湾に注いでいる(図6)。このアフリカの大河川のために、さまざまなものの名称がややこしくなる。たとえば「王立ニジェール株式会社」のように、イギリスは自国の植民地のものに、ナイジェリアではなく、ニジェールという名前をつけることが珍しくなかったようだ。人によってオアシス・モロッコ革を、ニジェール・ゴートスキンとかナイジェリア・モロッコ革と呼ぶのも、おそらくここに理由があるのではないだろうか。

図6　西アフリカ諸国とニジェール川

ここでは混乱を避けるため、この革をオアシス・モロッコ革と呼ぶことにする。大きさはフレンチ・モロッコ革（マロッカン・デュ・カップ）の半分程度で、モロッコ革特有の美しい丸しぼがない。そのかわり、静脈が走ったような浅い筋が縦横に走り、ときとして色むらがあったりする。価格もマロッカン・デュ・カップからみたら、三、四割安いのではないだろうか。この革の最大の欠点はギン面に傷が多くあるということである。これはオアシス・モロッコ革となる山羊が野生的に育てられているため、どうしても表皮に傷や汚れがつくためである。これにたいしてフレンチ・モロッコ革は一枚の革が大きいうえに、家畜のようにきわめて注意深く飼育されているため、表皮には傷が少ない。とすれば、引用したエズデイルの言葉には疑問がわく。フレンチ・モロッコ革と異なり、オアシス・モロッコ革を用いて大きな総革装本を作ることは難しくなる。

イギリス人のオアシス・モロッコ革好きについてはすでに述べたが、英国の製本家がどのようにこの革について考えていたかを紹介してみよう。今世紀のイギリスを代表する製本工房を興し、マーブル紙の制作者としても有名だったダグラス・コッカレルは『製本装丁と本の保存』のなかで、オアシス・モロッコ革についてつぎのように書いている。なお彼は、この革をニジェール・モロッコ革と呼んでいる。

私がもっとも役立つ革と知ったのはニジェールの山羊革である。それは王立ニジェール株式会社を経由してアフリカから運ばれてきたものである。その革は色も表面もとても美しく、重大な革の劣化もなくあらゆる試験に通っている。この革につきまとう問題は、野生の山羊であるため、革がやや粗末に扱われ、ギン面の傷や汚れでかなりの部分が使用できず、多くの革が無価値なものとなることである。遠からず、このことに興味を示している革屋が、質も色に関しても最上級のニジェール・モロッコ革と同等で、傷もほとんどない革を作ることを期待している。(7)

二十世紀の初頭に書かれた本で、このようにオアシス・モロッコ革が高い評価を受けていることから、イギリスでは十九世紀にオアシス・モロッコ革が使われていたと考えられる。事実、ミドルトンの『イギリス工芸製本技術の歴史』には、十九世紀末にあった第一回女子製本装丁展にコンゴから輸入されて使用された革はオアシス・モロッコ革と酷似していた、という当時の文献が紹介されている。(8) だが、オアシス・モロッコ革がいつ頃から使われだしたのかは不明である。十九世紀末のコンゴはフランスの植民地であった。この革が

図7　イギリスの革製造職人（19世紀中頃）

突然登場したとすれば、それはコンゴやその近隣諸国の植民地化となんらかの関係があるようだ。コッカレルのような有名な製本家が積極的にこの革を使ったり、また、レバント・モロッコ革の入手が困難になったりした結果、イギリスではオアシス・モロッコ革が愛用されるようになったと推測される（図7）。

四　さまざまなモロッコ革

モロッコ革と呼ばれている革にはいくつかの種類があり、その呼び名もさまざまである。今まで述べたことを含めて、モロッコ革をまとめてみるとつぎのようになる。かっこ内は別名である。

○フレンチ・モロッコ革
（ケープ・モロッコ革）
（マロッカン・デュ・カップ　仏語）
○レバント・モロッコ革

○オアシス・モロッコ革
（ニジェール・モロッコ革）
（ナイジェリア・モロッコ革）
（マロッカン・オアジス　仏語）
○ペルシャ・モロッコ革

このほかにも、表面のしぼの状態でつぎのように呼ばれることもある。

○長しぼモロッコ革
○丸しぼモロッコ革

ペルシャ・モロッコ革とはかならずしもペルシャで作られたモロッコ革を意味しない。一般的に、この革はインド産の山羊皮や羊皮から作られたもので、鞣し方は粗雑であるといわれている。はじめにも紹介したように、エズデイルはペルシャ・モロッコ革について、「真のモロッコ革のよい持ち味は全然備えておらず、これなどは絶対に製本材として使ってはならない」[9]と述べている。このようなペルシャ・モロッコ革に対するきびしい評価はイギリス人の書いた本にときどき見受けられる。

どのようなものにも、もっとも美しいものやもっとも質のよいものを求めることは、自然の摂理である。それではもっとも美しく、もっとも質のよいモロッコ革はどこにあるのだろうか。

フランス人が最良の革としているフレンチ・モロッコ革、つまり、フランス語でいう「マロッカン・デュ・カップ」とイギリス人が最良の革としているレバント・モロッコ革について触れてみたい。すでに書いたように両者の革のしぼはきわめて似ている。しかし、前者は南アフリカから運ばれた革であり、後者は近東のレバント地方から運ばれた革と考えられる。ところがつぎのように、地名を含め、ほとんど地理的なものを無視したような考えの人もいる。エリック・バーデットは『製本工芸』においてこのように書いている。

もっとも美しい山羊革は「フレンチ・ケープ・レバント・モロッコ革」というようなコスモポリタンな名前を持っている。それは喜望峰の大きな山羊を意味しており、くっきりしたレバント（と呼ばれるのはそこが発祥地のためである）しぼを持っている。それは、製本用の革のもっとも上手な作り手と考えられるフランス人によって仕上げられている。[10]

これではわかったようでわからない。彼の言葉は、それだけモロッコ革といってもさまざまなものがあり、いろいろな背景を持っていることを物語っている。同じイギリス人のエディス・ディールは『製本装丁――その背景と技術』において、つぎのように書いている。

真の「レバント革」、または「レバント・モロッコ革」はもはや入手することができない。その革はレバント地方に住んでいる大きな山羊皮から作られた。それは独特な匂いを持っているので、匂いでその革かどうかを判別できた。これらのレバント山羊は今では絶滅してしまったが、これと似ている山羊が南アフリカで見つかった。その山羊は「喜望峰の山羊」として知られていて、きわめて丈夫な革である[11]。

彼はさらにこのあと、製本用に供される山羊革は、アルプス地方、バイエルン高地地方、ピレネー地方、トルコ、喜望峰、その他のアフリカからもやってくると述べている。このような結果、ヨーロッパの革装本には、山羊革といってもさまざまな山羊革が使われることになる。当然、革の質に善し悪しもでてくる。ところで彼の文章から、イギリス人が何故レバント・モロッコ革を使わないのかはっきりしたと思う。もはやレバント・モロッコ革は、名前ばかりが残っているだけで、実物は流通していないのである。そして、レバント・モロッコ革に近いものはフレンチ・モロッコ革（ケープ・モロッコ革、マロッカン・デュ・カップ）ということになり、当然これらふたつの革は似てくることになる。

五　フレンチ・モロッコ革

現在もっとも優れたモロッコ革を製造している国はフランスといってよいと思う。それでは今度、このように美しいモロッコ革の本がフランスに登場したのがいつごろなのか、フランスの製本装丁史を中心に辿ってみよう。

ルネサンスを前後して、中近東からヴェネツィアやナポリに運ばれた革は、イタリアからフランスへと伝

図8　フランソワ1世の蔵書（16世紀）

わった。また、ピレネー山脈を越えてフランスに持ち込まれた革もあったと思える。すでに述べたように、十六世紀のフランスでは革の生産地として、ローヌ川流域のモンテリマールが有名であった。輸入時の手間や革の美点などのため、単に輸入した革を使うだけでなく、優れた革を自国で製造することが考えられた。フランスでは、フランソワ一世の時代（在位一五一五―一五四七）にモロッコ革の製造が本格的にはじまっている（図8）。

ルネサンスを目前にしたヨーロッパでは、十二世紀頃にはじまった製紙術の普及と、十五世紀中頃のグーテンベルクによる活版印刷の発明とその技術の伝播が書物の普及に大いに役立った。事実、十六世紀になって、印刷された紙が折帖となって一冊の本ができあがるようになると、書籍の出版量が驚くほど増加する。ルネサンスの華が見事に開いた一翼は、なんといっても書物の印刷と出版が担ったはずである。ちょうどこの頃にモロッコ革がイタリアやフランスに姿をあらわした。モロッコ革の登場はルネサンス以前と以降の書物の製本装丁をがらりと変えることになる。

ルネサンス以前のヨーロッパでは、豪華な本や『祈禱書』のような貴重な本には、おもに布や金属に宝石を象眼した製本がおこなわれた（口絵8）。茶系などの色に染めた羊や仔牛の革、また羊皮紙や豚革なども

図9　刺繍をした布装の「双子本」（17世紀）

製本に使われてはいたが、それらの質が悪かったため、繻子《しゅす》などの布（図9）にとってかわることはなかった。ところが、ルネサンスとなり、イスラム諸国やスペインなどからモロッコ革が輸入されると、それは今までの革と異なり、美しく上質だったため、革装本に積極的に用いられた。このようにして、あの名高いジャン・グロリエやフランソワ一世の蔵書にモロッコ革装の本が登場する。布装などの本と異なり、革装の本には、イスラム文化圏から伝わったといわれている金箔押しなどの新たな装飾を革の表面に与えることができる。このこともモロッコ革が愛用された大きな理由である。

モロッコ革装といわれる当時の本の表面をよく見ると、今、フランスで売っているフレンチ・モロッコ革と異なっていることに気づく。当時の代表的な本であるグロリエやフランソワ一世の蔵書は製本装丁史の本や革装本展のカタ

図10　モロッコ革の製造工房（18世紀中頃）

左から　原皮の毛を刈る人　原皮を水洗いする人たち　原皮を薬品の入った桶で洗う人

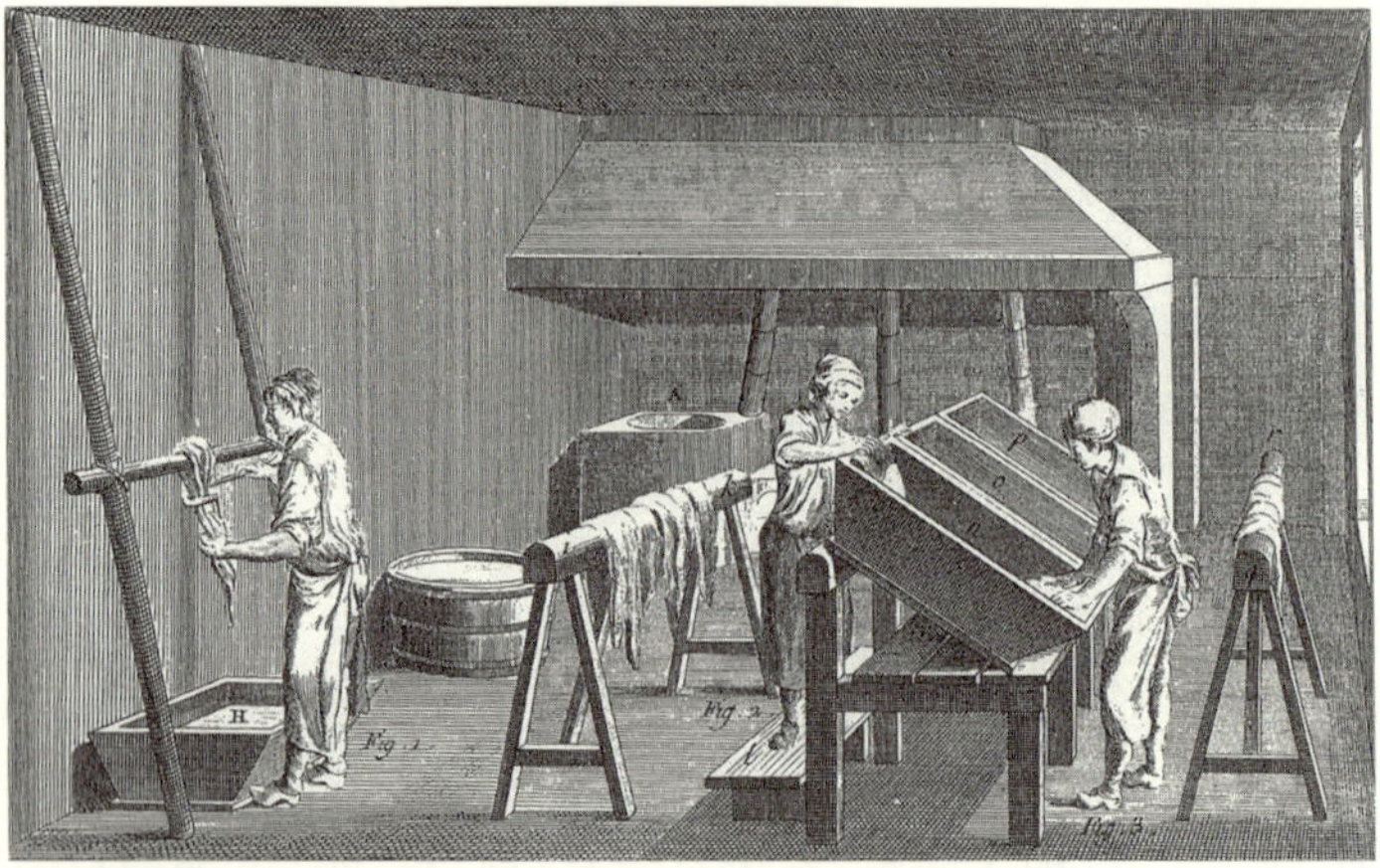

左から　染めた皮を棒を使って絞る人　錫製の容器で染料を入れる人　染料の入った槽に皮を漬ける人

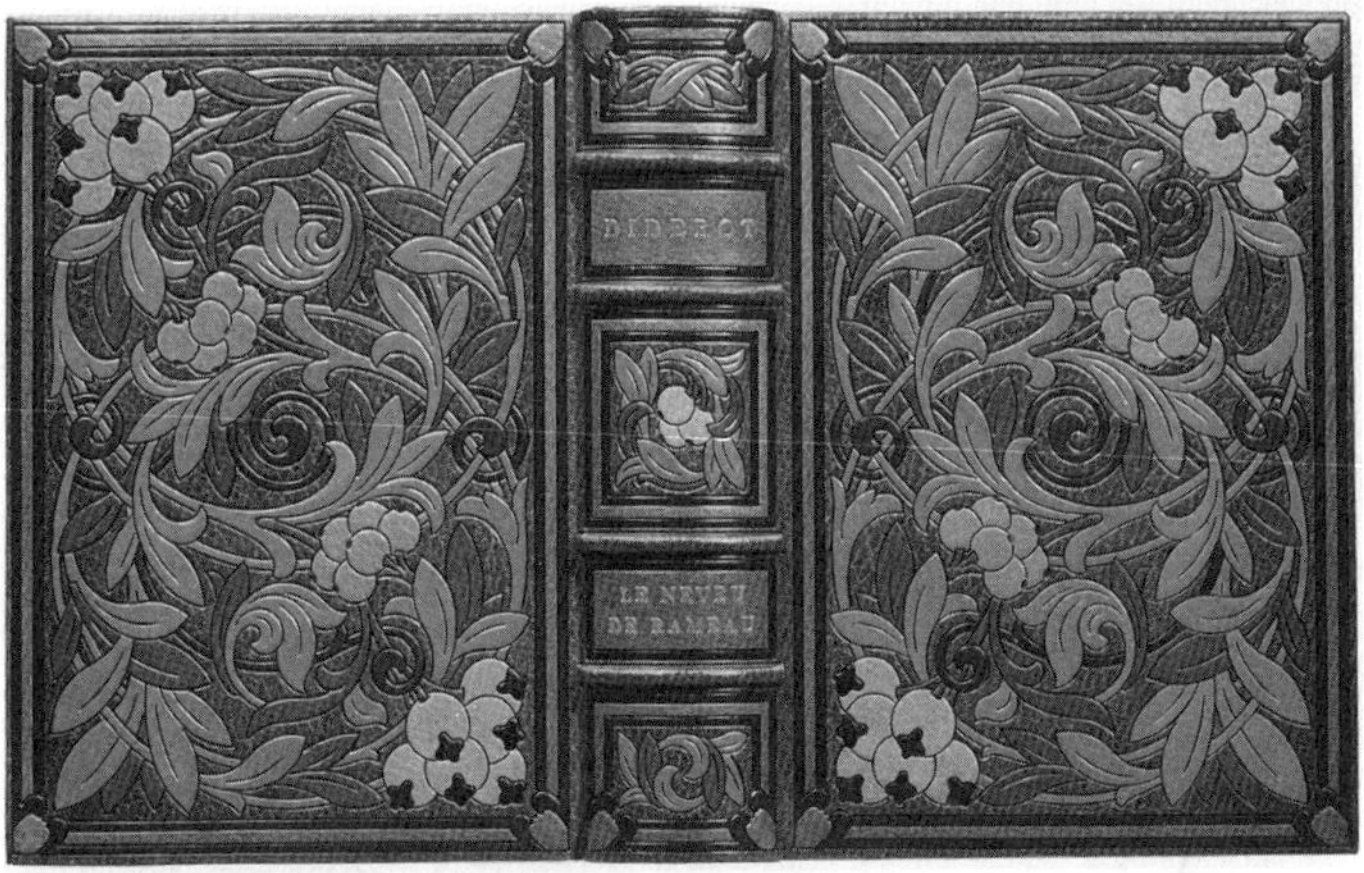

図11　マリユス＝ミシェルの革装本（19世紀末）

ログなどに載っているが、それらに用いられたモロッコ革の表面は、モロッコ革装本とうたっていても、フレンチ・モロッコ革とは随分と異なり、表面にあまりしぼがない。このような革の表面にグロリエ様式とかフランソワ一世様式という美しい模様が、金箔押しや異なる色の革をはるモザイク技法によって表現されている。しぼがあまりないことを考えれば、モロッコ革といっても、羊による、偽物のモロッコ革だったのではないかと疑ってみたくなる。それとも、当時はモロッコ革のしぼについてほとんど無頓着だったと考えるべきなのだろうか。

しぼのほとんどないモロッコ革、しぼがあっても、なにか洗練されていないモロッコ革。このようなモロッコ革は、フランスの製本装丁史の研究家で、自らも製本を手がけるロジェ・ドゥヴォーシェルの大著『フランス製本装丁史』の豊富な図版を繰ってみると、おおまかにいって十八世紀中頃まで使用されていることがわかる（図10）。十八世紀末にフランス革命が起こり、十九世紀になりロマン主義がはじまると、イギリスからもたらされた、水平にしぼがはっきり走っている長しぼモロッコ革がブームとなる（口絵12）。そしてロマン主義が去り、つぎに登場したのが丸しぼのモロッコ革、いわゆるマロッカン・デュ・カップといえる革である。ロマン主義時代にもたらされた長しぼモロッコ革の影響で、フランスにおいても、モロッコ革にしぼを強くつけることが積極的におこなわれたと考えられる。

十九世紀半ば以降、フランスで作られた代表的な革装本にはマロッカン・デュ・カップが使われているものが多い。アール・ヌーヴォー様式の工芸品として、美術雑誌などにも時どき紹介されるマリユス＝ミシェルの傑作を見れば、このことは理解できるだろう。彼の作品の見事さは、アール・ヌーヴォー的な図案やウィリアム・モリスのテキスタイルのデザインを彷彿させる模様を、金箔押しやモザイクで巧みに仕上げただけでなく、革それ自身の美しいしぼにも負っている（図11、12）。この美しいしぼの革が本格的にフランスで売られはじめたのは、おそらく十九世紀にはいってからで、爾後、フランスの製本家に愛用されている。そしてイギリス人は、不思議なことに自分たちでは使うことはほとんどないが、この革をフレンチ・モロッコ革とかケープ・モロッコ革と呼んで、今では幻の革となったレバント・モロッコ革と比較しているのである。

図12　ウィリアム・モリス『チョーサー作品集』の装飾縁飾り（19世紀末）

第六章　フランスの革装本

製本職人（16世紀）

一　仮綴本の誕生

フランスでは少し前まで、文学書を中心として、多くの本が仮綴じで売られていた。また、限定番号のついた高価な本の場合は、未綴じで売られることも珍しくなかった（図1）。たとえば、サミュエル・ベケットやアラン・ロブ＝グリエの作品は「深夜叢書」から仮綴本として出版された。わが国でもフランス装と称して、稀に詩集などが仮綴本として売られることがある。しかし、なぜフランスで小説や詩集が仮綴じのまま読者の手元に渡るようになったのか、その理由は十分に理解されていないようである。

仮綴本とは折帖が糸でごく簡単にかがられ、その折帖の背に薄手の表紙がニカワで軽くとめられた、原則としてアンカットの状態の本をいう。未綴本の場合は、アンカットの折帖の束を薄手の表紙で包んだだけである。これらの場合の表紙は本格的な表紙でなく、仮表紙と考えられている。アンカットというのは、印刷された紙葉を折って作る折帖が化粧裁ちされないままで表紙のついた本をいい、天や前小口に袋状になった箇所ができる。そこでペーパーナイフが必要となる。読者は袋とじになっているページをペーパーナイフで切って開け、読み進んでゆく。ただし、わが国の仮綴本では西洋のものと異なり、印刷時でのページの組付けが逆向きなため、印刷された紙葉が八ページや一六ページの折帖となった場合、地と前小口に袋状になった箇所ができる。これではペーパーナイフがずいぶん使いにくい。ペーパーナイフを自分に向けて、自刃するようにナイフを動かし、袋綴じになっているページを開けることになる。わが国で稀に出版されるフラン

図1　フランスの未綴本　ジャン・ジュネ『泥棒日記』

ス装ではこのことに配慮して、模倣するなら印刷の段階からまねるべきではないだろうか。

仮綴本とはまた、出版元が本格的な製本をせず、その本を購入した人が自分の好む書物に仕上げることのできる本といえる。これはヨーロッパに、それもとくにフランスを中心とした、ラテン語を語族とする国々につづく伝統的な出版形態であった。「本とは、製本装丁されたときにのみ、書物として完成する」[1]と書いたのは、フランスの出版人ヴィクトル＝ミッシェルである。しごくあたりまえのように響くこの言葉は、フランスの本が仮綴本で売られ、購入者がその本を自分の好むように製本、装丁してもらう世界から生まれたことを理解しなければならない。しかし時代が進むにつれて、仮綴じによる出版物は、フランス語圏をのぞき、ほとんど姿を消してしまったのである。

フランスに根強く残るこのような出版物の登場には、興味深い歴史的な背景がある。

十五世紀中頃にグーテンベルクがマインツで活版印刷を開始すると、従来の本の出版形態が一変する。写字生がこつこつと羊皮紙に手書きしていた写本は、紙に刷った印刷本へと急変してゆく。量産の可能性を持つ活版印刷技術の発明は、ドイツやイタリアを中心に瞬く間に広まり、十五世紀末までに、ヨーロッパの二百以上の市や町に千軒を越す印刷所が出現している。とりわけヴェネツィアには重要な印刷家が輩出する。

フランス人ニコラ・ジャンソン（一四二〇―一四八〇）はシャルル七世の命によりマインツに赴き、グーテンベルクのもとで印刷術を習得し、一四七〇年には、パリではなく、ヴェネツィアで印刷所を開業する。そして、当時の印刷業者が手書きの写本の文字に倣った重厚なゴシック体の活字を用いたのにたいして、彼はローマン体といわれる優雅な書体を創案し、プリニウスの『博物誌』などを印刷している。また一四九四年には、イタリック体の創始者として名高いアルドゥス・マヌティウス（一四五〇―一五一五）が印刷所を興している。彼は『愚神礼讃』の著者エラスムスをはじめとする多くの古典学者の助力を得て、古代ギリシャの文学書などを、大衆用にと、小型本にして数多く印刷出版する。彼は自分の印刷所のモットーとして、快速を象徴する海豚《いるか》が、定着と熟慮を象徴する錨《いかり》にからみついたマークを印刷物に刷ったことから、出版に携わる者の役割を最初に自覚した人物と評されている（図2）。

図２　アルドゥス・マヌティウスと錨に海豚が巻きついた彼のマーク

フランスにおける活版印刷は一四七〇年にはじまっている。この年、パリのソルボンヌ大学教授が三人のドイツ人を招いて、大学付属の印刷所を設ける。そののちパリはヴェネツィアと並び称されるほど印刷業が盛んとなり、フランス全体では、十五世紀末に印刷所が四十カ所を数えるほどになっている（図3）。当時の印刷界は、印刷・製本・出版の仕事すべてを一カ所でおこなうことがふつうであった。十六世紀になりインクナブラの時代が終わると、出版はひとつの産業となり、ヨーロッパのほとんど全土に拡大してゆく。一冊の本を作って販売するという過程で、印刷・製本・出版という職種が明確になっていくものの、彼らはひとつの共同体として働いていたため、おのおのの仕事の境界がはっきりせず、出版業者が印刷業や製本業まで兼ねることが珍しくなかった。このため業者内で利益にからむ揉め事がおこり、ときとして裁判沙汰になることさえあった。フランスではこのような傾向が十七世紀になって激化したため、とうとう一六八六年九月七日、ルイ十四世が「パリ市では出版と印刷の二業者と製本業者は、お互いの職分を越えてはならない」という旨の勅命に署名するにいたった。つまり、製本業者は自分たちだけの共同体を組織した。この結果、フランスでは長いあいだ、製本業者は本を製本する権利のみを有することとなり、書店では印刷された折帖が本格的に製本されないまま、仮綴じの状態で売られることになったのである。

図3　パリの印刷屋の看板

フランスにおいては、このような状態での本の出版形態が続いたため、最近まで多くの小説や詩集が仮綴本として書店に並んでいた。わが国にはこのような出版の歴史がない。詩集がフランス装として仮綴本のような形態で売られていても、それを購入した人が製本屋

図4　カルチェ・ラタンの製本屋の看板

図5　パリの金箔押し屋

へ持ってゆき、自分の好む革装本、たとえば、赤のモロッコ革装本にするとか、茶色の仔牛革を使った半革装にマーブル紙をはった本にするなどということはまずありえない。わが国ではフランス装といっても、その多くは雰囲気を模倣しているのである。

仮綴本の購入者が製本を希望した場合、フランスではどのようになるのであろうか。機械がこなす製本とは異なり、手製本にはさまざまなグレードが存在する。そこで手製本を希望する者は、気に入った手製本のアトリエを訪ねることになる。パリでは、このような製本の工房は出版社や書店の並ぶカルチェ・ラタンに多いが、注意深く歩くと、ほかの地区の通りでも思いがけなく製本屋の看板や工房を目にするときがある（図4、5）。またこの仕事はあまり広い場所を必要としないので、アパルトマンの一室で、こつこつと仕事に励んでいる職人も少なくない。

製本希望者はそのような工房の扉を開けることになる。そして自分の持ってきた仮綴本を見せて、どのような製本をして欲しいかを述べる。革の色を選んだり、マーブル紙を選ん

図6　著名な製本家ウラジミール・チェケルール氏（ブリュッセル）

だり、天金つけなどについて話しあう。パリの製本装丁組合にはいっている工房では、価格がさまざまな条件にしたがって決められている。本の大きさはどうか、総革装にするのか半革装にするのか、モロッコ革装かシャグラン革装か、天金にするのか、それとも三方金にするのか、見返しにマーブル紙をはるのか、はるとしたらどのようなマーブル紙をはるのかなど、さまざまな条件が考えられる。製本希望者は自分のイメージにあう材料や色合いなどを、相談しながらきめてゆくことになる。また、革をはった本の表紙や背に金箔押しなどの模様を注文することもできる。このようにして仮綴本が革装本に姿をかえてゆく。なかでも、こうして作られるモロッコ革の本は、洋服の世界にたとえれば、とびきり高価なオートクチュールの服ということになる。そしてこのような本を作る人はもはや職人というより、工芸作家といえるだろう（図6）。

二　愛書家ジャン・グロリエ

愛書家と訳されているビブリオフィール bibliophile という言葉は、十八世紀に登場したというが、欧米でビブリオフィールを自任する者は、単に高価な稀覯書《きこうしょ》を収集する人ではない。革装本に多くの知識を持ち、好みの製本工房を訪ねて、大切な蔵書をモロッコ革などを使った本に制作依頼する人でもある（口絵6）。フランス文学者の河盛好蔵《かわもりよしぞう》が、フランス語の本を扱っている神田の田村書店の店主から教えてもらったブリュッセルのテュルケンス古書店を訪れ、そこで垣間見た革装本について、『パリの憂愁――ボードレールとその時代』のなかで述べている。その古書店はブリュッセル名物の小便小僧の近くにある。

ボードレールの著書ではいろいろあなたにお目にかけたいものがあるからといって、奥の間の主人の部屋へ連れて行ってくれた。つまりテュルケンスその人である。堂々たる恰幅の紳士で、家内を連れていたためか、大へん愛想がよくて、特別に高価な本を入れてあると覚しい書棚からボードレールの本を四、五冊取り出して見せてくれた。『悪の華』の抜粋に、多少エロチックな挿絵の入った大判の本が三冊と、ポオの翻訳にこれも挿絵の入った本が二冊だった。『悪の華』も立派だったが、ポオの『異常な物語』の装幀の見事さには全く圧倒される思いだった。いや単に装幀が豪華なばかりではない、印刷も紙質も造本も挿絵もただ呆然と見とれるばかりであった。世にビブリオフィール（愛書家）という言葉があるが、この種の豪華本を蒐集して、愛蔵し、愛撫する人のことを指すのであって、私などがいっぱし愛書家のような顔をしたら滑稽至極であることを身にしみて悟らされた(2)。

日本にも愛書家はいるが、残念ながら革装本の伝統がないせいか、河盛のように革をはった本格的な豪華本の美しさにまで興味を示す人はほとんどいない。それどころか経済力にまかせ、欧米の古書店で銅版画などの美しい図版が多数はいった革装本を買ってきて、奇妙な商売をしている人が少なくない。彼らはそのような本の表紙を壊し、折帖をばらばらにして、図版だけを切りとって、それらを一枚ずつ額装して高額で売るのである。驚くことに、わが国ではこのような人でも愛書家とか書物通として知られている。

西洋の本の歴史にかならず登場する愛書家にジャン・グロリエ（一四七九―一五六五）がいる。リヨンのエギジィ伯爵家出身の彼は、父エチエンヌ・グロリエの跡を継ぎ、三十一歳の若さで、ミラノ公領財務長官という公職についている。そののちの彼の人生は要職にある者の常として、不安定な歴史を反映するかのように、浮き沈みの激しいものである。十六世紀前半のフランスは、王権による中央集権国家が成立し、一四九四年にシャルル八世によって開始され、そののち六十年ほどつづくことになるイタリア戦争のさなかであった。

波乱万丈の人生にもかかわらず、ジャン・グロリエが愛書家として書物の世界にその名をとどめているのは、生涯を通じてその当時の学芸の育成と保護に情熱を燃やしたからにほかならない。父のエチエンヌが愛書家だったこともあり、彼の書物にたいする理解と愛情は深く、書かれている内容だけではなく、印刷や製本など、書物のもつ工芸的な面にまで彼の造詣はおよんでいる。これは何度かのイタリア滞在中に触れたルネサンスの息吹のなかで、エラスムスをはじめとして、多くの文人や芸術家と交友をもった結果である。彼はアルドゥス・マヌティウスの印刷工房とも堅い絆で結ばれ、そこで出版された本を買うだけでなく、ときとして印刷まで依頼している。すでにその当時、アルドゥス本人は逝き、父の衣鉢《いはつ》を継いだ三男パウルスが叔父たちの助力を得て、優れた本を印刷出版していた。さらにグロリエは、イタリアの製本職人に、自らの指示のもとに、後世に残る美しい総革装本を数多く作らせた。彼は偏狭な愛書家と異なり、このようにして集めた蔵書を自由に読めるようにと開放している。また同じ書物を何冊も製本させ、友人に贈ったこともある。彼の本の多くにはそれを意味するかのように、表の表紙に「ジャン・グロリエとその友らのもの」、裏の表紙に「主よ、我が所有せしものは生ける者たちの大地のなかに」という意味のラテン語が箔押しされている。

グロリエの製本への関心は並々ならぬもので、グロリエの残した本は、後世の人々に「グロリエ好み」とか「グロリエ様式」と呼ばれるようになる。彼の革装本にほどこされた模様のモチーフを列挙するとつぎの四種類になる。

○アルドゥス様式の花型模様
○組紐模様
○唐草模様
○建築模様

図7　アルドゥス様式の花型模様の基本
[上] ベタ（プラン）模様
[中] 平行線（アズレ）模様
[下] 輪郭線（エヴィデ）模様

図8
グロリエ好みの図案

図10　建築模様に組紐模様を加えたグロリエの革装本

図9　組紐模様、唐草模様、アルドゥス様式の花型模様を組み合わせたグロリエの革装本

ジャン・グロリエが好んだ装丁のデザインは、これらの模様の組み合わせである（図9、10）。たとえば、アルドゥス様式の花型模様の基本は「ベタ（プラン）」「平行線（アズレ）」「輪郭線（エヴィデ）」の三種類からなり、最後の輪郭線のものはモザイクという技法を可能にする（図7）。彼は模様にアクセントを与えるため、花型模様や組紐模様のところどころの色を変えることを試みた。当初は該当する箇所の革そのものを部分的に着色したが、色が剝離したり、絵の具がむらについたりすることを嫌ったらしく、のちになって、さまざまな色の革を薄くすき、必要とする箇所にその革をはるモザイクという手法に移行している（口絵9）。一例として典型的なグロリエ様式のデザインを示す（図8）。これは組紐模様に囲まれて唐草模様があり、四隅にはアルドゥス様式のベタの花型を配した下絵である。

このようなグロリエの本に見られる金箔やモザイクを使った装飾術は、そののち優れた金箔押し職人の輩出に結びつき、バロック・ロココの時代のフランスにあって見事に華が開く。

三　謎の製本家ル・ガスコン

フランスの革製本は、イタリアの深い影響のもとにはじまり、愛書家ジャン・グロリエやフランソワ一世などを中心に、十六世紀中頃からは次第にフランス独自の製本様式へ展開してゆく。十六世紀後半には「スミ様式」や「ファンファール様式」が一世を風靡する。前者の様式は、当時としてはもっとも一般的な模様であった百合の花型を、表紙と背の全面にちりばめ、ときとして、その表紙の中央に所有者の紋章を金箔押

図12　ファンファール様式の革装本（16世紀）

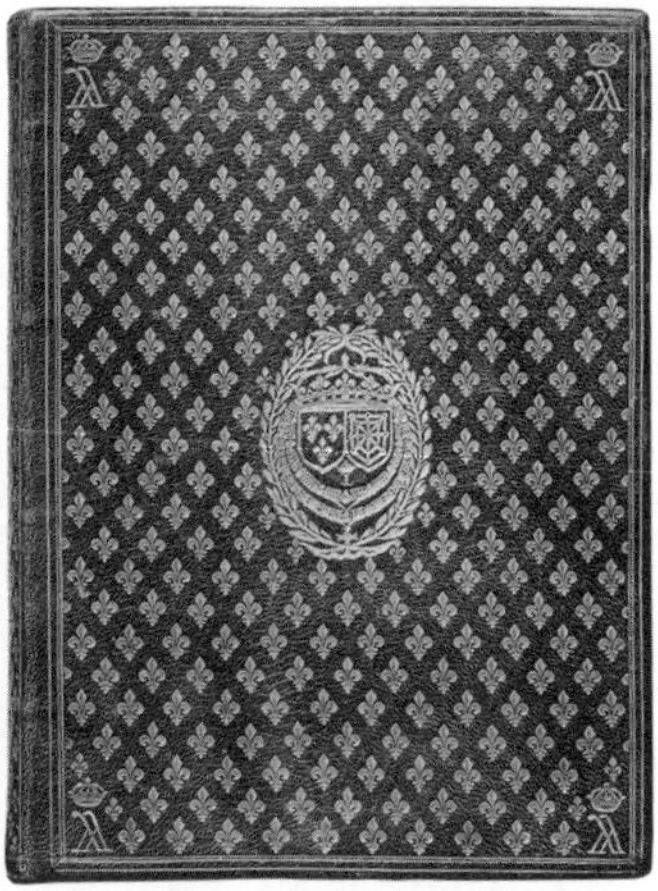

図11　スミ様式の革装本（16世紀）

しした装丁をいう（図11）。後者の様式は、表紙や背を葉の模様で飾り、その中央に紋章をあしらったり、空にしたりした装丁をいう（図12）。

こうして十七、八世紀のバロック・ロココの時代には、フランス趣味に溢れた、優雅で複雑、かつ繊細な金箔模様が表紙を飾り、フランスの革装本はその黄金期を迎える。

十七世紀になると、革装本の装飾にあって、もっとも美しい様式を実現した謎の人物ル・ガスコンLe Gasconが登場する。ル・ガスコンが制作したという革装本の装飾は「点」を主体に図案化されている。彼は色の異なる薄い革をはるモザイク技法を用いることがほとんどなく、金箔押し中心の装飾をおこなった。彼の金箔押しの技術は、現存する作品を見れば、他の製本家の追随を許さなかったことがわかる。それほどに、ル・ガスコンのモロッコ革装本は美しい（図13）。

多くの職業が世襲や徒弟制度のもとに存在してい

図13　ル・ガスコンの革装本（17世紀）

た時代にあって、製本工房も例外ではなかった。製本業は、当時の手仕事中心の産業構造にあって、今の社会における地位よりはるかに高く、金銭的に恵まれた職業であった。それゆえ製本業者は、同業者組合を組織し、子弟が職業を世襲することに固執した。このような状況にあって、優れた作品を残した職人ならば、彼の働いた工房や一族に関する記録が少なからず残っているはずである。しかし、ル・ガスコンという人物は、突然、フランスの製本装丁の世界に出現し、優れた革装本を制作した。およそ四十五年間という長い活動にもかかわらず、その本名をはじめ、彼があの繊細な金箔模様で飾られた革装本を制作した工房がどこなのかもよくわかっていない。謎というのはこのことである。

話をわかりやすくするために、フランス製本装丁史の碩学《せきがく》ロジェ・ドゥヴォーシェルが描いた謎の人物ル・ガスコン像を紹介してみよう。

しかしル・ガスコンとは何者なのか？　彼に関しては何もわからない……この渾名が共同組合の公式登録簿に載っている唯一のものである。

彼の才能や彼が庇護されたことは、貴族や金持ちの顧客たちのあいだには見受けられるが、彼はけっして〈国王の製本家〉としては働いていない。残された彼の作品から、ル・ガスコンの活動時期は一六一五年から一六六〇年までのあいだと見なせる。

何人かの伝記作家が、この簡単な渾名だけで働いた製本家の匿名をあきらかにしようとしたが、それは空しかった。しかし、この謎を解いてみたいと思う読者に、その助けとなるささやかな事実を提供しよう。(3)

このようにドゥヴォーシェルをしてすら、その答えを読者に預けている始末である。たしかにドゥヴォーシェルはいくつかの「ささやかな事実」を提供している。彼が提供していることは、前世紀に、トワナン（別名エルネスト・ロケ）という製本装丁史家が『フランスの製本装丁（一五〇〇―一八〇〇）』という著書において述べたことである。(4)

トワナンの説とは、おおむねつぎのようなものである。

一六二二年、たった六人からなるソシエタテム・ミニマムと呼ばれた、当時の書籍商組合が製本組合の公会議へミサ典書を贈ったとき、その刷本の製本をおこなった人物がル・ガスコンだという。その作品は共同体の親方を讃え、かつ感謝をあらわす、親方になったばかりの者が制作する一種の〈親方作品〉だったと思われる。ちょうどこの時期、フランソワ・ペリカン、オノレ・ブロス、ジャン・ピレの三人の製本職人が親方として認められている。そのなかでも、最後のジャン・ピレは、製本業者リュカ・ブリュノーの娘婿という資格で親方となり、組合のなかでは、その当時ただ一人名声のあった人物である。そこでトワナンの

「ル・ガスコンはジャン・ピレではないか?」という説が生まれた。この説に与《くみ》すれば、ル・ガスコンの活動時期をもっと少ない期間にしなければならなくなるようである。

十七、八世紀のフランスの製本組合は、基本的にはほかの職業でも同じであるが、親方〈メートル maître〉、職人〈コンパニォン compagnon〉、徒弟〈アプランティ apprenti〉の三種類の身分にわかれていた。徒弟から職人になるには、しかるべき年数の下働きののちに、親方たちの許可があってなることができた。

一六一八年七月九日の法律では、彼らの身分については以下のように決められている。

徒弟は公証人立会いの契約により、五年間奉公し、それからさらに、少なくとも三年は職人の資格で働かなければならない。そして自分が親方になるためには、〈親方作品〉を制作し、自分の能力を証明したうえ、三〇ルーブルを納付する必要がある。

親方の息子は公正証書がなくても受け入れられ、納付金を支払う義務はなく、同様に、親方の娘と婚姻した職人も納付金の支払い義務はない。

寡婦は亡夫の仕事を続けることができるが、もし彼女が再婚したら新しい夫は親方として受け入れられるように、パリで徒弟奉公をしたということを証明しなければならない(5)。

これらの決まりは一六八六年に、ルイ十四世が署名した勅命においても基本的には変化しなかった。〈親方作品〉とは、職人が自分の技量を示すために、組合が選んだ監視人などの前で作る作品をいう。トワナンは、もうひとつの有力な説を述べている。

王のための製本装丁はしなかったとはいえ、高い評価を得ていたと思えるル・ガスコンには後継者がいなかったのであろうか。フランスの製本装丁史においては、彼の様式を受け継いだ人物はフロリモン・バディエが唯一の人物であることが通説となっている。残されている革装本の金箔押しからこの通説は支持できる。このバディエは、ル・ガスコンと異なり、かなりその人物像がはっきりしている。彼はフランス南西部ピレネー山脈とガロンヌ川に挟まれたガスコーニュ地方の出身である。パリにやってきたときは同じ地方出身ということで製本家ジャン・ジルドに金箔押しの専門家として受け入れてもらった。そののち彼は、ジルドの娘と結婚する。彼はこのようにして製本組合の正式な一員になる。当然ここで湧いてくるのが、彼の義理の父となったジャン・ジルドがル・ガスコンではないかという考えである。これがふたつ目の説である。その理由には、バディエがル・ガスコンの様式の後継者であること、つまりジルドがル・ガスコンならば、義理の父（にあたるル・ガスコン）の様式を受け継ぐことになんら不思議はない。また、バディエがガスコーニュ地方の出身であることも、この説を強化することにつながっている。ガスコーニュ Gascogne の形容詞はガスコン gascon であり、これが Gascon というように大文字ではじまればガスコーニュ人という意味になる。

図14　ル・ガスコン様式の図案

ル・ガスコンはまさしくガスコーニュ人そのものでなければ、とても渾名としては使わないであろう。ジャン・ジルドについては、トワナンによれば、一六一四年もしくは一六一五年に親方になったとしているので、これはル・ガスコンの活動時期と一致する。このようにみてくれれば、ジルドがル・ガスコンであるという説は、かなり説得力があるように思える。

ル・ガスコンがモロッコ革の本に与えた装飾の新しさは、その当時の製本家の革装本と比較すると、「点」を主体にした花型の多用であることがわかる（図14）。この装飾は、箔押し機を使い、模様を彫った金版で革の表紙に一度で模様を与えるというような簡単な方法でおこなわれたのではない。模様を形成する小さな花型をいくつも用意して、それらを個別に押して、繊細な点による装飾を完成させている。これにはきわめて高い金箔押し技術と長い時間が要求される。そのほかに彼の制作したモロッコ革の本で目立つことは、見返しにも革をはり、そこにも金箔押しの模様をほどこしたことである。ル・ガスコンの様式を受け継いだといえるフロリモン・バディエも、点による模様の集積で革表紙への装飾をおこなっている。また、彼の作品にも、ル・ガスコンの作品と同様に、小口マーブルや三方金をしたものが残っている。

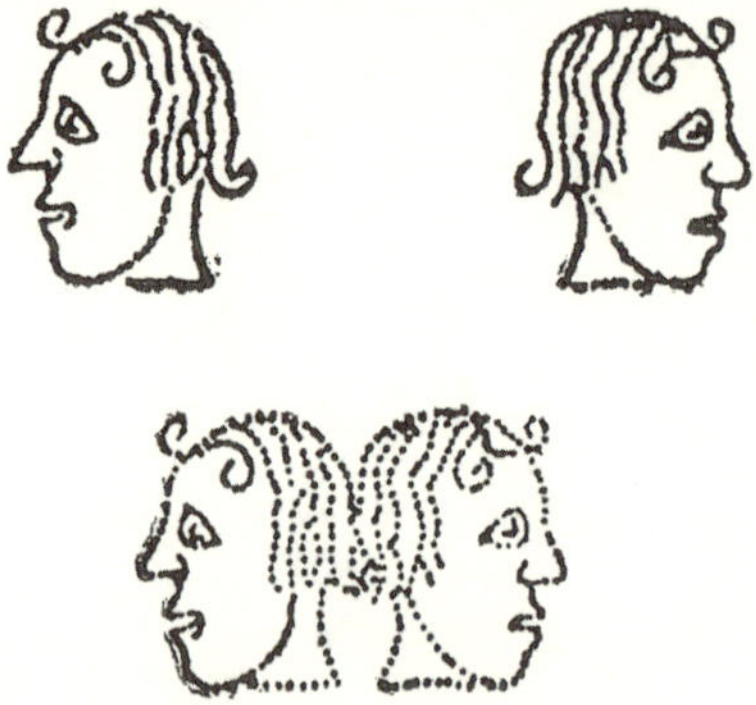

図15　点による人物の花形模様

ところで、フロリモン・バディエが表紙に与えた模様のなかで興味深いことがある。それは図にあるよう

な、点で構成されている人物の横顔を、なぜか、美しいガスコン模様のなかに紛れ込ませていることである(口絵10、図15)。これもまた謎で、未だに、この人物が何者なのか解決されていない。人物をモチーフとした模様は十九世紀後半では珍しくなく、さまざまな顔の模様が花型として彫られている。しかし、十七世紀中頃のル・ガスコンの時代に、なぜかこの横顔が出現した。では一体、この人物にはモデルがいるのだろうか。考えられる説は、当然、この人物がフロリモン・バディエその人であるということである。このことは、たとえばミケランジェロやレンブラントの作品に見受けられるように、画家が群像を描いたとき、しばしば多くの人物のなかに自分を密かに描いたことと類似した行為のように思える。この模様は図でわかるように、二人を横向きに一対として押す場合もあった。長いあいだ表紙の装飾は、ふつう左右対称および天地対称であった。このことから一人の人物の右と左を向いた横顔があってよいことになる。だがもうひとつ別の考えがある。それは一人がバディエであり、もう一人が彼の義理の父ジャン・ジルド、つまり、もしかしたら点の模様に象徴されるル・ガスコンの横顔ではないかという説である。

四　革装本の製本工房

フランスでは十八世紀後半になると、ディドロとダランベールの『百科全書』に代表されるように、さまざまな職業を図解した大型の本が出版される。そのうちの一冊に、デュダンという人物が書いた『製本師と箔押し師の技術』という図版を豊富に用いた本がある。つぎに、そこから製本工房の様子を描いた二葉の図版を紹介する。

上段は、三人の職人が働く製本工房の様子を再現している（図16）。

○折帖を叩く職人。
○折帖のかがりをする職人。
○製本機に折帖をはさみ、小口の化粧裁ちをする職人。

下段は、三人の職人が働く箔押し工房の様子を再現している（図17）。

○小口に天金をするための金箔をおく職人。
○本の背に金箔をおく職人。
○本の表紙に花車（ルーレット）を使って、金箔模様をつけている職人。

これらの図から、製本の仕事は二つに大別されることがわかる。その結果、分業化が進み、工房によっては製本だけを、または金箔押しだけをするところがでてくる。

仮綴本を受けとった製本工房では、おおむねつぎのような手順で製本をおこなう。総革装本の場合である。

1　仮綴本の糸を切り、折帖の背についているニカワを取りのぞき、版面をよくあわせ折帖を作りなおす。

2　表と裏の仮表紙を保護するために、各八ページ分の白紙の折帖を加える。

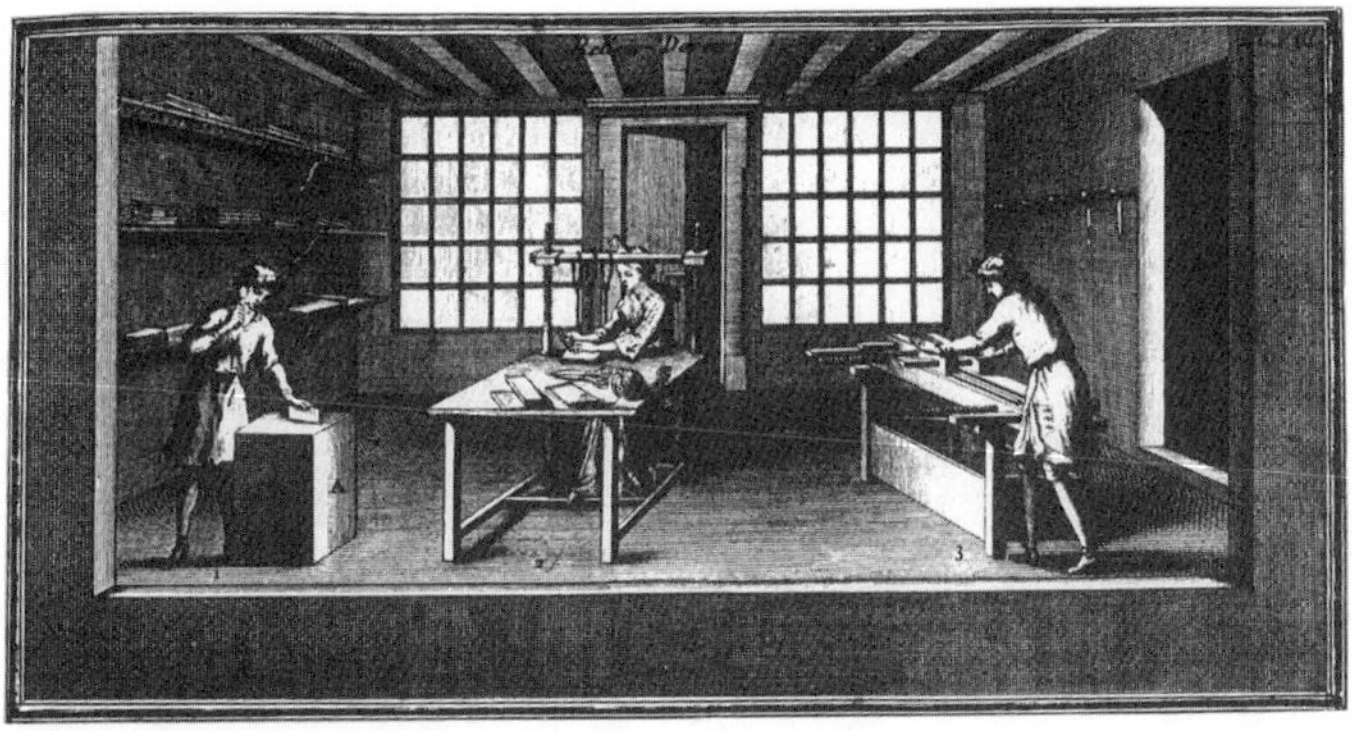

図16　18世紀の製本工房
左から　印刷された紙を叩いて折帖を作る人　折帖をかがり台でかがる人
本の小口の化粧裁ちをする人

図17　18世紀の金箔押し工房
左から　本の小口に金箔をおく人　本の背に金箔をおく人
ルーレット（花車）で表紙に線を引く人

3 手押しカッターで折帖の余分なところを裁ったあと、折帖を板にはさんでから大型製本プレス機に数日いれておく。

4 折帖の背に麻の綴じ紐をわたすため、いくつかの切り目を折帖にいれる。

5 かがり台を用いて、一折帖ごとに縫ってゆく。

6 折帖の背にニカワをつけてから、背の丸味をだす。

7 表紙となるボール紙を大きめに用意し、これに麻の綴じ紐を通す。

8 大型製本プレス機に本をいれ、背固めをして、寒冷紗をはる。

9 小口にヤスリがけなどをしてから、アガート（メノウ）を使い天金をする。

10 絹糸で花切れを編む。

11 チリ（本の中身より表紙がはみでている部分）を三方にとり、表紙のボール紙を裁断する。

12 表紙のボール紙を面とりし、綴じ紐を表紙に固定する。

13 背に捨て紙（整形紙）を数枚はり、乾燥後、ヤスリがけをして正確な背の丸味を作る。

14 モロッコ革を本の大きさにあわせて準備し、革すきをする。

15 革すきの終わったモロッコ革を澱粉糊または小麦粉糊を使い、本にはる。

16 表紙の内側にのど革をはる。

17 見返しにマーブル紙をはる。

18 仕上げとして、艶出しコテを革にかける。

19 必要なら、本にあわせて保護ジャケットや箱を作る。

求める本の形態によっては製本に多少の違いはあるが、十八世紀の製本工房ではおよそこのような工程で革装本を作っていた。以上が製本職人の仕事である。このあと、背に著者名や題名をいれたり、表紙や背に、華やかな金箔押しをしたり異なる色の革をはって模様をつけたりする。これらは図17の工房で働く職人たちの仕事となる（図18）。

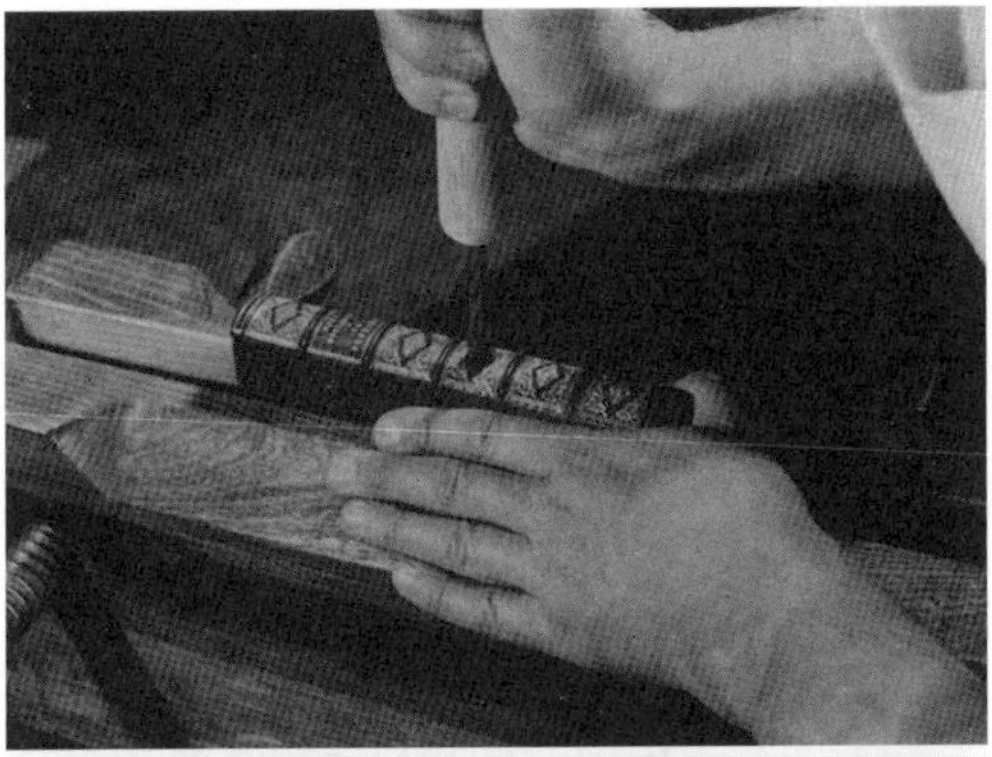

図18 ［上］本の背に花型で金箔模様をつける
［下］本の表紙にルーレット（花車）で金箔の線を引く

このように製本工房は製本だけをおこない、金箔押しは別の工房でおこなうという体制は、本格的な革装本を制作する場合、今のパリでもほとんどかわっていない。今ではもっと細分化していて、実際は、天金は天金つけを専門とする職人の工房で、革すきは革すきを専門とする職人の工房で、マーブル紙はマーブリングを専門とする職人の工房で制作されている。技術の水準を高め、すぐれた工芸作品を生みだすためには、職種の専門化は避けて通れない。

十八世紀を代表する様式に「ダンテル様式」といわれる優雅な装丁がある。ダンテルとは「レース」という意味で、金箔押しによって、額縁の線に沿ってレース模様を配し、中央部を空にしたり、紋章で飾ったりするデザインをいう（口絵11、図19）。今、ダンテル様式を例にとって、この時代の背におこなわれた金箔押しの仕事を中心に、もう少し述べてみたい。

この時代の製本では、とくに本が大きくないかぎり、背バンドのある本でも、背バンドのない本でも、五本の麻の綴じ紐を折帖の背に真横にわたして、糸かがりをしている。背バンドのない本であっても、同じように五本の麻の綴じ紐でかがりをおこなっている。綴じ紐をおく位置はチリの大きさによってやや異なるが、結果的にはおおむねつぎのような比率になっている。背の上端が5、下端が6、それらの間が4、つまり、背の全長を27とし、上から5・4・4・4・4・6の比率で、綴じ紐や背バンドの位置が決められている（図20）。最下部がもっとも広いのは、本を立てて見たとき、安定感を与えるためで、それに呼応するように最上部もやや広くしている。このようにしてできた本の背には、金箔押しの仕事が待っている。最上部と最下部の背バンドの間を同じ幅で四等分し、ふつうその一番上の「背バンド間 entre nerfs」（英語ではパネル panel）に著者名や題名がはいる。ときによっては二番目の背バンド間に本の巻数をあらわす数字トメゾン to-maison（英語ではヴォリューム volume）などがはいる。著者名や題名のはいるところには一重の枠をいれるが、ほかのところには二重の枠をいれてから、矩形のなかの四角《よすみ》と中央に花型の模様を加える。これが一般的な背の装飾の様式である。さらにこのほかに、天や地、背バンドの上に装飾パレットで金箔押しの模様をつける。この時代になると本の背にいれる装飾や題名などが工夫され、背を見るだけでその本がどんな本なのか

図19　表紙を開いたダンテル様式の革装本

図20　一般的なダンテル様式の背のデザイン

図21　ロマンチック様式の革装本

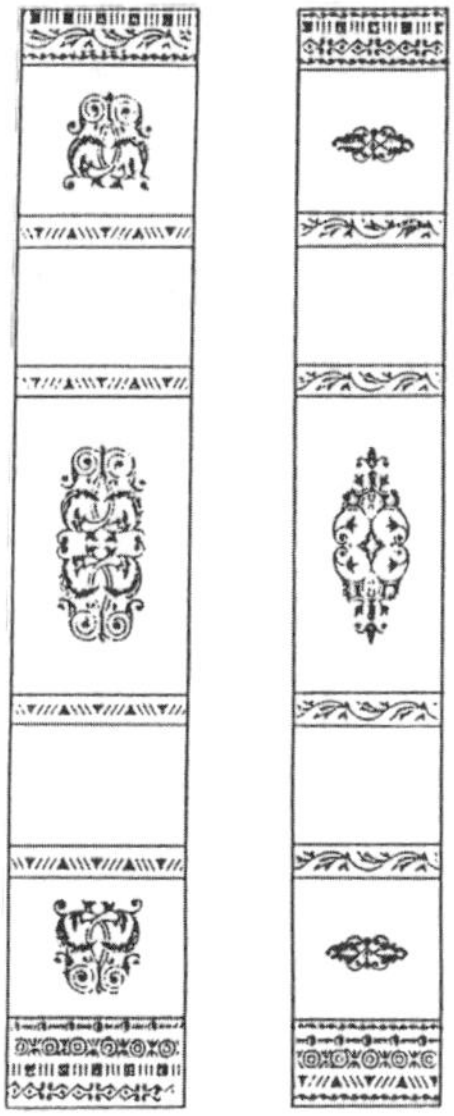

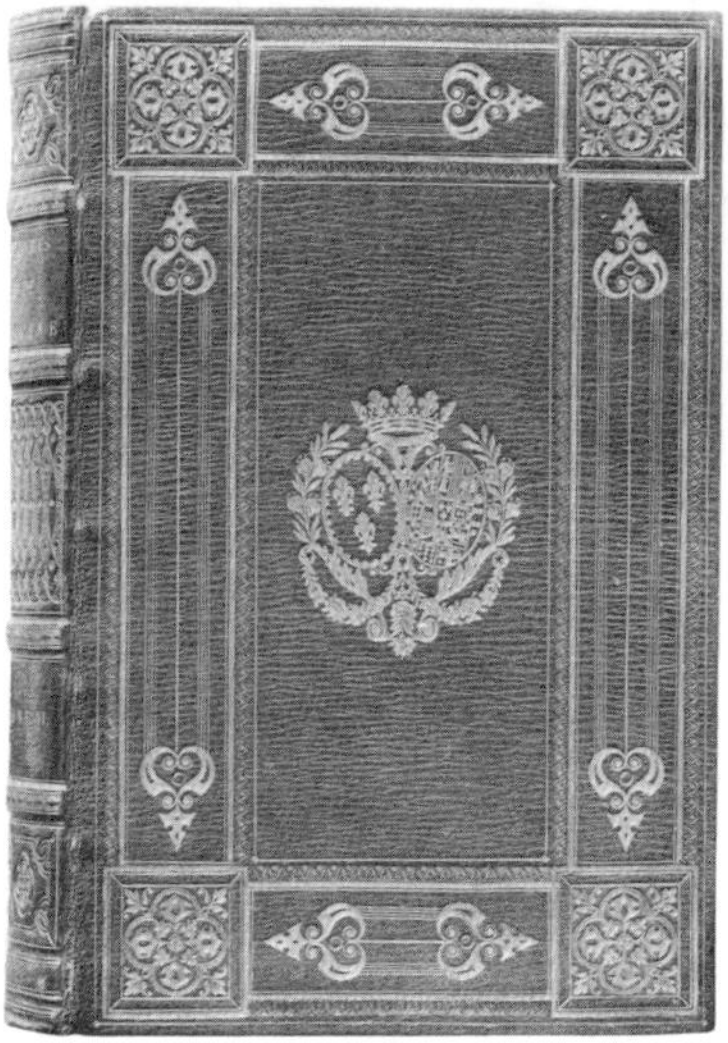

図24　キャトル・ネール・ソテの背のデザイン

がわかるようになった。これは愛書家たちの蔵書が書架に立てられるようになったことを物語っている。

グロリエの本に見られるように、フランスの革装本は早い時期から背に装飾が与えられている。このような背の装飾は次第に洗練され、バロック・ロココ時代には完璧な様式を持つようになったが、そののちも様式を変えながら、大まかにいって十九世紀までつづいたといえる。つまり、背の装飾は長いあいだ背バンドの位置、つまり背にわたす綴じ紐の位置に左右されていた。ようやくこのような古典的な考えが崩れ、綴じ紐の位置を無視した装飾が考えられるようになったのは二十世紀になってからである。ポール・ボネがデザインしたモロッコ革の本（184ページ、図9参照）に見受けられるような、表表紙、背、裏表紙をひと続きの面と考えた斬新なデザインが二十世紀には主流となった。

五　ロマン主義の革装本

十九世紀のフランスにはいくつかの芸術潮流があらわれるが、その前半を占めたものはロマン主義である。フランスでは、一七八九年にはじまる革命を経ることで、それまでの王侯貴族にかわって、都市の中産階級の人々、いわゆるブルジョワジーたちが社会や文化の中心となってゆく。彼らのなかに生まれたロマン主義は、文学をはじめ、音楽、美術などさまざまなジャンルに優れた作家や作品を誕生させる。工芸のジャンルにはいる製本の世界にも名人といわれる作家たちが登場し、それまでのものと異なる、いわゆる「ロマンチック様式」と呼ばれる作品が数多く制作されている（口絵12、図21）。

ロマン主義の文学が花開いたのは、ナポレオン一世の帝政時代、王政復古時代（ルイ十八世、シャルル十世、ルイ・フィリップ王）、ルイ・ナポレオンの登場する第二共和制時代といえる。革命後の混乱した社会が次第に落ち着きを取り戻すと、この時期に出版された書物は、ロマン主義の文学や美術に呼応するかのように、それまでの古典的で均整のとれた様式とは異なる、いわゆる「ロマンチック様式」で製本されるようになる。
製本におけるロマンチック様式とは何か。そのきわだった特徴をいくつか紹介してみよう。これらの特徴はおもに、十七、八世紀のフランスの革装本と比較した場合である。

〈背の形が平らになる〉

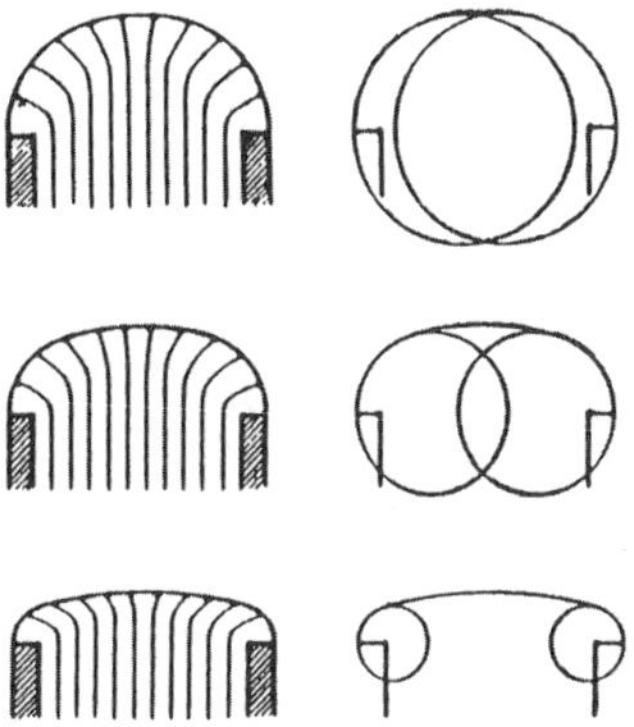

図22　背のフォルム
［上］　背バンドのある本
［中］　背バンドのない本
［下］　ロマンチック様式の本

本の背の形は製本をする者の考えによって異なってくる（図22）。それだけ背の形は制作者の意のままになるといえる。丸味のある背を作る場合、技術的には、かがりおえたときに糸の通った折帖の背の膨らみが1／3から1／4ほど増えるように、太めのかがり糸を選択する必要がある。つまり、折帖全体の厚さ（背の厚さ）が三センチならば、かがりおえた折帖全体の厚さが約四センチになっていれば、バッキングで丸味のある背を作ることができる。ところが、ロマンチック様式の製本では、背に丸味がなく、ほとんど平らである。これは細いかがり糸を使うことで可能となる。

糸が細ければ、総かがりをしても折帖の背は膨らまない。この結果、バッキングでは背の丸味が少ししかでず、かろうじて表紙となるボール紙のおさまる耳が作られることになる。こうしてできたロマンチック様式の本の背は平らであるため、そのような背の形と一致させるかのように、背に押された花型にも角ばった模様が多いことに気づく。

〈背バンドが広く低くなる〉

フランスで金箔押し装飾を持った革装本が本格的に作られるのは十六世紀にはいってからである。三千冊はあったというジャン・グロリエの蔵書には、背バンドのあるもの（ド・ネール dos nerfs）と背バンドのないもの（ド・ロン dos long）の両方が存在する。革製本における背バンドの有無は十九世紀までつづいたといえるが、グロリエの本に見られる背バンドとロマンチック様式の本に見られる背バンドでは、背バンドの設けかたがまったく異なっている。

背バンドのある本を作る場合、グロリエの時代では、かなり太い麻の綴じ紐を折帖の背にのせて、糸がその綴じ紐を巻いて折帖をかがるようにしていた。綴じ紐が凸状となるため、革をはりおえた本の背に隆起した個所ができる。つまり、綴じ紐が背バンドの芯となっている。製本用語では「真の背バンド vrai nerf」という。このかがり方は製本の要となる技術として、フランスでは十八世紀までおこなわれていた。ところが十九世紀になると折帖の背を深めに切り、そこに麻の綴じ紐を埋めてかがる方法が主流となる。麻紐の埋まった背に地券紙のような整形用の紙を数枚はり、乾燥後、そこに紙やすりをかけて凹凸のない背に仕上げる。それから一枚の厚手の紙をはり、その上に背バンドの芯の代用となる厚い革を細長く切って取りつける。このあとで革をはると、見掛け上ではあるが、背に従来通りの背バンドができることになる（53ページ、図10参照）。これは「真の背バンド」にたいして、「偽の背バンド faux nerf」という。

背に整形用の紙を数枚はり、凹凸のない背に仕上げ、それから一枚の厚手の紙をはる背の処理の仕方を、フランス語の専門用語では「ド・ブリゼ dos brisé」という。直訳すれば「割れている背」ということになるが、これは背にはる厚紙が、背にべったりとはりついていないこと、つまり、背にホロー・バックと似たような空洞のあることを意味している。この方法のメリットは、背バンドのある本を早く簡単に作れるだけでなく、あとから背バンドの芯となる革を背にはるため、背バンドの形を自由に選べる点である。つまり、作ろうとする背バンドの形を細いもの、太いもの、角張ったものなどというように、自由に選べるようになったことである。ロマンチック様式の背バンドのような幅広で、低い背バンドの本を作ることができた背景には、このような製本術の変化が不可欠だった。

〈花切れが平らになる〉

十八世紀に作られていた花切れは、現在一般的に試みられているものといえるだろう。それは太くて丸いこよりの上に、それよりひとまわり細くて丸いこよりを斜めにのせ、これら二本のこよりに8の字を描くように絹糸を巻きつけ編んでゆく花切れである。ところがロマンチック様式では、花切れの芯に丸いこよりを使わず、羊皮紙などを帯状に切ったものを一本だけ用いている（図23）。このためにできあがった花切れも平らなものとなり、様式上、背や背バンドの平らな形に一致することとなる。

この平らな花切れがもたらす重要な点は、本全体の四角ばった印象を一層強めるだけでなく、芯の幅が比較的あるため、編みおえた花切れが高くなり、結果的にチリがひとまわり大きくなることである。ロマンチック様式の革製本はそれまでの時代のものや十九世紀後半のものと比べると、あきらかにチリが大きくなっている。

〈半革装本が多く作られる〉

半革装本は十八世紀には制作されているが、ロマン主義の時代になるとその数が一段と増えている。これにはいくつかの理由が考えられるが、つきつめれば、半革装本の方が総革装本より代金が安くてすむということである。

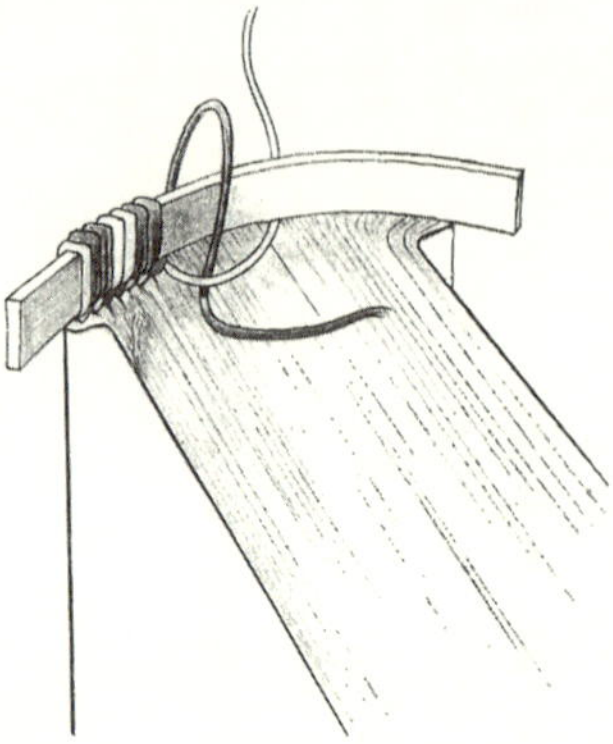

図23　平らな花切れ

この時代になると書物を必要とする人が増え、王侯貴族が求めたような豪華な総革装本では多くの需要に応えることができない。半革装本では、表紙に金箔押しなどの装飾をおこなわなくてよいので、背の処理と同様に制作工程を早め、安い価格で革装本ができる。また書架に本を立てておくかぎりでは、背が革で、そこに金箔押しの装飾がほどこされていれば、総革装本でも半革装本でも外見に差がない。このことも半革装本が増えた理由である。この結果、革の代用として、表紙にはる紙が重要な役割を担うことになる。こうして、マーブル紙に代表されるさまざまな装飾紙が作られるようになった。

〈背の装飾が過剰になる〉

ロマンチック様式では背バンドが低く、幅広である。さらに、背バンドが五本だけでなく、四本のものが流行する。四本の背バンドの場合は、五本の背バンドをつけるように位置を決め、実際には真中の背バンドをつけない方法「キャトル・ネール・ソテ quatre nerfs sautées」（１４５ページ、図24）と、背の全長を27として、天を5、地を6として、間の残った16を3等分する方法がある。とりわけ前者は、背の中央部がひろく空くため、そこに配置する模様が重要となる。

この時代に本の背に押された花型や装飾パレットの模様は、十七、八世紀のものと比べてみるとかなり変化している。ロマン主義時代は、その準備段階といえるナポレオン帝政期、ロマン主義の始まった王政復古期、そして第二共和制と続く時代である。装丁の図案を構成する花型や装飾パレットも、それぞれの政治体制に応じて変化している。帝政様式の基本は、ナポレオンのイメージそのままの模様である。そのあとの王政復古様式では帝政様式の姿がほとんど消え、革命以前までに完成された様式のいくつかの特徴があらわれる。つまり、中世の修道院様式や十六世紀前半のアルドゥス様式の「ベタ（プラン）」模様に、時としてガスコン様式の基本となる点を組みいれ、おもに背バンド間におくことを想定した大きさの模様となっている。ロマンチック様式と呼ばれている花型になると修道院様式やアルドゥス様式に一層近いものとなる。総じて模様が大振りになり、平らな背を意識した四角や長方形の模様が多い。これらのなかには、かつてアルドゥスがグロリエの本に用いた平行線の組紐模様と類似した要素もあり、押す向きを変えることで、対称形に組み合わせることが可能な模様となっている。これは本の背が、キャトル・ネール・ソテやド・ロンのとき、はじめて使うことができる花型である。さらにまた、金箔のつく線が太くなり、ベタの部分が増えているのが目立つ。

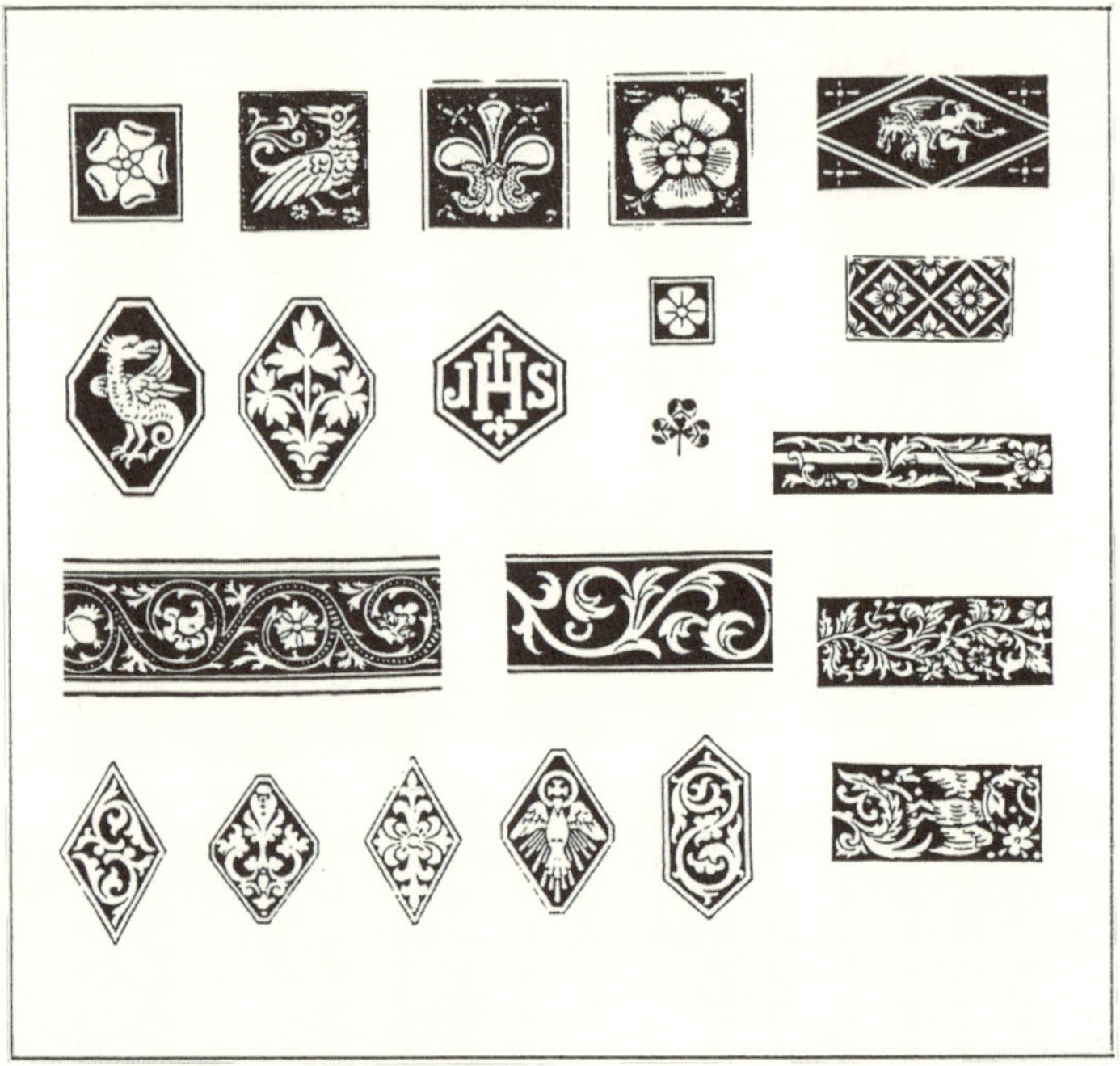

図25　修道院様式の模様（中世）

図26　修道院様式の総革装本

図27　アルドゥス様式の花型模様（16世紀）
［上］　ベタ（プラン）模様
［中］　平行線（アズレ）模様
［下］　輪郭線（エヴィデ）模様

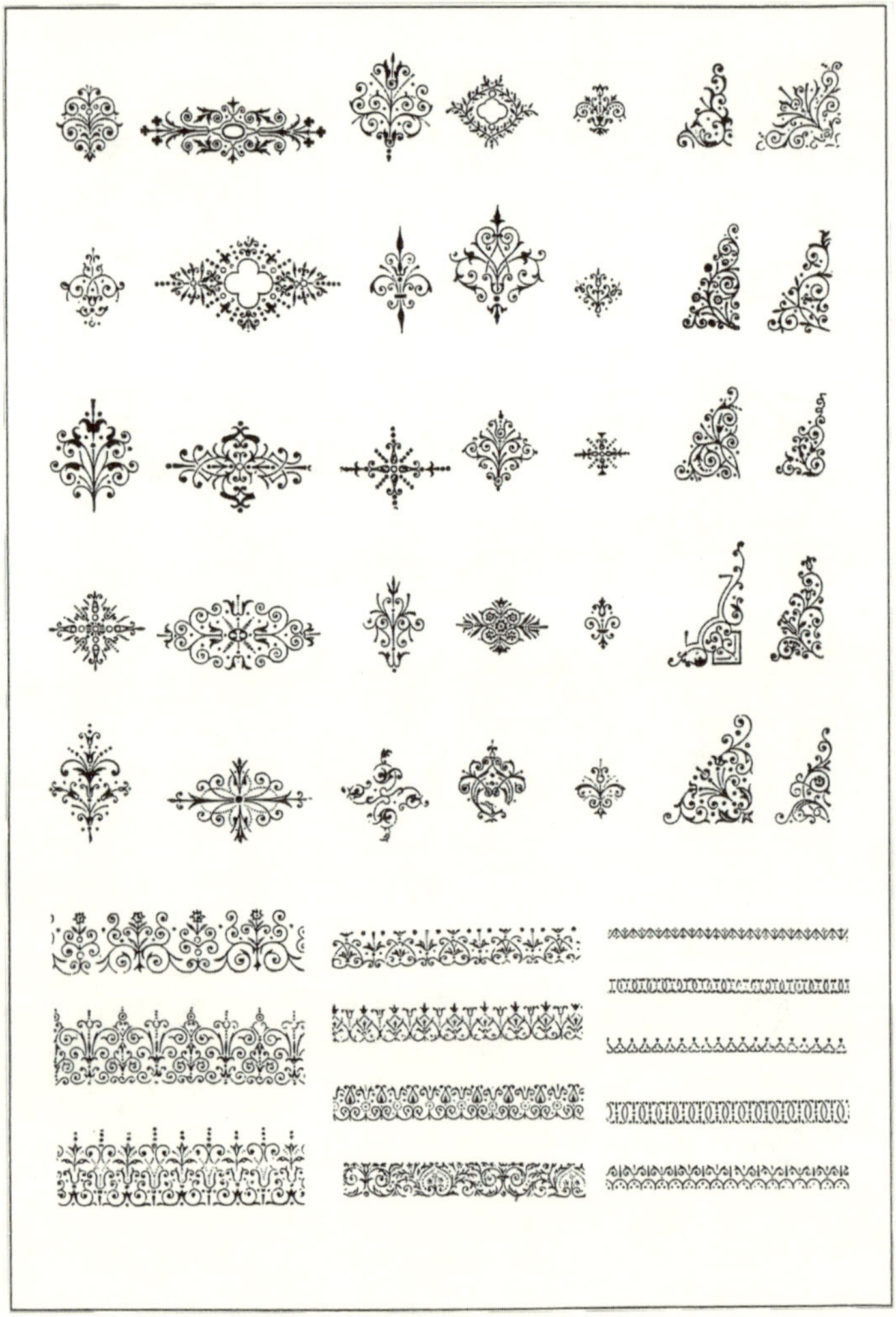

図28　点によるガスコン様式の花型と装飾パレットの模様（17世紀）

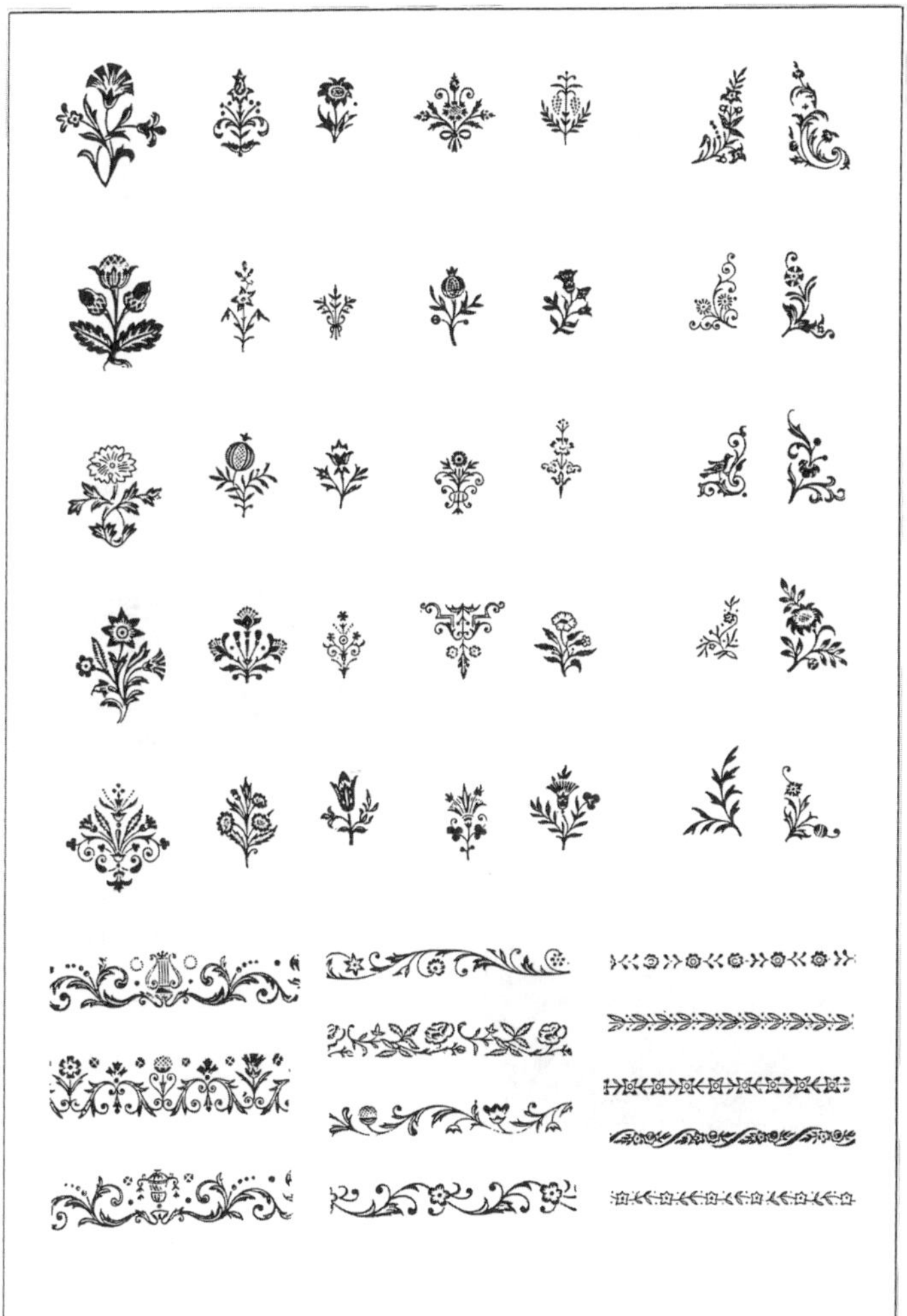

図29　花によるダンテル様式の花型と装飾パレットの模様（18世紀）

図30　帝政様式の花型と装飾パレットの模様（19世紀初頭）

図31　帝政様式の総革装本

図32　ロマンチック様式の花型と装飾パレットの模様（19世紀前半）

図33　ド・ロンのロマンチック様式の革装本の背

これらのことは中世から十九世紀までの革装本に用いられた代表的な模様、つまり、装飾を与えるために用いられた花型やパレットの図案を一望すればよく理解できるであろう（図25～32）。

ロマンチック様式の花型や装飾パレットによる背の装飾はどのようなものであろう。十七、八世紀の背の装飾がもつ古典的な優雅さに比べ、ロマンチック様式の背はどこか重々しくやぼったく、時として装飾過剰といえるだろう。背バンドのないド・ロンのとき、この傾向はより顕著である（図33）。あたかもそれは、表紙に加える装飾が背に移行したかのような印象を与える。背という細長く狭い空間が本の顔となり、背にそれまでにはなかった新しい装飾美を創造する結果となった。

〈特異な模様の装飾紙が使われる〉

十六世紀に中近東からヨーロッパに伝わったマーブル紙は、フランスでは十七世紀に本の見返しなどに使われだす。十七、八世紀に制作されたものは、マーブル紙として完成されているが、それらはおもに櫛を使って作る規則的な模様とその応用である。しかし、十九世紀にはいると、つぎつぎと変化に富んだマーブル紙が作られ、フランスはマーブル紙のもっともさかんな国となる。

ロマンチック様式の代表的なマーブル紙は、通称オンブレ ombré といわれるものである。このマーブル紙は、英語ではスパニッシュといわれているように、十八世紀中頃にスペインで作られ、フランスだけでなくイギリスやドイツなどに広まった。特殊な水溶液に絵の具を落とし、まず基本となる模様を作る。つぎに手にした紙にその模様を移し取るが、そのとき紙をこきざみに動かしながら溶液面においてゆくと、波を打ったようなオンブレ（陰影）ができる。

この時代はマーブル紙だけでなく、紙に絵の具をじかにつけて作る装飾紙が数多く登場する。通称ロマンチック紙は絵の具が斜めに流れた模様が特徴で、通称アノネ紙（口絵21）と同じように、南仏のアノネ、現在のアルデシュ県に住んでいたモンゴルフィエによって創作されたといわれている(6)。これらは、従来のマーブル紙のように特殊な水溶液の上に絵の具を落として模様を作るのではなく、直接、用紙の上に工夫した絵の具を落として模様を作り、乾燥させる。ロマンチック紙を作るときには紙の一端だけを吊るして乾かし、絵の具が斜めに流れたようにする。特殊な水溶液を使わないため、これらは簡単に作れることもあって、人気のある装飾紙となった（口絵22）。

この時代に作られたマーブル紙や装飾紙は、櫛などを使って作る規則正しい繰り返し模様がないこと、オンブレやロマンチック紙のように斜めに動きのある模様がでてきたこと、テレピン油などの油性溶剤を混ぜ

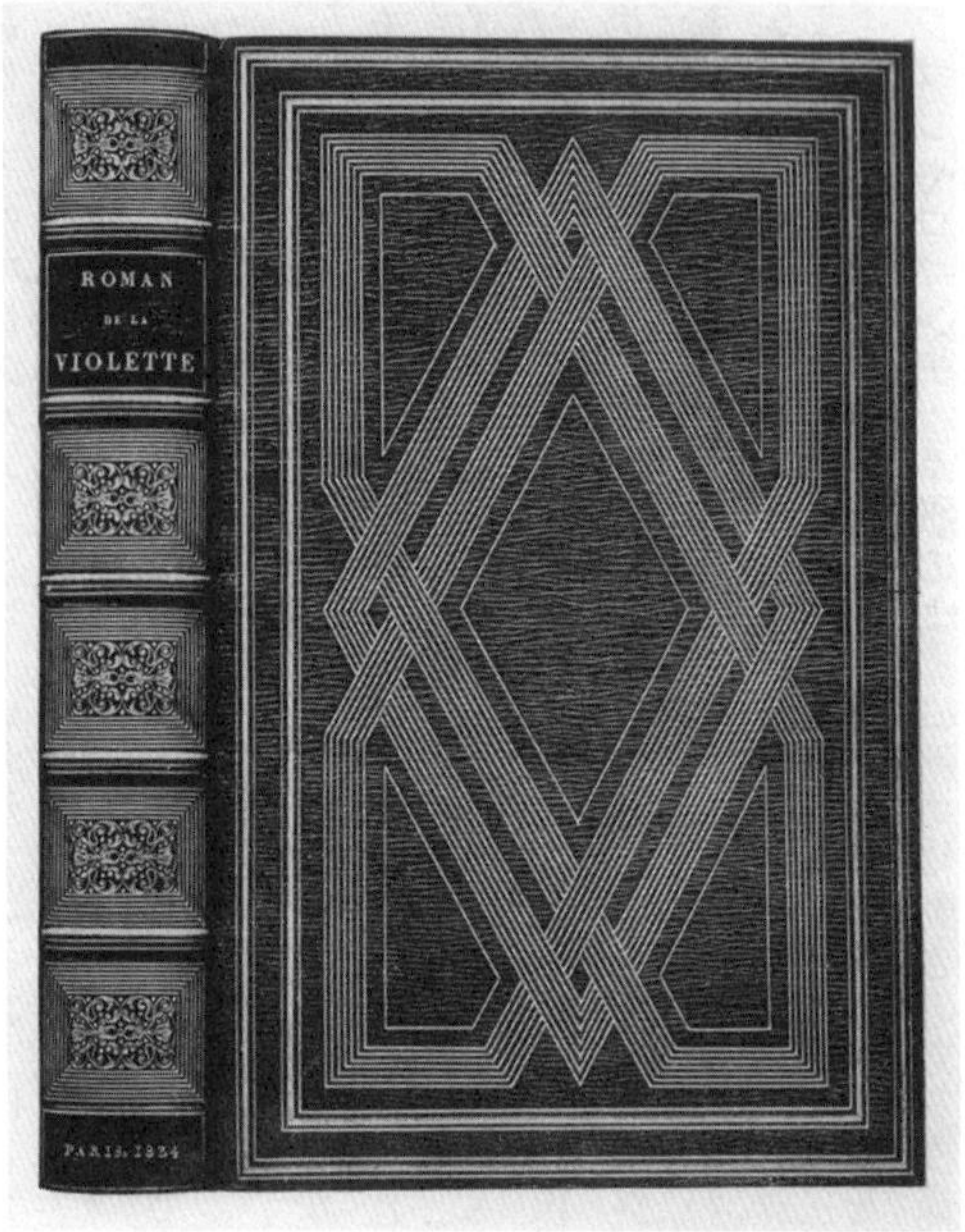

図34　長しぼのモロッコ革装本

た絵の具を用いたこと、さらに、アノネ紙に代表されるように、紙に絵の具をじかに落として作るものがあらわれたことが特徴としてあげられる。これらの装飾紙は、前世紀に見返しに用いられた規則正しい櫛目模様のマーブル紙とは異なり、絵の具に奇妙な動きがあり、不安定で、全体に暗い印象を与えるものである。

以上に述べたほかにも、ロマンチック様式の革装本にはいくつかの特徴をあげることができる。

使用された革のしぼに、それまでにはあまり見られなかった長しぼのものが多くなる（口絵12、図34）。この当時、製本用の革としては羊革、仔牛革、山羊革が中心であったが、なかでも高級な革装本には仔牛革と山羊革が使われた。前者にはしぼがないが、後者にはさまざまなしぼの革がある。長しぼの革はイギリスよりもたらされ、少ない量ではあるが前世紀にはすでに使われていた。一般的な山羊革のしぼは丸しぼであるが、それとはまったく趣の異なる、人工的で、横長につけられた長しぼの山羊革が、ロ

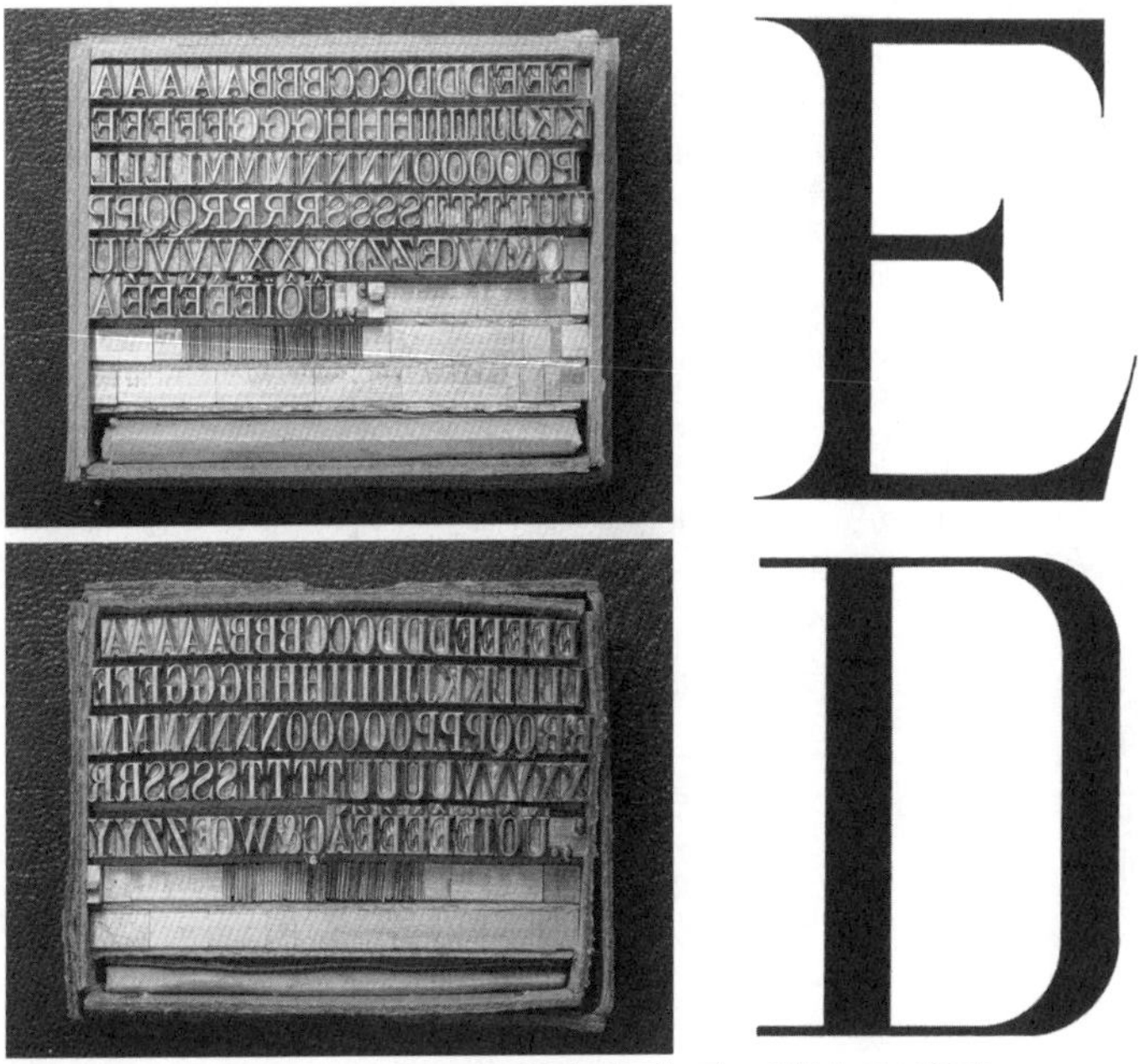

図35　［上］エルゼヴィル体とその活字［下］ディド体とその活字

マンチック様式の製本に多用された。また、著者名や題名を背に金箔押しするが、そのときに用いた活字にディド体が流行する。それまでによく使われていた書体は古典的で、格調が高く、優雅な書体のエルゼヴィル体などであった。ディド体は縦長で、縦と横の線の太さに極端な差があり、全体的に角ばった書体であるため、ロマンチック様式で作られた革製本の平らで、丸味に欠けた背に釣り合いがとれていた（図35）。

　このように見てくれば、ロマンチック様式の革装本の与える印象はかなりはっきりしてくる。背は平らである。背バンドは広く低い。花切れも平らである。これらの特徴は、丸味の欠けた、四角ばった直方体のような形の本を意味する。それは優雅で、貴族趣味に溢れたガスコン様式やレース模様を意味するダンテル様式に、明らかに反旗を翻したものといえる。これらの事実は、従来のものとは異なる新奇なものへの憧れを示し、時にはそれが中世であり、またある時には外国であることを意味した。それはまた、文学をはじめとするさまざまな芸術ジャンルにおいてロマン主義が表現したものとまったく一致していた。

六　ブラデル式製本とマリユス＝ミシェル

フランスにおいて、綴じつけによる製本にかわり、本格的なくるみ製本が一般的になるのは十九世紀にはいってからである。フランスでは、この手作りの丸背溝つきの製本術を「ブラデル式製本」と呼んでいる。ブラデルとは十六世紀末にまでさかのぼることのできるパリの製本一家の名前である。とくにフランス革命の少し前には、アレクシス＝ピエール・ブラデルが、叔父にあたる有名な製本工房であるドゥローム一家と共に働き、パリで成功をおさめている。十九世紀初めにパリで活躍したピエール＝ジャン・ブラデルも、このような製本一家のひとりである（図36）。しかし、ブラデル式の製本はすでにドイツなどでおこなわれていたので、正確にいえば彼がくるみ製本を発明した人物ではなく、フランスで流行させた人物と見なせる。

彼が試みたブラデル式製本の特徴としては、それまで使っていた綴じ紐にかわってテープを使ったこと、背のきわにそって溝があること、革を用いず紙で表紙を装丁したこと、薄い革に本の題名や著者名などを金箔押しして作った題簽《だいせん》を用いたことなどがあげられる。これではまったく手作りと機械作りの違いはあっても、「丸背溝つき」のくるみ製本と基本的には同じである。このようなブラデル式製本は当初、「仮の製本」

図36　ピエール＝ジャン・ブラデルのモロッコ革装本（表紙の三角形の箇所は絵を描いた仔牛革をはっている）

とか「待ち製本」と呼ばれていた。経済的に余裕のない愛書家が仮綴本を購入したとき、いつか立派に革製本をしてもらうまで、しばしのあいだ本を守るための製本と考えられていた。このことはヴェラム装のケルムスコット・プレスを思い起こさせる。モリスもヴェラム装のものを仮の製本と考えていたらしいことはすでに触れた。ブラデル式製本は製本代金がとてもやすく、三方金の総モロッコ革装本という本格的な製本と比較すると、手作りであっても、紙装のブラデル式製本は1／20～1／30ほどの金額であった。

ブラデル式製本では、本体（中身）と表紙は別々に作られ、最後の段階で本体と表紙がつけられる。この方法はそれまでの綴じつけ製本と異なり、きわめて造本が簡単となり、分業化が進み、本の大衆化、大量生産化におおいに寄与することとなった。ほどなくしてブラデル式製本は仮の製本とはいえなくなる。イギリスでもフランスでも、ブラデル式製本を

図37　19世紀後半のフランスの製本所

さらに簡略化して、製本の機械化が試みられた。その結果、くるみ製本は十九世紀における製本術の中心的な役割を果たすようになってゆく。つまり、産業革命の影響は出版界にもあらわれ、製紙、印刷、製本の機械化も格段に進んだ（図37）。たとえば、花切れすら機械編みのものが使われるようになった。版元製本といわれるように、出版元が布に金版を使って印刷し、それをボール紙にはって表紙とした本が増えてきた。これらはブラデル式製本で作られた、いわゆる、くるみ表紙の本であった。

それまで作られていたような革装本は姿を消したのであろうか。もちろんそんなことはない。むしろ革装本の出来栄えでいえば、ロマン主義の後半、つまり、十九世紀中頃の、いわゆる第二帝政時代に作られたモロッコ革の本は、装飾技術の点では、もっとも完成度が高かったといえる。この時代の多くの製本家は「パスティッシュ pastiche（模倣）」と呼ばれる、過去の作品の再生を試みた。それは製本の再生というより、金

5, RUE SÉGUIER.

F. CUZIN

RELIEUR - DOREUR

Monsieur Hri Beraldi ... Doit

PARIS, le 31 août 1887.

500

図39　愛書家ベラルディにあてたキュザンの請求書

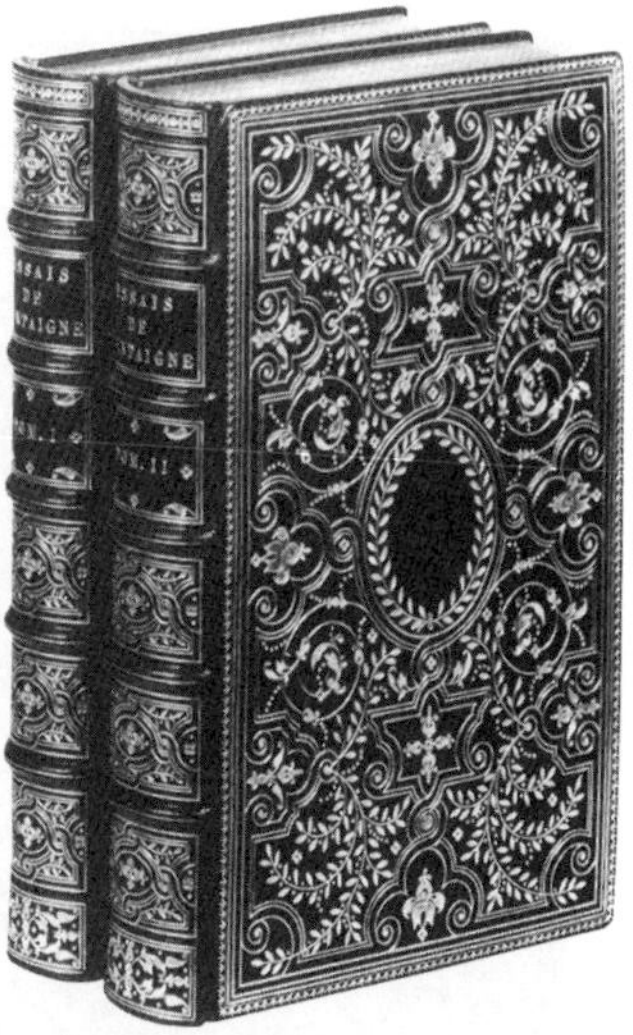

図38　キュザンの革装本（ファンファール様式を模倣した装丁）

箔押しを中心にした装飾の再生であった。というのも、この時代の本は「真の背バンド」ではなく、「偽の背バンド」で多くの本が製本されていたのだから。つまり、目に見えない部分でなく、目に見える外見を模倣することに熱心であった。具体的にあげれば、たとえばキュザンやロルティが制作したモロッコ革の本がそうである（図38、39）。彼らは愛書家のために、ジャン・グロリエ様式、ガスコン様式、ダンテル様式などの模様を復刻した。

　しかし、このようなパスティッシュの流行に異を唱える作家が登場する。それはマリユス＝ミシェル Marius Michel である。

　いわゆるマリユス＝ミシェルといえば、それは息子をさす。彼の父も高名な製本装丁家である。父はジャン＝マリユス（一八二一―一八九〇）といい、息子はアンリ＝フランソワ＝ヴィクトル（一八四六―一九二五）という。父のジャン＝マリユスは一八四九年に独立し、金箔押し専門の工房を開いている。当初、彼は

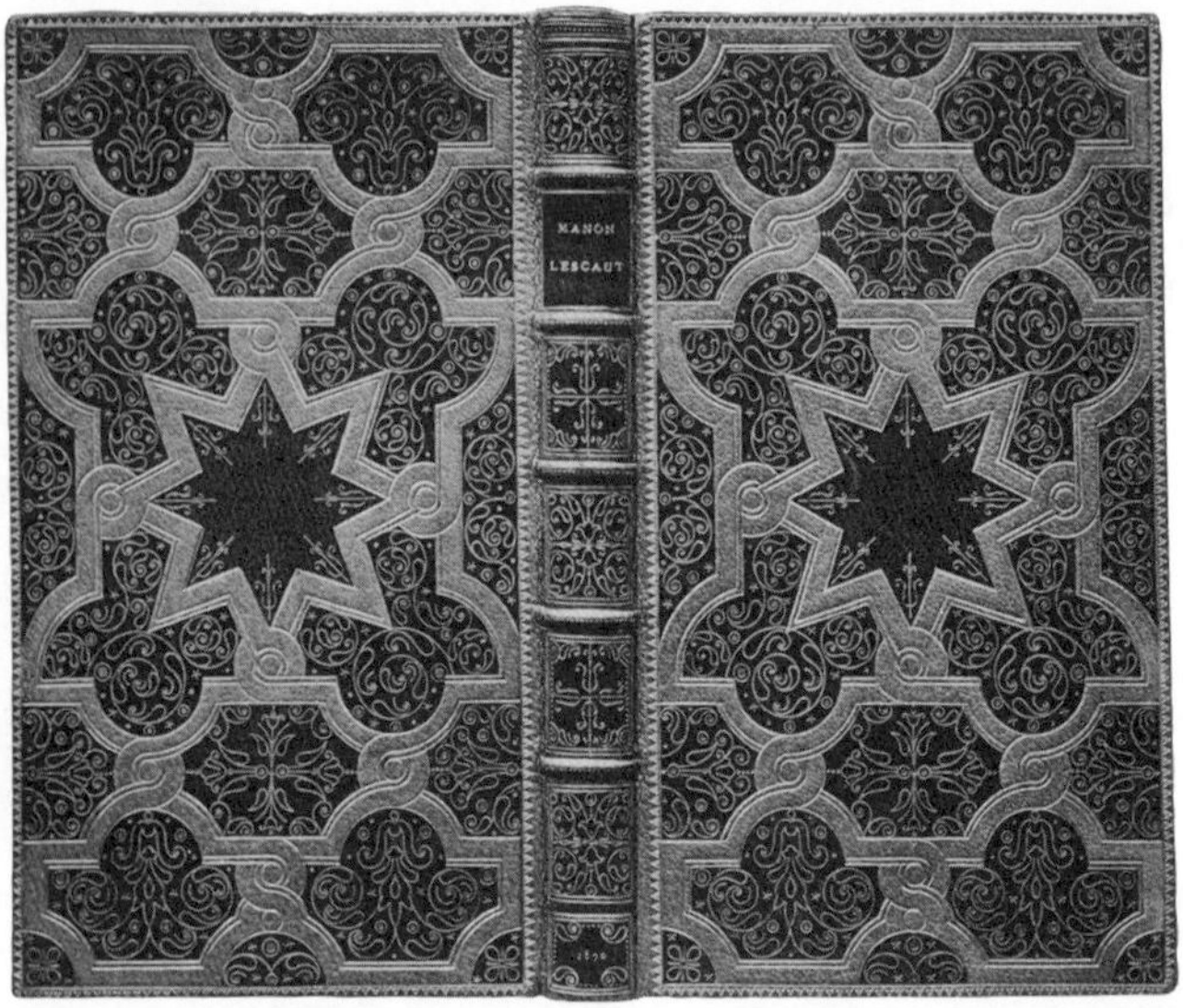

図40　マリユス＝ミシェル父の革装本
（ガスコン様式を模倣した装丁）

図41　マリユス＝ミシェル父の蔵書票

図43　マリユス＝ミシェルの革装本

図42　マリユス＝ミシェルの蔵書票

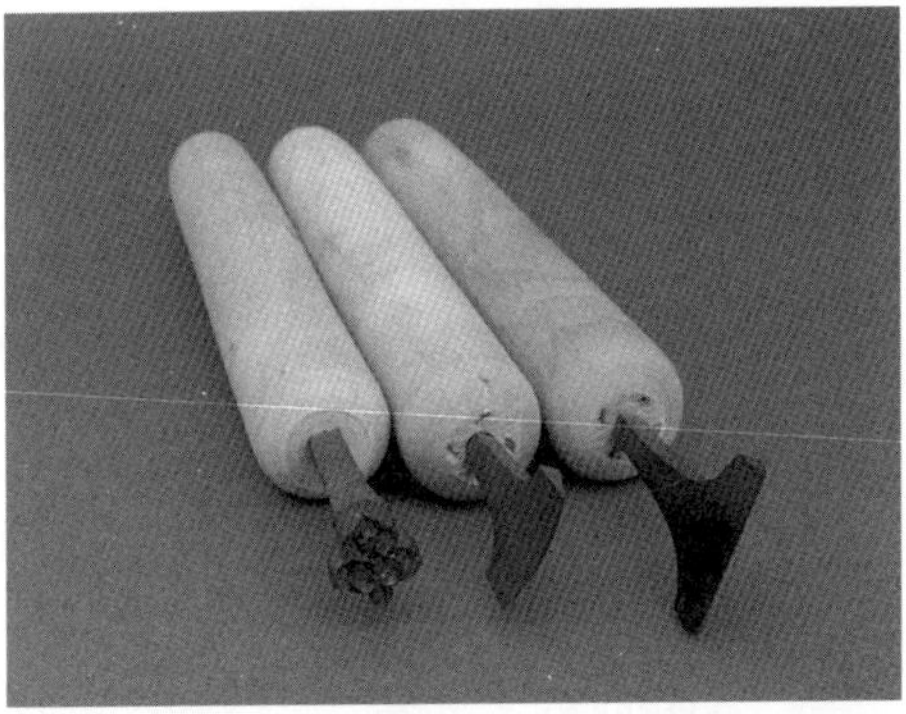

図45　金箔用コテ［左］アルドゥス様式の花型模様コテ　［中］曲線用コテ　［右］直線用コテ

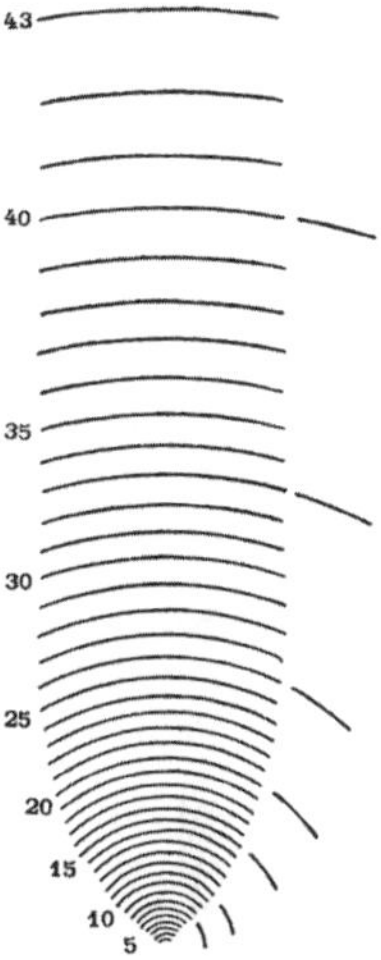

図44　金箔用コテの50の曲線（アール）

カペやキュザン等の金箔押しの仕事を受け、その当時、一世を風靡していたパスティッシュの作品をこなした（図40、41）。しかし一八七六年になると、彼の工房は息子とともに金箔押しだけでなく製本の仕事もこなすようになる。父子共同の工房「マリユス＝ミシェル」は、父が亡くなったあと、息子によって二十世紀初めまでつづけられた（口絵13、図42）。フランスの製本装丁史では、父のことをいうときはマリユス＝ミシェル・ペール（父）Marius-Michel Père と呼んでいる。

マリユス＝ミシェル、つまり息子をさすのだが、彼はパスティッシュだけに満足できず、個性や芸術性を革装本に求め、いくつかの目新しいことを試みている。マリユス＝ミシェルには、それが彼の手になることがすぐわかる作品群がある。それは十九世紀末のアール・ヌーヴォー様式とウィリアム・モリスの影響を強く受けた「草花模様」を図案とした革装本である（図43）。彼はさまざまな色の薄い革を使って花や葉を表現したのだが、それらの模様を形成する曲線は、アー

図46　ロマン・ラパルリエールの日本風の図案

ル（曲り）をかえて作った真鍮のコテを用いて実現された。五十本からなるコテはマリユス＝ミシェルが考えたものとされ、これらを用いることであらゆる曲線を革の上に引くことが可能となる。彼は高い金箔押しの技術によってこれらを使いこなし、さまざまな草花模様を表紙にほどこすことができた（図44、45）。

彼の工房では、図に見られるように、背バンドも表紙の装飾の一部となっている、製本と金箔押しが結びついた独特な作品も作られている。これは中世の革装本においては珍しいものではない。また、彼が考案したという「焼き絵革」の埋込み技法も彼の作品を特徴づけるものである。この技法はまず、三、四ミリの靴に使うような厚い牛の革に絵柄（図案）の輪郭に沿って一ミリほどに切り込みをいれる。さらに太め針でその溝を広げて、つぎに焼灼器を使ってその線を焼き、必要に応じて革に着色する。このようにして作った革を切り取り、表紙の中央部へ埋め込む。この技法はほかの製本家にも採用され、絵を描いたような総革装本が数多く制作された。この技法をもっとも完成させた作家はマリユス＝ミシェルではなく、ロマン・ラパルリエールといえる。製本業の家に生まれ、美術学校で学んだ彼は、十九世紀末の十五年ほどを、特殊な道具を使ってモロッコ革を焼き、さらに着色した革をはった、まるで絵画のような革装

図47　現代の革装本の展覧会（パリ　1980年）

本を制作している（図46）。

マリユス＝ミシェルの努力にもかかわらず、彼の作品は、個性や独創性を追求しようとした作家の思いを反映したものとは考えにくい。モリスが描いた壁紙やテキスタイル・デザインを模倣したような装飾の多用、製本された革装本の重々しさ、革に絵を描くことの無意味さなどを考えると、マリユス＝ミシェルはフランスの製本装丁史においてあまりに高く評価されすぎている。とくに、フランスの革装本がバロック・ロココ時代に獲得したあの繊細さ、優雅さが、マリユス＝ミシェルの作品には欠如している。このことはもっと指摘されるべきではないだろうか。モロッコ革の本を工芸品としてみれば、彼が制作した作品は重厚ではあっても、とても洗練されているとはいえない。また革に絵を描くという発想には疑問がある。マリユス＝ミシェルが活躍した時代は、すでにジュール・ヴェルヌの『月世界旅行』や『八十日間世界一周』などの冒険小説が多くの読者を得ている。ジュール・ヴェルヌの本の表紙には、たとえば赤い布に金版を用いてカラフルな装飾がおこなわれている（口絵14）。この時代には印刷術が進歩し、ロートレックのポスターに見られるようなカラー印刷が多くなっていた。にもかかわらず、それに対抗するかのように革に絵を描くということは、技法の面でも、材料の面でも、高い完成度の作品を実現することは不可能である。たしかに、それまでのモロッコ革の本のほとんどは左右と天地が対称となる装飾を表紙に持っていた。マリユス＝ミシェルは絵を描くことで、果敢にそれを打ち壊そうとした。しかし、それを「焼き絵革」の埋込み技法でおこなったために疑問が残る。

二十世紀になると、表表紙・背・裏表紙を一続きの空間ととらえ、そこにひとつの絵を描くような、つまり、表紙のデザインが対称形であることを拒んだ革装本が作られるようになる（口絵15、図47）。これは現在のブックデザインそのものである。そのとき彼らは、基本的にはマリユス＝ミシェルが得意とした金箔押しやモザイクの技法を用いて、デザインの実現を試みている。おそらくマリユス＝ミシェルの仕事は製本の技術ではなく、モリス的な草花模様をモザイク技法で実現したその金箔押しの技術の高さと、いにしえの革装本に触発されて、背バンドを巧みに装飾の一部に取り込んだことなどで評価されるべきではないだろうか。

第七章　天金と小口装飾

金箔打ち職人（16世紀）

一　天金とテンペラ画

本を装飾する技術の一つに小口に金箔をはる方法がある。このことを一言で天金と呼んでいるが、金箔を小口にはる装飾にはいくつかの種類がある。正確にいえば、本の天小口だけに金箔をはった場合を天金といい、天小口、前小口、地小口の三カ所に金箔をはった場合を三方金という。そしてこれらの仕事で使う金箔の種類やはった金箔の仕上げ方の違いで、天金や三方金の見た目がかなり異なってくる。最近では、本物の金（本金）を使わない、イミテーションゴールド（偽金）と呼ばれる金色のフィルム箔をはった手帳や辞書を目にすることがほとんどであるが、かつては多くの革装本の小口に本物の金箔がはられていた。古書店の棚に並ぶ革装本の洋書には、本物の金箔を使って、天金や三方金のおこなわれたものが珍しくない。

天金や三方金を小口にほどこす理由は、それらが美しい装飾であることは無論のことだが、本につく埃や虫をよける効果があるといわれている。しかし、前者の考えは納得がゆくが、後者の考えは天金がおこなわれた当初から果たしてあったのかどうか疑わしい。ローマのヴァチカン宮殿に展示されている本のように、ひたすら華美であることや豪奢であることを求めた結果、天金という小口装飾につながったように思える。本は立体物であるが、その立体を装飾することは、表紙や背だけでなく、皮革でおおわれることのない小口、紙の断面の集まりである小口までも飾ることになるだろう。小口には、本物の金箔をはることがもっとも美しく、高貴な装飾となる。

天金術を理解すると、西洋における天金の登場は革装本の作り方や絵画の技法と密接に関わりがあると思えてくる。具体的な例をあげると、あの十六世紀のフランスの愛書家ジャン・グロリエが作らせたような本がなければ、小口に天金をしようという考えは誕生しなかったのではないだろうか。つまり、革装本において、背固めが確実におこなわれるようになったことや革のはった表紙に金箔の模様をほどこす技術が確立されて、初めて天金も可能になったのではないだろうか。

図1　テンペラ画　ボッティチェリ『柘榴の聖母』（15世紀末）

金箔の扱い方でいうと、イスラム諸国でおこなわれていた金箔押しの技術が西洋の革装本の作り方に多くの影響を与えた。つまり、グロリエの本に見られるように、革をはった本の表紙に金箔の線を走らせたり、金箔の花型模様をつけたりする技術の発展なしに、天金術の確立はありえない。また、天金は線や模様と異なり、比較的広い面積に金箔をはりつけるため、その誕生にはテンペラ画などの絵画技法も考慮しなければならないだろう。テンペラ画は油絵の広まる前までの西洋にあって、絵画における中心的な役割を担っていた。その作品の多くは宗教画であったということもあって、背景のような広い面積に金箔をはることが一般的であった（図1）。

古い建築物や宗教的な祭壇などには、洋の東西を問わず金箔をはったものが多い。しかし、西洋のものと日本のものとでは、そのできあがりに大きな違いがある。たとえば、日本の金屏風は一定の大きさの金箔が規則正しく並列してはられている。一九八〇年代半ば、古都税騒動のさなかに新たにはられた鹿苑寺（金閣寺）の金箔も、基本的には金屏風と同様である。天井に目をやると、はりつけた正方形の金箔が整然と並んでいて、金箔に継目のあることに気づく。しかし、西洋ではテンペラ画の背景に使われた金箔でも、建造物の柱にはりつけられた金箔でも、そのはりつけられた金箔には継目が目立たない。その理由は、アガートと呼ばれる、木製の柄の先端に丸みのあるメノウをつけた道具を使って、はった金箔をうえからこすって磨くため、金箔と金箔の継目がなくなり、一枚の大きな金箔がはられたようになる。しかも、メノウ棒で磨くことで金箔の光を増し、キラキラ輝くような金箔をはった結果となる。日本の金箔のはり方は、漆や膠《にかわ》や砥《と》の粉を塗ったところに金箔をはるというより置くだけのため、一般的には金箔がさほど光らず、マット風であり、継目から一枚一枚の金箔の大きさがわかる。

天金の方法を述べる前に、テンペラ画の金箔のはり方について簡単に紹介してみよう。

テンペラ（卵黄、蜂蜜、イチジクの汁、膠などを溶剤とした不透明な絵の具）とはラテン語のテンペラーレ temperare という言葉に由来している。この言葉は「適切に混ぜる」とか「節度をもって控える」という意味である。わが国では、長いあいだテンペラ画はほとんど知られることがなかった。テンペラ画の作家といえば、あの帝銀事件の犯人とされた平沢貞通や、日本人好みの写実主義と物語性に呼応する作品『クリスチーナの世界』を描いたアンドリュー・ワイエスを思いだす人も多いにちがいない。日本では、戦後になってイタリアなどに留学した画家がこの技法を学び、帰国してから徐々に広まりだしたといえるのではないだろうか。

テンペラ画での金箔のはり方は、下地の作り終えたところに①砥の粉を塗ることからはじまる。砥の粉が乾いたら、そこに②エチルアルコールを少し加えた水を筆でつける。③その上に適当な大きさに切った金箔をおく。④この金箔が次第に乾いてきたらメノウ棒でこすり、金箔をぴかぴかに磨いてゆく。これがテンペラ画における金箔をはる手順であるが、ここで使われる道具や材料は、本の小口に金箔をはるときに使われるものとほとんど同じである。こうしてみてくれば、天金や三方金の出現は、テンペラ画となんらかの関係があると考えられる。

二　金箔打ち

天金の方法について述べる前に、金箔そのものについても少し語ってみたい。

西洋の金箔と日本のそれとは作り方の点で大きな違いがない。ディドロとダランベールが編んだ『百科全書』には「金箔打ち」という項目がある。そこには銅版画による図版が二葉つけられて、金箔打ちの工房の様子や使用する道具などが細かく描かれている。工房で働く職人たちの図版に描かれた人物を、左から簡単に説明するとつぎのようになる（図2）。

○金を炉で溶かす職人
○金箔を打つ職人

図2　金箔打ち職人たち（18世紀中頃）
左から　炉で金を溶かす人　金を叩いてのばす人　金の塊を圧延機でのばす人　金箔の端を切り落とす人

○圧延機に金の塊を通している二人の職人
○金の箔を箔打ち型から取りだし、ナイフで端を切る職人

『百科全書』は十八世紀の中頃に刊行されているが、このような金箔の作り方は、今でもフランスやイタリアのみならず、日本でもおこなわれている。ただし、金箔の大きさや厚さを考えると、箔打ち技術は日本の方が水準が高いといえる。一般に市販されている金箔を、日本のものと西洋のものとで比較すると、西洋の金箔は大きさが半分くらいで、かつ厚い。西洋では、ヴェラン紙や仔牛の革などに金をはさんで箔を打つため、金箔の厚さに差がでるようだ。また西洋では、日本のように薄い金箔が求められていないことも、薄い箔の作られない理由となるだろう。

　日本で売られている金箔は金一〇〇%で作られていない。つまり純金ではない。必ず銀や銅が少し混じっている。たまたま手元にある金箔の成分についていえば、約九八・六%が金で、これに銀と銅が約一・四%混じっているとある。これは金の使われている度合いが多い方の金箔であるが、ふつうの金箔では、金がおよそ九四・五％に、銀が五％ほど、銅が〇・五％ほどの成分比である。この銀や銅の混入する割合で、完成した金箔の色合いが違ってくる。銅が多くはいることで金属がよくのび、箔打ちの仕事がしやすくなる。また、銀がはいることで青みが増す。「青金」（三歩色）と称する金箔は、約七五％が金で、約二五％が銀で作られる。銀の量が多いためほとんど銀色となるのであるが、純銀箔と異なり、時間が経っても変色することはない。

金箔を選択するときは、このような色合いのほかに厚みも重要となる。日本人は器用なせいか、また鳥《と》の子《こ》紙に泥を混入して漉く名塩紙（西宮市塩瀬町産、燃えにくいので襖の下紙としても有名）のような箔打紙に供される和紙があるせいか、きわめて薄い箔を打つ。たとえば、一五グラムほどの金を薄くのばして、約一〇センチ四方の大きさの金箔を千枚も作る。この時の厚さの金箔を基本にして、ひとまわり（二〜三割）厚い金箔を二枚掛け、さらに厚いものを三枚掛けと専門用語でいう。先述した鹿苑寺の金箔のはりかえには、はる面積が広いことや永久性が考慮され、特別注文によって、市販されているものより厚くて大きなサイズで、厖大な枚数の金箔が作られた。

日本ではさまざまな種類の金箔が製作されている。これは、蒔絵や屏風など金箔を用いた工芸品が高い水準まで発達した結果である。もちろん金箔の扱い方も西洋と日本では異なる。西洋では仔牛革の床側を表に使用した枕の上に金箔をおき、ケーキをカットするような金属製のナイフで箔を切り、箔刷毛などで金箔を扱うが、わが国では竹で作った箔盤に金箔をおき、竹製のナイフ（竹刀）で箔を切り、竹製のピンセットのような箔箸で金箔を扱う。

三　天金術

天金術は特に秘密めいたものではない。昔ならともかく、今では多くの本に天金の方法が書かれている。とはいっても、マーブリングもそうであるが、天金も練習を重ねる以外にその術を会得することはできない。一九四六年に二巻本として出版され、今ではペーパーバック版がでているエディス・ディールの『製本装丁――その背景と技術』は、天金術を詳しく紹介している好著の一冊である。そこでこの本をもとに、天金術について詳しく述べてみよう。(1)

〈道具〉（図3）
箔枕とナイフ
スクレイパー
アガート（メノウ棒）
天金用板
箔刷毛
大型ハンドプレス

〈材料〉

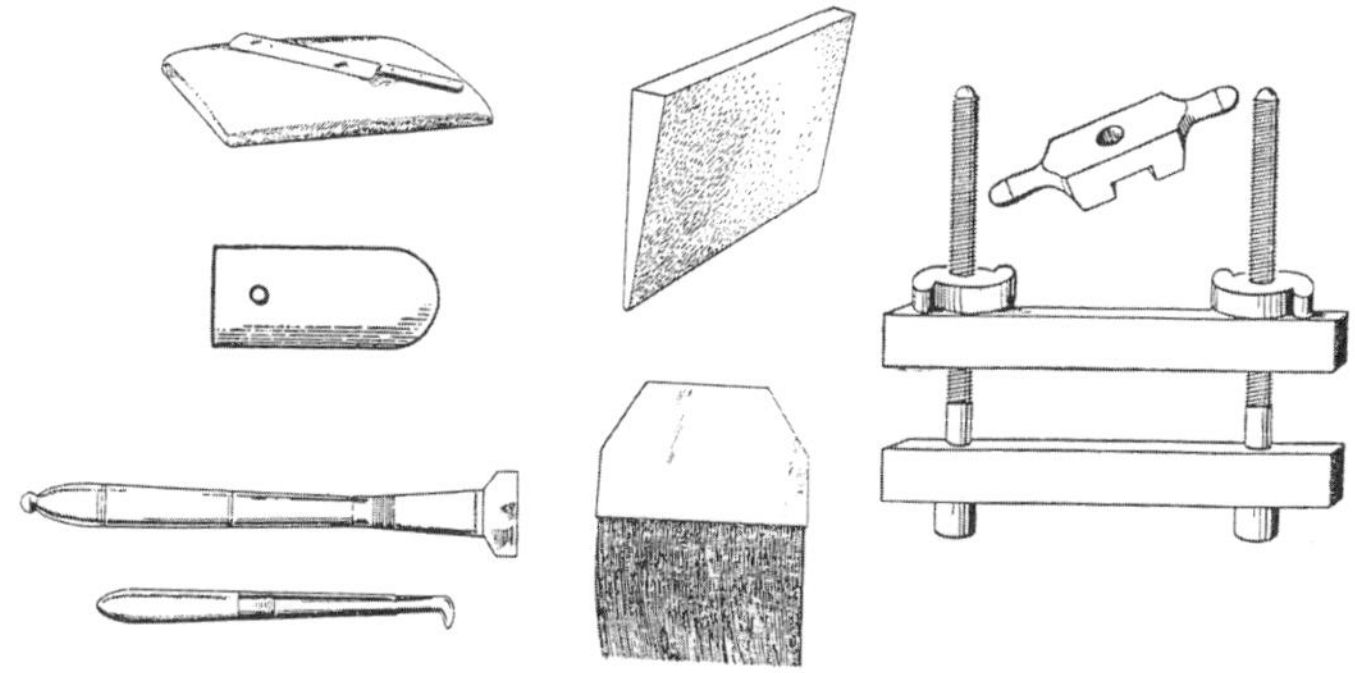

図３　左から下へ
箔枕とナイフ
スクレイパー
アガート（メノウ棒）
天金用板
箔刷毛
大型ハンドプレス

金箔
砥の粉（金茶）
卵白

以上がおもな道具や材料である。それでは天金の手順を述べる。

革装本の天金は、稀にかがる前の折帖におこなう場合もあるが、ふつうは、寒冷紗をはり、背固めが終わった段階でおこなう。背固めがすんだら天小口を化粧裁ちする。それからそこにヤスリをかけて、まっ平らにする。ここから天金つけの仕事が具体的にはじまる。

1

大型ハンドプレスに天金用の板にはさんだ本をいれ、きつく締める（図4）。この天金用の板は図でわかるように下に向かって薄くなっている。その理由として、上部を強く締めつけやすいこと、表紙の芯となるボール紙にきつく締めたときの板の跡がつきにくいことが考えられる。

2

鉋《かんな》の刃の形をしたスクレイパーで天をこすり、

図4　プレスに天金をする本を挟む

図5　スクレイパーを天にかける

図6　天に金箔をおく

図7　アガート（メノウ棒）で天においた金箔を磨く

微小なささくれを作る（図5）。

3　水で薄めた砥の粉を塗る。砥の粉はテンペラ画に用いられるものと同じである。日本では金茶と呼ばれ、「アルメニア砥の粉」として画材店で売られているものが有名である。(2)

4　用意しておいた卵白水をその上にたっぷり塗る。この卵白水は水8に対して、よく濾過《ろか》した卵白1の割合で作る。

5　箔枕の上にだした金箔をナイフで細長く切り、それらを卵白水を塗ったところにおく（図6）。この時に余分な卵白水を流し落とす。

6　一、二時間して、金箔が乾いてきたら、紙をあてた上からアガートで軽くこする。徐々に強くこすり、最後には紙をはずし、金箔をじかにこすり、磨いて光らせる（図7）。このアガートでこすりはじめるときは、金箔に息を吹きかけてみて、白くなった箇所がゆっくり消えてゆくときがちょうどよいタイミングである。

天金のつけ方は個人によって若干の違いはあるが、おおむねこのような手順でおこなわれている。三方金の場合は、前小口が曲面になっているため、図3にあるような曲玉《まがたま》のような形をしたアガートを使い、前小口の金箔を磨く。

ところで、古書の売立てカタログや製本装丁展のカタログを読むと、おもにフランス語の二十世紀のモロッコ革装本に、「テート・オール・シュール・テモワン（またはア・テモワン）」とか「トランシュ・オール・シュール・テモワン（またはア・テモワン）」という言葉があることに気づく。テート・オール tête or とは天金、トランシュ・オール tranche or とは三方金のことである。「テモワンつき」と訳せるシュール・テモワン sur témoin（またはア・テモワン à témoin）とは何を意味するのであろう。つまり、テモワンつき天金とはどういう天金なのだろうか。古書のカタログなどでは、当然、本の内容や出版に関することのほかに、その本がどんな製本をされているかを説明している。使われている革はなにか、表紙の装飾や見返しはどうか、そして、小口がどのようになっているかも記述されている。二十世紀に作られた豪華なモロッコ革装本の多くは、単に天金、三方金というのではなく、それらの言葉のあとにシュール・テモワンという言葉がしばしばつけ加えられている。イギリスでは珍しいが、フランスでは、工芸製本の場合、天金や三方金といっても、今ではテモワンつきでおこなうことが少なくない。テモワンとはフランス語で「証人」という意味であるが、製本用語では「紙葉の裁断しないページ」をいう。金箔をはった紙葉の元の状態を証拠だてる意味から、天金に、このテモワンという言葉が付加されたのである。機械で製本された本のように、三方がトンボに合わせ見事に断裁されたのでは、本文の紙が、もとはどのようなものだったのかわからなくなってしまう。すでに引用したように、ウィリアム・モリスがケルムスコット・プレスの『黄金伝説』について「本書が装丁される場合、三方小口は裁断してはならず、そろえるだけにしておくべきです」といったことを、ここでぜひ思い出してほしい。

モロッコ革などを使う工芸的な製本では、現在の機械製本でおこなう、いわゆる化粧裁ちの工程がない。仮綴本をばらして、ひとつひとつの折帖にしたら、版面を合わせ、すべての折帖を正確に折り直す。というのは、仮綴本ではしばしば折帖の版面が合っていないからである。版面を合わせたら、製本プレス機にいれて折帖を落ちつかせる。それから大型の手押しカッターを使ってそれらの折帖を、ひと折ずつ、一定の大きさで、天、前小口、地の三方を切る。しかし、マージンの多いところはカッターで切られるが、少ないところは、刃があたらず、そのまま残る。つまり、必要以上にマージンが切られることはない。それから折帖がまとめられて一冊の本になるが、その後は小口の化粧裁ちをしない。そのためページのところどころに短いページも生じてくる。このことは、耳のついている手漉紙を本文紙に使った高価な本の場合、前小口や地に頻繁におこる。十九世紀後半になるとフランスに、このような折帖の状態でも天金や三方金をおこなう方法が、つまり、テモワンつきの天金や三方金が誕生した。

この方法を考案したのは今でもパリの郊外で、本の天金を引き受けているコック家の先祖である。十九世紀の半ばに、もっとも有名な天金師はヴィクトル・ブランギであった。彼は一八六七年に亡くなっているが、

図8　1980年頃のコックのアトリエ
卵白水を塗る作業中

その弟子のジュール・モランが、一八五九年にカルチェ・ラタンのサン＝セブラン通りに天金つけの工房を開く。そこに雇われたのが若きプロスペール・コックであった。彼はのちにそこの娘婿となり、天金つけの仕事で成功をおさめた。このプロスペール・コックがテモワンつきの天金を考えた人物である（図8）。それ以降、文庫本のように裁った小口に金箔をはることとは、天金としては一流のものとはいえなくなった。当然、モロッコ革などを使った工芸的な革装本においては、化粧裁ちした小口に天金されることが敬遠されるようになった。その証拠に、たとえば、二十世紀を代表する革装本

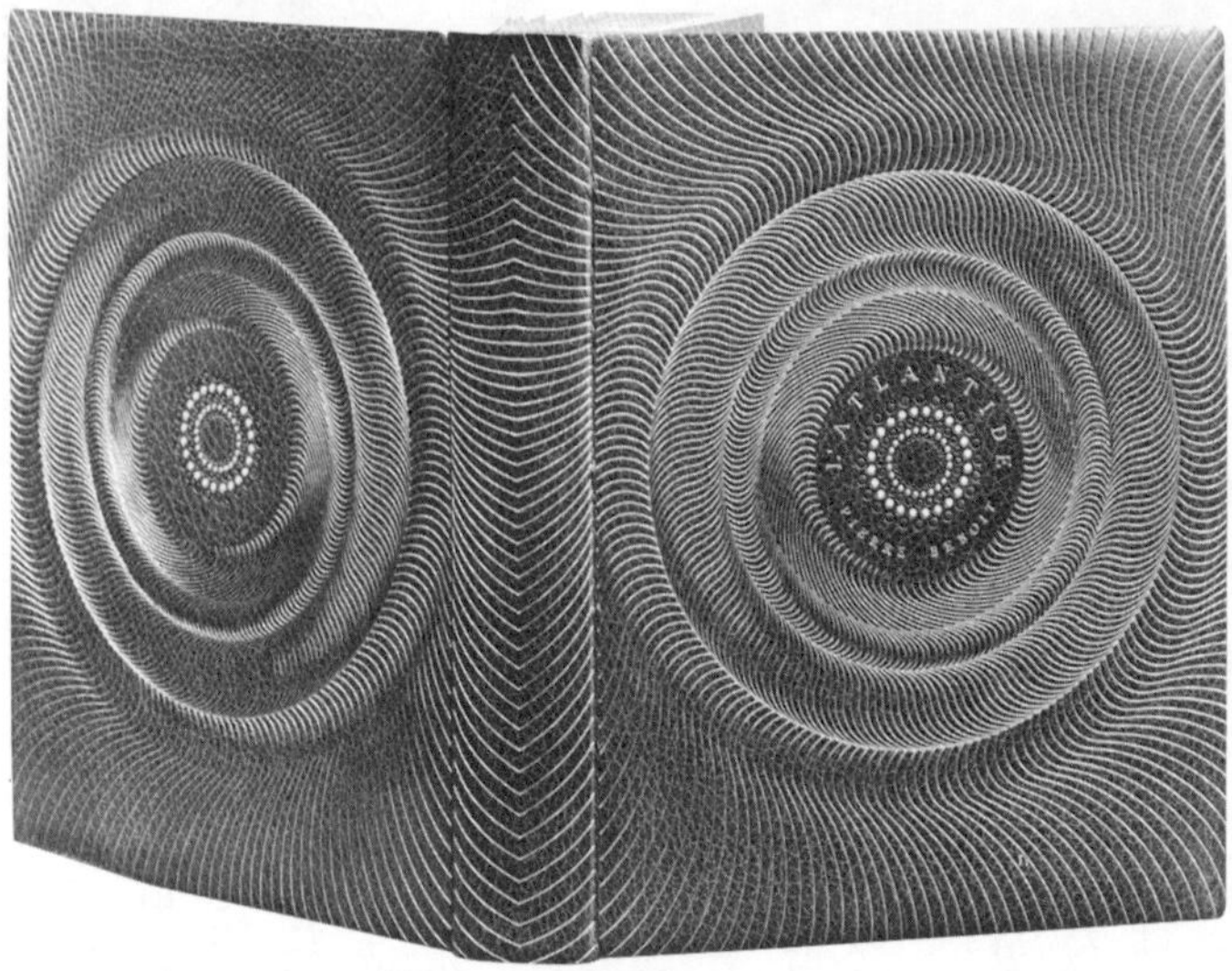

図9　ポール・ボネのデザイン　金箔の曲線によるモロッコ革装本

の装丁家ポール・ボネは、その作品のほとんどをテモワンつきの三方金で制作している（図9）。

　テモワンつきの天金をおこなうときは下準備が必要である。やや厚くて柔らかい紙を細長く切って用意する。この短冊状に切った紙を斜めに一枚ずつ削る。これを天金をしようとする本の小口の引っ込んでいるところに、つまり、短いページに埋め込む。そのあとで、大型ハンドプレスに天金用の板にはさんだ本をいれ、きつく締める。これ以降はすでに述べた天金術の開始となる。アガートで金箔をこすり終えて、埋めていた紙を取り去ると、テモワンつきの天金ができあがる。つまり、短いページの紙葉には金がついていないことになる。このようにテモワンつきの天金は面倒なので、代金が高くつく。しかし、ピカソや藤田嗣治など名のある画家の銅版画がはいっているような高価な仮綴本には、テモワンつき三方金を小口にほどこした革装本がもっとも適していることはいうまでもない。

四　天金の歴史

西洋の天金術は十五世紀後半から十六世紀にかけて広まったといわれている。いつごろから始まったかは明記できないが、西洋ではまずイタリアでおこなわれ、それからフランスに、それからイギリスなどに伝播した。バーナード・C・ミドルトンによれば、十六世紀中頃には英語で書かれた天金術の本がすでにあったという。この本の原書はイタリア語で書かれ、それがフランス語に訳され、さらにそのフランス語訳の本が英語に孫訳された。十六世紀中には、ほとんどヨーロッパ全土に天金術が広まったと思える。ミドルトンは中世英語で書かれた天金術のさわりの部分を引用している。それは十四行ほどの短文であるが、その内容は、アルメニア砥の粉や卵白を使うこと、ハンドプレスに本をいれ強く締めて作業をすることなど、すでに紹介した天金の方法とほとんど同じである。たとえば、金箔を磨く道具には、すでに犬の歯の形をしたアガート（179ページ、図3参照）が使われていた[3]。

小口装飾には天金のほかにマーブルづけ、パラ掛け（霜降小口ともいう。小粒の点が散在した模様）、色づけなどがある。これらのなかではマーブルづけが天金と同じように高級な技術と見なされている。マーブルづけでは、表紙や見返しにマーブル紙をはったとき、それらの模様と小口の模様を同一にできることが利点となる。また、実際の仕事では、マーブルづけやパラ掛けなどをしたときは、その箇所を保護するために、蜜

図10　小口に刻印模様のある本

蠟を軽くつけたアガートで小口を磨いておく必要がある。

革装本において天金とマーブルづけが愛好された結果、天金をした上にマーブルづけをした、マニエリスム的な小口装飾本がフランスやイギリスに登場したときもある。また三方金をした本の小口に鏨《たがね》や刻印をあて、それらを槌で軽く打ちながら、小さな点や唐草模様や紋章などの装飾をほどこした革装本が流行したときもあった（図10）。この技術は十六、七世紀のものであったが、十九世紀のロマン主義から新古典主義のさなか、フランスでは「古風な小口」と呼ばれ、製本職人がルネサンスに書かれた著作を装丁するとき、再びおこなわれるようになった。また、小口装飾のきわめつけとして、人物や風景などの絵を小口に描いた本まで作られた。このような小口に絵を描くことは現代でも試みられることがないわけではない。一九九〇年に出版された「集英社ギャラリー［世界の文学］全二十巻」には、銅版画家の山本容子の作品が天の小口に印刷されていた。ここまで特殊な印刷が今では可能になったのである。

ところでわが国における天金はいつからはじまったのであろう。当然、西洋式の製本術が導入された明治期と考えられる。第二次世界大戦中に出版された上田徳三郎の口述を筆記し、武井武雄が図解した優れた製本術の本『製本之輯《しゅう》』に興味深い文章が載っている。それはわが国の天金の歴史を知る足掛かりとなるのではないだろうか。

上田翁は自分の来し方を「製本六十年」と題して、『製本之輯』の末尾において語っている。それによれば、初めて日本で天金をおこなったのは横浜の洋館で働いていた外国人ではないかと考えられる。彼は初め、和本の製本屋に年季奉公にはいり、十年の年季があけて一人前となる。しかし彼は、しばらく和本の製本職人として働いたものの、世のなかに次第に洋本が増えてきたのを目にして、今度は洋本の製本術を学ぼうと意を決する。

私もその気になつて新規蒔直しを覚悟して洋製本の修業に横浜に参りました。当時の横浜は何んといつても文明開化の玄関口で外国人も多く、洋製本の修業にも此処が本場だつたのです。当時横浜には何番館という名の商館が沢山ありまして色々の商売をいたしてをりましたが、私のはいりましたのは或商館の印刷製本部でありました。製本の技師にドイツ人のチヤンベルと申す大変日本語の上手な人がゐまして、その人について勉強いたしました。(4)

若き日の上田翁が横浜に行ったのは明治二十二年のことである。驚くことに、彼が四年間の修業中にドイツ人から学んだものは、マーブリングや天金術まで含め、洋製本のすべてであった。ここには世をあげて西洋のものを学びとろうと努力した、明治期における日本人の一典型を見てとれる。

横浜から東京に帰つて来ると、マア今日の外国帰りより以上、当時としては全くの新知識で、をかしいほど持てはやされたものであります。第一小口に金箔をおくすべを知つてる者が数へるほどしかゐないのですから、これだけでも大変に光ります。一頃もう一人の相棒をつれて、市内の製本屋を金箔づけをして歩いたものですが、下ごしらへはすつかり先方にやらせるので、小口を磨いて待つてるところへ行つて箔をつけるだけですから、まことに楽な仕事です。それで一日十円も稼げたのですから、全く以て大したものです。十円と申しても今日の十円を考へて戴いては困ります。その頃立派な一人前の製本職人が日給精々六十銭といふ時代です。(5)

このような証言から、初めて日本で天金をおこなった人物は横浜の洋館で働いていた外国人であると考えるのは早計であろうが、明治期に日本にやってきた欧米の製本職人であることは間違いないであろう。そして彼らのもとで西洋の製本術を身につけた日本人が、巷《ちまた》でその技術を広めていったのであろう。一般的な製本職人の十倍以上の稼ぎがあったという上田翁の思い出は、天金という特殊な技術が重宝がられ、高い評価を受けていたベル・エポックの話である。少部数を仕立ててゆく時代が去り、製本の機械化が進むと、彼のいうように「個々の書物といふ点では、むしろ退歩」(6)が進む。そして、羊皮紙やモロッコ革を用いた革装本の伝統のない日本では、天金やマーブルづけという本格的な小口装飾の技術はほとんど忘れ去られてゆくことになる。

第八章　花切れ

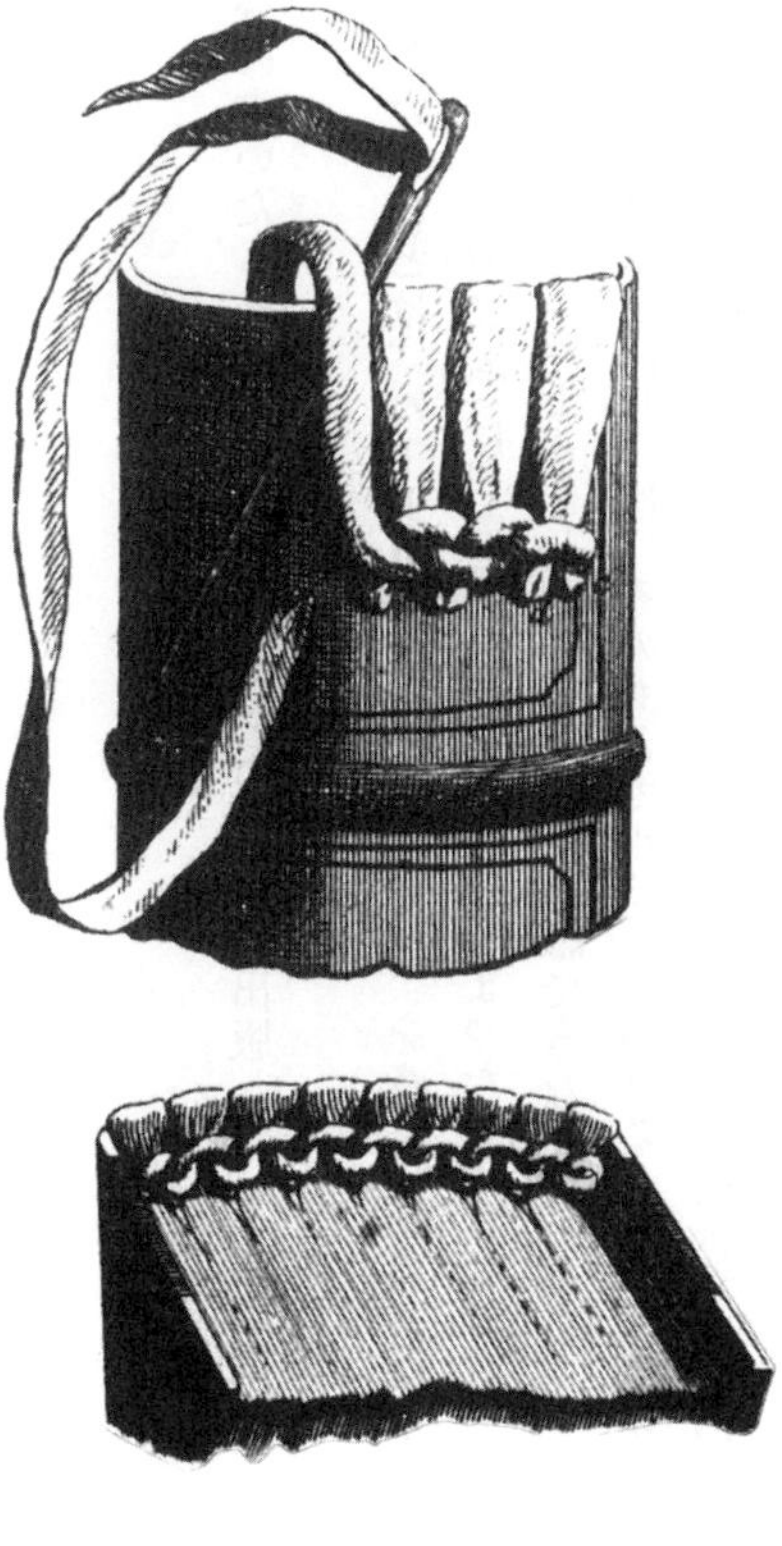

手編み花切れ（18世紀の
製本術の本より）

一　花切れとヘッドバンド

文を書いている人なら、おそらく、自分の書いたものを、花切れのついた本として出版したいと思っている人は多いにちがいない。

今日の造本では、花切れのついている本ということは、ハードカバーの本（上製本）を意味する。文庫や新書や多くの教科書のようなソフトカバーの本（並製本）では、表紙と本文の折帖がまったく同じ大きさであるため、花切れはついていないし、かりに花切れをつけようとしてもつけることはできない。これはまとめられた折帖にタイトルや著者名などを印刷した表紙をはりつけ、そのあとで小口を断裁するため、本にチリができないためである。しかし、ボール紙を芯とする表紙のついたハードカバーの本では、表紙が本文の折帖よりひとまわり大きいためにチリができる。表紙が本文の小口を保護するような形態となっている。そしてこのような本には、多くの場合、背の天と地にそって、花切れと呼ばれる一色、もしくは二色の機械編みをした特殊な布がつけられている。

かつて花切れには、英語のヘッドバンド headband という言葉を翻訳した「頂帯《ちょうたい》」という字が当てられていた。漢字から判断するかぎり、ヘッドとバンドという語を生かしたこの訳語は、今では一般的となっている花切れという言葉より納得がゆくのではないだろうか。八木佐吉の『The Bookman's Glossary　書物語辞典』(1)によれば、花切れは「端切れ」とも書くという。花切れはまた、「端布」と書かれることもあった。

見た目でいえば、本の背のはしについている布なので、このような訳語も頷ける。端布は「はなぎれ」と読ませているが、この表記では風情がないので、花切れと書くようになったと思える。この考えには、花切れを「花布」と書く人もいるので同意できるだろう。現在の国語辞典では、はなぎれに「花布」という漢字をあてているものが多い。ただし、端布や花布という表記では、布というイメージが強く、かつて花切れがこよりに絹糸などを巻いて作ったという歴史が消えてしまっている。

花切れはかなり特殊な製本用語である。そのために花切れについて本格的に触れている本は少ないが、比較的よく説明していると思えるものに、東京製本紙工業協同組合が昭和三十年に出版した『東京製本組合五十年史』と題する本がある。そこでは頂帯を正しい言葉とし、端布を俗語としている。この本からチョウタイ（頂帯、Headband）についての説明を紹介してみよう。

製本俗語では、ハナギレ（端布）という。本の背部の天地につける装飾用のもの。もとは書架から本を引出すときの損傷を小くするためにつけたもので、芯には撚糸を使い、絹や麻で編んで縫い込んでおいたものであつたが、現今では単なる装飾にすぎなくなつた。スピード化の現在では、タツノ式連続ヘドバンが、著しく進出している。(2)

本書では「花切れ」と表記しているが、こうして見てくると、ヘッドバンドを訳した頂帯が、見た目から、製本俗語として、「はしぬの」、「はしぎれ」、「はなぎれ」と変化し、いくつかの漢字があてられ、いつのまにか、装飾を感じさせる花切れや花布という表記におさまったのではないだろうか。なお、タツノ式連続へドバンとは長尺のテープ状に織られた花切れのことで、しかるべき長さに切って使われる。
わが国でも、ときどきヘッドバンドやヘドバンという言葉を耳にする。しかし、よく考えてみると、この言葉は正確さを欠くことに気づくのではないだろうか。というのは、ヘッドは頭という意味なので上の方をさすわけだが、花切れは本の上（天）だけでなく、下（地）にもついている。それなのにヘッドバンドやヘドバンでよいのだろうか。あまり知られていないが、英語には「テールバンド tailband」という言葉がある。これは地の方につけられた花切れをさす言葉である。G・A・グレイスターの『書物百科事典』は、このテールバンドについてつぎのように説明している。

現代ではヘッドバンドという言葉は天と地の両方の花切れを意味するが、本の地にヘッドバンドがつけられたときの正しい用語をいう。編集者によっては、ボトムバンド bottomband という言葉を使う人もいる。(3)

フランス語では花切れのことをトランシュフィル tranchefile というが、これは小口 tranche と糸を巻く filer という語が組み合わさってできた言葉である。花切れが本の小口のはしを糸を編んで飾ることを思うと、このトランシュフィルという言葉は花切れをよくあらわしている。また、花切れが、四章の「中世の花切れとケルムスコット・プレスの花切れ」において述べたように、綴じ紐とそれをからげるかがり糸が変化してできたものという考えを支持すれば、糸という言葉が含まれるトランシュフィルは、花切れをあらわすもっとも巧みな造語といえるのではないだろうか。

二　花切れの誕生と変遷

花切れは、いつ、どこに生まれたのであろう。今あるような機械編みの花切れが西洋に生まれたと考えるのは正しい。しかし、花切れが本につけられるようになったときを正確に述べることは難しい。書物は形態こそちがっていても、ある時期になると、世界のさまざまな国で作られたために、花切れが誕生した時期や場所を確定することはなかなか困難である。

初期の花切れは、今あるような機械編みのものとかなり異なっている。ときとしてそれが花切れなのか、それとも表紙と折帖のつながりを堅固にするためのものなのか、もしくは折帖をかがった糸の延長なのか、一瞥では花切れと判断しにくいものがある。いずれにしろ本が表紙を持ったとき、より正確にいえば、折帖が覆いを持ったとき、花切れが誕生したのではないだろうか。なぜなら、初期の花切れの多くはさまざまな編み方や形からできているが、小口と背のきわだけでなく、表紙（覆い）ともつながっていることが多いからである（図1）。

花切れを本の天と地につける重要な目的は二つある。立てかけている本を読もうとするとき、書架から本の背の上部に指をかけてとりだすことが多いため、その箇所が傷みやすい。そこで背のきわを丈夫にする必要があった。また、折帖（背）のはしが露出していると見苦しいため、そこを装飾することが考えられた。それで誕生したのが花切れである。これが花切れについて紹介した本の大方の意見である。しかし、常識的にいわれている、背のきわを丈夫にすることが花切れ誕生の大きな理由と考えるのは間違ってはいないだろうか。というのは、花切れが登場したのは、本を書架に立てかけておくことが一般化するよりずっと以前のことだから。中世にあっては、多くの場合、表紙のある本は横に並べられ、時として積み重ねられていた。たとえば、書見台に鎖に繋がれて並んでいる本（図2、3）。そこでは本が、書架から背に指をかけて取りだされる状態にない。本はすでに斜めに書見台におかれ、開かれることを待っている。このような状況にあって本が傷むとすれば、その箇所はどこであろうか。

中世の本は、近世のそれと異なり、本文が羊皮紙、表紙が木という組み合わせが多い。特に写本のために折帖が大きくなりがちで、結果的に、できあがった本は重たかった。本が斜めに置かれても、表紙に綴じつけられた折帖は、表紙からさがり気味になる。このことを少しでも防ぐためには、折帖と表紙をつなぐ綴じ紐を丈夫にしたり、その本数を多くしたりする必要があった。初期の花切れには、この役割がおもに求めら

図1　初期の花切れ　天と地の綴じ紐（革）を表紙に通している

図２　ライデンの図書館（17世紀）

図３　鎖に繋がれる本

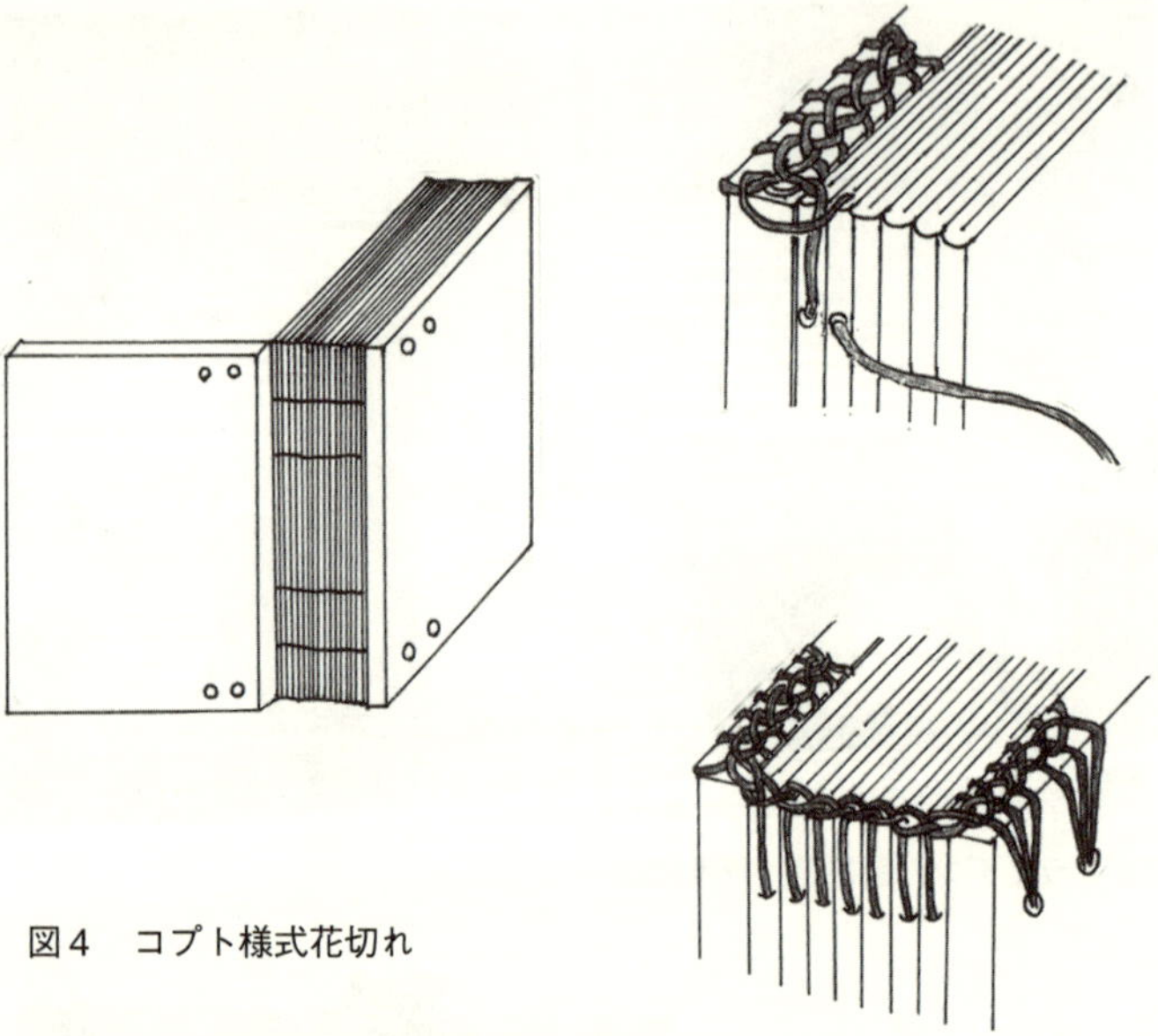

図4　コプト様式花切れ

れていたと考えられる。

中世の花切れには「エチオピア様式花切れ」とか「アルメニア様式花切れ」とか「ギリシャ様式花切れ」というように、国名がついているものが多い。これは、それらの花切れのついている本が書かれている言語からその名称を採用したためである。これらのほかにも、「イスラム様式花切れ」、「イタリア・ルネサンス様式花切れ」、「フランス様式花切れ」などの名前のついた花切れがある。また、編み方やできあがった花切れの外見から名称がついた場合もある。「刺繍花切れ」とか「杉綾模様花切れ」とか「耳型花切れ」というように。

一例として、もっとも古い花切れのひとつと考えられている「コプト様式花切れ」を紹介してみる(図4)。これは書かれた年代が明確ではないが、コプト語による宗教書につけられた花切れであり、木製の表紙から折帖の背、そして背から表紙へと連続的に編まれている。そのために表紙にいくつかの穴をあらかじめ穿《うが》っておく必要がある。はじめ糸を表紙から通し、鎖編みをしながら表紙、本の背、表紙というように編み続けてゆく。ここには特徴的なことがふたつある。糸を巻きつける花切れの芯がないこと、それと本にチリがないことである。ここにひとつの考えがわいてくる。花切れが芯に巻きつけられるようになったため、チリが誕生したのではないだろうかという考えである。「ギリシャ様式花切れ」(図5)がついた本や、それを受け継いだ「フランス様式花切れ」の初期のものがついた本には、驚くことに、ほとんどチリがない。糸を芯に巻きつけて編んだ花切れの箇所だけが高くなっている。そして花切れの芯の左右は表紙の板のなかに真上の方から通されている。常識的には、これは見苦しく、花切れのある天と地の凸部が早く傷むと考えられる。紙の使用が一般化すると、表紙や折帖が軽くなると同時に、花切れは両端の芯が切られて背の箇所だけにつけられるようになった。それとともに花切れの高さの分だけ表紙も高くなった。つまり、花切れの高さ分だけ、表紙が大きくなることで生まれた箇所が「チリ」と思えないだろうか。このようにして誕生したチリが、小口の三方にあることで、小口を汚さないという発想に結びついたと考えたい。小口を汚さないためにチリが誕生したという意見は、結果として、あとから考えられたように思える。

図5　ギリシャ様式花切れ

ここでもう一度、グレイスターの『書物百科事典』に登場してもらおう。そこには花切れの大まかな変遷についての説明がある。これは当然、花切れが手で編まれていた時代の話である。

なんらかの形の花切れが『ストーニィハースト・ゴスペル』の時代からヨーロッパにおいて知られるようになったのは明白である。中世の製本では、花切れは本の小口を化粧裁ちする前に編まれていた。十六世紀には化粧裁ちのあとに花切れが編まれていた。十七世紀早々からは、別に作っておいた花切れを膠でくっつけるようになり、これは結果として見た目は変わらないが、時間の節約につながった。(4)

グレイスターが例にあげた『ストーニィハースト・ゴスペル』とは、かつてのノーサンブリア(イングランド北部にあったアングロサクソンの古王国)においてアンシアル体で書かれた聖ヨハネによる福音書のことである。この書物は七、八世紀ころのものではないかと考えられており、現存するおよそ九十葉からなる製本された本は、ランカシャーのストーニィハースト大学に保存されている。花切れの変遷についてのグレイスターの説明は、アングロサクソン的な視点からのものであることに留意すべきかもしれないが、花切れの変遷は理解できるであろう。

現在よく目にする機械編みの花切れは、十九世紀に登場したといわれている。イギリスにあっては「機械編みの花切れは早くも一八五〇年代に使われはじめ、それ以降、最高級の革装本をのぞいて使用されるようになった」と、バーナード・C・ミドルトンは述べている。そしてマーク・バングレーという人物が、一八四六年に機械編みの花切れに関する特許を取得したと注記している。(5)ロジェ・ドゥヴォーシェルによれば、フランスには一八四〇年代に機械編みの花切れが登場したという。なおフランスでは、この機械編みの花切れをトランシュフィルとはいわず、彗星やリボンを意味する「コメット comète」と呼んでいる。この時代に先進国だったイギリスやフランスでは製本の機械化がしだいに進み、機械製の、いわゆるできあいの花切れを化粧裁ちの終わった本の背のきわにつける製本が始まった。

三　手編み花切れ

機械編みの花切れが登場する前までは、花切れは手で編まれていた。たとえば、モロッコ革の本を作る人は必ず手で花切れを編んでいた。ヨーロッパでは一点作品の革装本を作るとき、今でも手で花切れを編むことがおこなわれている。手で花切れを編むことはきわめてデリケートな仕事である。製本家によっては編目が美しく並んでいるかどうかを、虫眼鏡を使って調べる人もいる。

革を使う製本術が完成された近世の花切れにもさまざまな形のもの（図6）があるが、そのなかでもっとも美しい花切れは、フランス語で「トランシュフィル・シャピトー tranchefile chapiteau」と呼ばれている花切れではないだろうか。この花切れは二本の芯に糸を巻きつけて作るもので、現在でも採用されている編み方である。糸は三色でも四色でも可能だが、二色で編むのが一般的である。ただし、現在フランスなどで活躍している製本家は一色の花切れを好んでいる。これは表紙にかなりややこしい装飾をほどこすために、それ以外のところをなるべくシンプルにしようという姿勢のあらわれである。フランス人の女性二人組の製本家ジェルメーヌ・ド・コステールとエレーヌ・デュマの手になる豪華なモロッコ革の本では、花切れの中央部だけが異なる色で編まれている。そのため花切れを見るだけで、彼女たちの手になる革装本だとすぐにわかる。このように手で花切れを編むということは、自分の思い通りの配色で花切れを作れることを意味する。表紙にはる革や見返しにはるマーブル紙の色に合わせて、製本家は糸の配色を選ぶことになる。

トランシュフィル・シャピトーという花切れの編み方を簡単に紹介しよう（図7）。

花切れを編む材料には芯となる硬いこよりと糸が必要である。こよりには麻紐、ガット（絃）なども使われたが、近世になると、薄くて硬い紙を丸めて作ったこよりが用いられるようになった。平らな花切れを編みたいときは、羊皮紙や硬くて薄いボール紙を必要な幅（チリの大きさ）に切って使う。糸は絹糸を用いるが、その太さは本の大きさ、つまり、チリの大きさや芯の太さに適ったものが選ばれる。道具としては、針

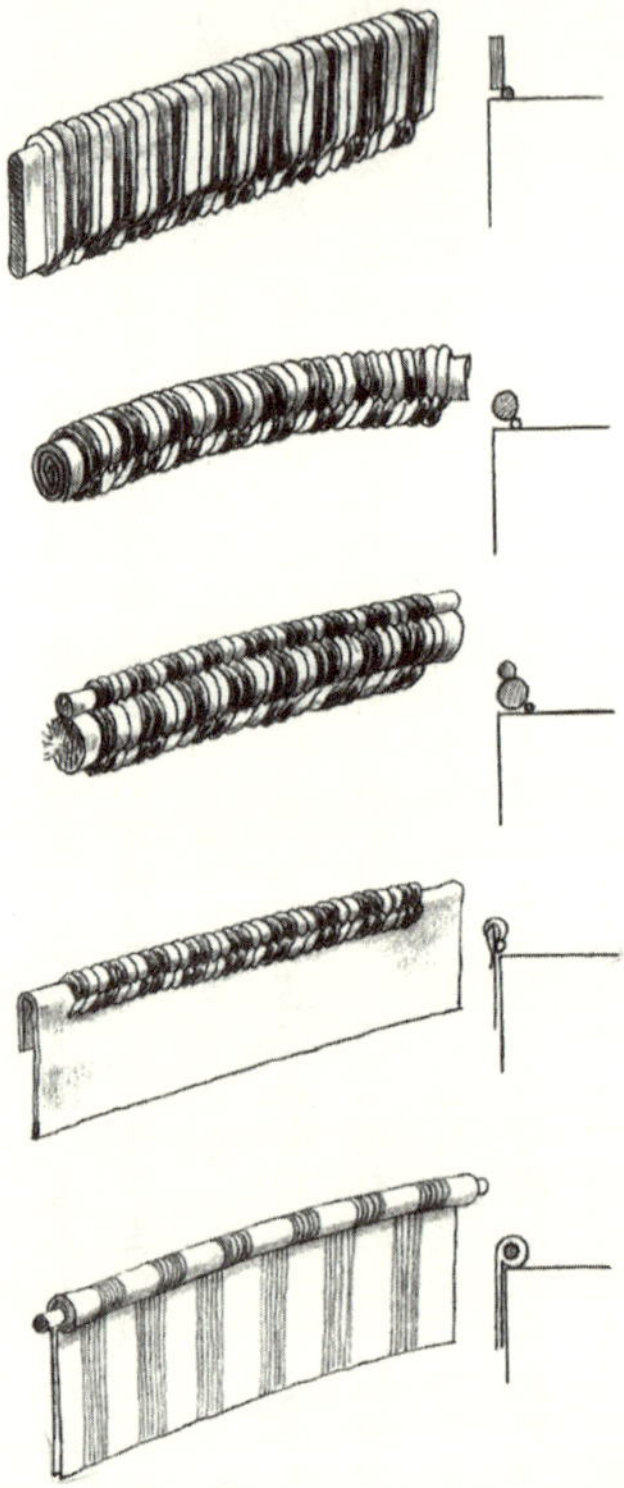

図6　さまざまな芯と花切れの形
上から
平らな芯（ロマンチック様式）の花切れ
一本の芯の花切れ
二本の芯（トランシュフィル・シャピトー）の花切れ
革をはった細い芯に糸を巻いた花切れ
機械編みの花切れ

と本をはさむハンドプレスが必要である。小口に天金やマーブルづけの装飾をおこなう。そのあとで本をハンドプレスにはさみ、針に糸を通し、花切れを編む仕事を開始する。

糸を巻く芯は太い方を下にして、その上に細い芯を四十五度になるようにのせる。花切れの編みだしは、ふつう、二色のうちの薄い色の糸を8の字を描くように二本の芯に巻きつけて、5もしくは7ポイント(目)を編む。奇数ポイントを編んだら糸を交差して、もう一つの糸(濃い色)で2ポイント編む。つぎに初めの糸で2ポイント編む。これを繰り返してゆくが、編み終わりは、初めに使った糸で5もしくは7ポイント編んで終了する。白と赤の糸を使ったと仮定してポイントの数を書くと、たとえば、5(白)、2(赤)、2(白)、2(赤)……2(赤)、2(白)、2(赤)、5(白)というように糸を編む。つまり、花切れは左右対称の編み目の色となる。もちろん、きわめて現代的な花切れを編むとか、なにか目的があれば、三色

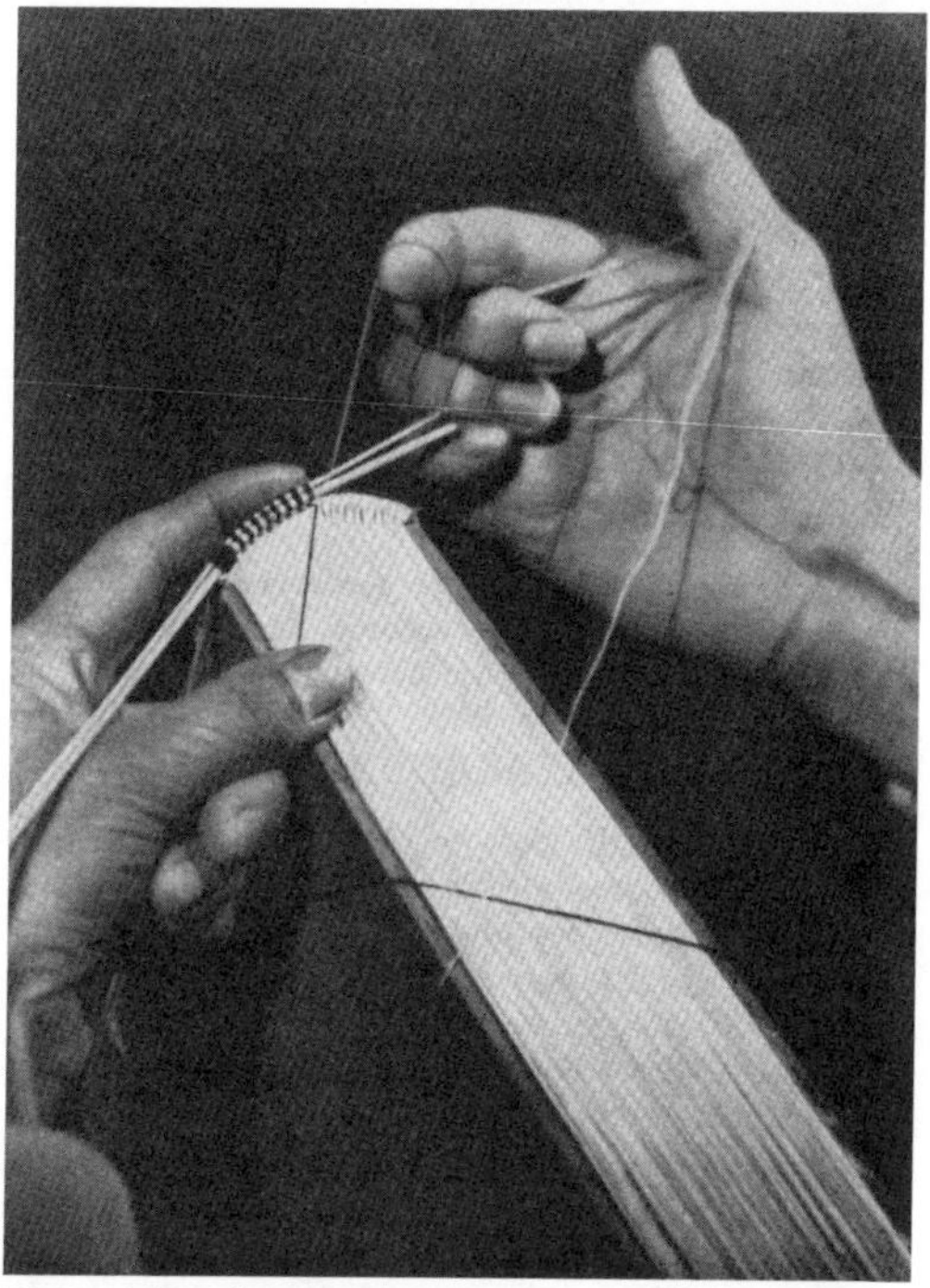

図7　トランシュフィル・シャピトーの花切れを編む

や四色にするとか、編み目の色が不規則に並ぶようにして左右対称の原則をこわすとか、さまざまな創作ができるだろう。花切れを編み終えたら、糸が芯から抜けないように膠や糊でとめ、それから芯の両端を少しだけ残して切る。このようにして作った花切れの善し悪しは、糸が交差してできる玉——英語ではビーズ beads（数珠）、フランス語ではタロン talon（踵）——の大きさが同じで、並びが揃っているかどうか、中央から左右に、扇を広げたように模様ができているかどうか、選んだ糸の配色が美しいかどうか、花切れの長さがちょうどよいかどうかなどできまる。花切れを正確に手で編むことはとても難しい。分業で仕事をしている製本工房では、折帖をかがる仕事もそうだが、花切れを編む仕事も、糸を使うせいか、女性が受けもっていることが多い。

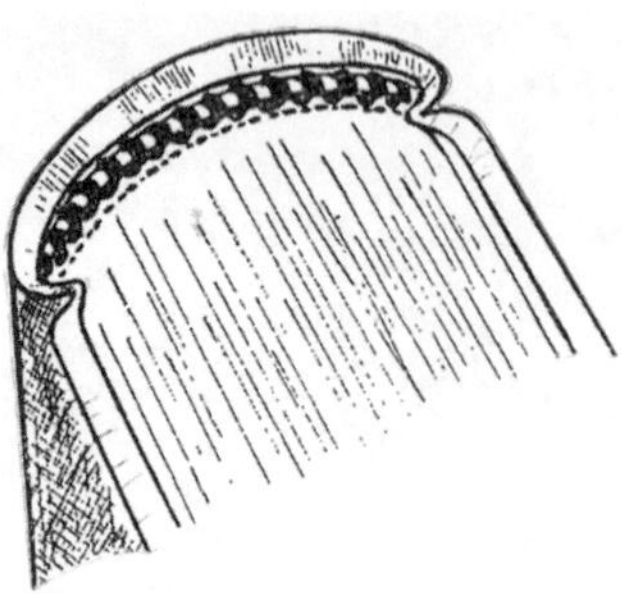

図８　花切れとヘッドキャップ

花切れを編んだ本に革をはるとき、モロッコ革装本などの場合は、眉状に革の形をつくり、花切れを保護するように革はりをする。この特殊な形のところを製本用語で「キャップ」といい、英語ではヘッドキャップ headcap、フランス語ではコワフ coiffe（帽子とか頭巾という意味）と呼んでいる。キャップの理想的な形は、中央部が太く、両端にゆくにつれて細くなっていなければならない。キャップは花切れの上部を隠し、巧みに花切れを保護するようになっている（図８）。

中世や近世の本にはさまざまな花切れが編まれていた。それらのなかからもっとも丈夫と思われる花切れを紹介しよう。もちろん手編みである。それは「ドイツ様式花切れ」である（図９）。この花切れは、手編

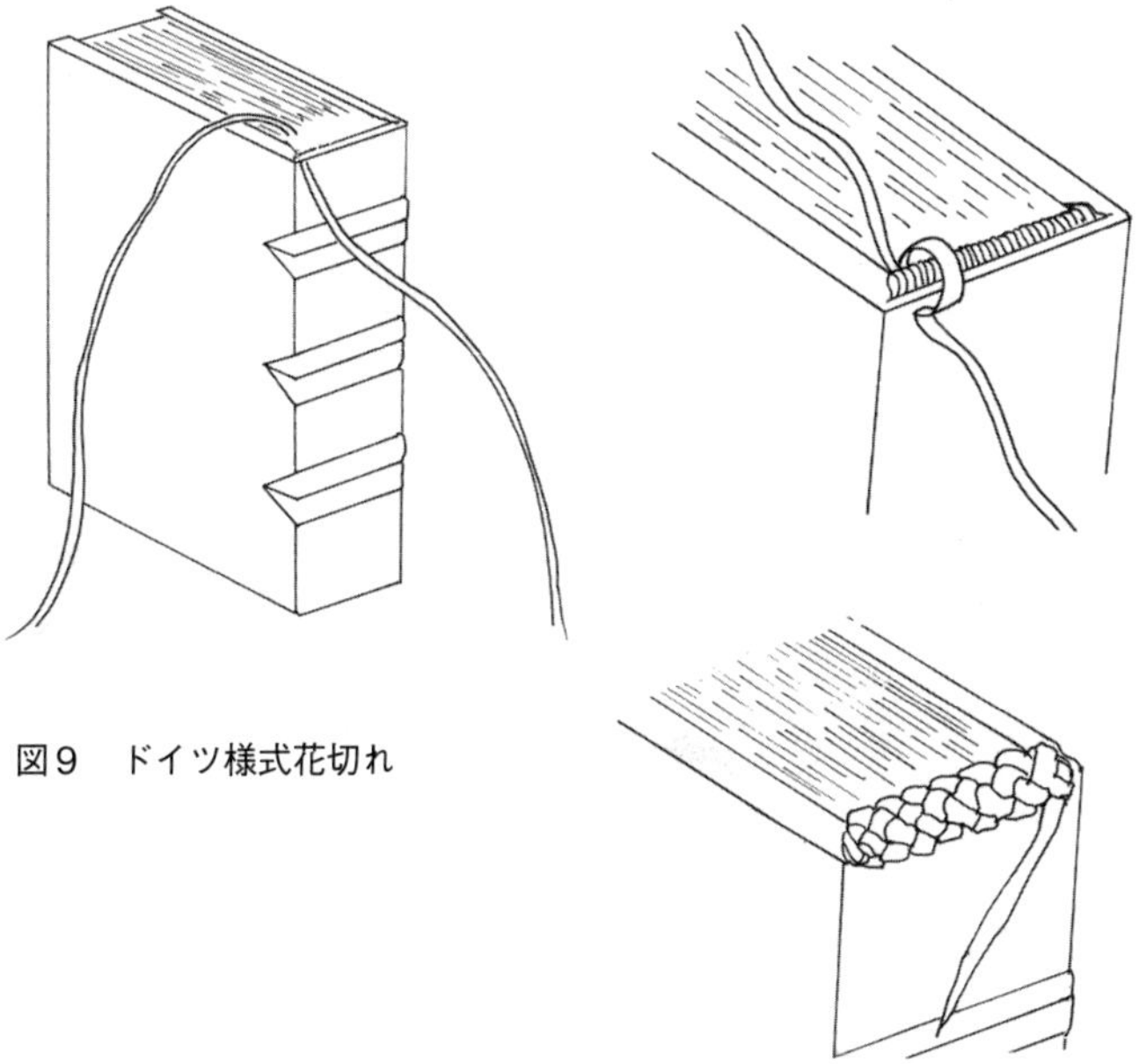

図9　ドイツ様式花切れ

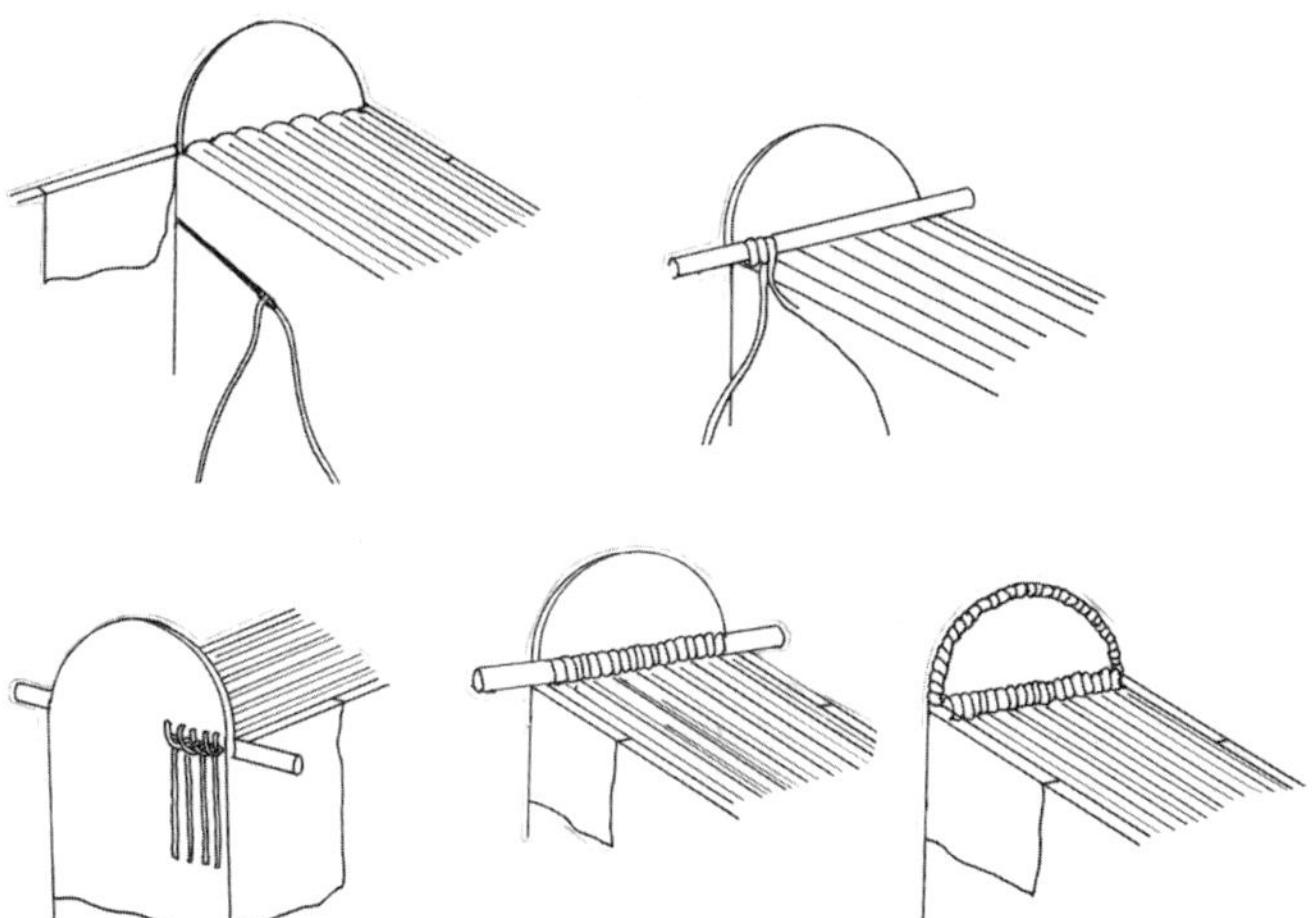

図10　耳型花切れ

みの花切れをつけて製本の終わった本に、今度は糸でなく、革で組み紐をおこなうように外側から編んで完成させる。二重に編むとはなんと丈夫な花切れであろう。この花切れは十五、六世紀のドイツで人気があった。簡単な説明だけでは、ぶこつで奇妙な印象を受けるかもしれないが、実物はきわめて巧みに編まれている。このように二重に作られた花切れなら、重い木の表紙であっても折帖と表紙はしっかりとつながれていたことだろう。

現在の花切れに比較すると、「ドイツ様式花切れ」以上に奇妙な形の花切れに「耳型花切れ」がある（図10）。この花切れは、糸で芯を編むだけでなく、背から耳のようにでている革の上部のふちを、同じ糸で縁かがりをすることが特徴である。まず背の方から図にあるような革をはりつける。背だけではなくて、革の左右は両方の木の表紙にもはられる。表紙の上部にくる革は折り曲げられて、表紙の内側にまではられている。つまり、花切れが折帖と木製の表紙のつながりを堅固にする役目を果たしている。芯に糸を巻いて花切れを編むことで、耳革が背にしっかり縫いつけられる。芯に糸を編みおえたら、今度は耳状に突きでている革の縁かがりをする。この花切れは、近世に完成したモロッコ革装本の花切れやヘッドキャップの持つ美しさに欠けているものの、花切れの形の意外さにおいては「ドイツ様式花切れ」と双璧を成している。

中世の本は次第に丈夫さや豪華さを競うようになり、樅や樫などの厚い木の板の立派な表紙をつけるようになる。この木製の表紙を革や布でおおい、その上にさまざまな宝石を象眼して金具をつけ、本を装飾した。そのような本につけられた花切れも華美となり、なかには真珠のブローチと見紛うような花切れをつけた宗教書まで作られるようになった。ブリュッセルからブルージュへつづく道の途中に古都ヘント（ガン）がある。そこのサン・バヴォン大聖堂には、「神秘の仔羊の礼拝」が描かれていることで有名な、フランドル派の画家ファン・エイクの手になる『ヘントの祭壇画』（一四二五—一四三二）が飾られている。この開閉式の祭壇画は、その扉を開けると、下方部のパネルに台にのった神秘の子羊が描かれている。祭壇画全体は二十四枚のパネルからなるが、それらのなかに、真珠のブローチを思わせるような花切れのついた宗教書を手にする「御座の聖母マリア」と「御座の洗礼者ヨハネ」がそれぞれの独立したパネルに描かれている。おそらくそこに見られる花切れは、もっとも高価な花切れではないだろうか（図11）。この祭壇画では、金箔をほどこした小口に、特殊な鑿で模様が打たれた宗教書を手にしている人物も描かれている。ヘントからさらに五〇キロほど先にあるブルージュには、ミケランジェロの彫刻を所有している寺院もある。このような祭壇画に描かれた本の豪華さやミケランジェロの彫刻は、当時のフランドル地方の繁栄を偲ばせる縁《よすが》となっている。

図11　ファン・エイク『ヘントの祭壇画』（部分）に描かれた豪華な真珠の花切れ

第九章　マーブル紙と見返し

マーブル紙職人（18世紀）

一　マーブル紙の誕生

さまざまな西洋の装飾紙のなかで、マーブル紙はもっとも有名な紙のひとつである。洋書を扱う古書店で、表紙や見返しにマーブル紙をはった革装本を目にしたことのある人は多いと思う。また最近では、マーブル紙をはった外国製の文房具もしばしば見かける。しかし知名度の高いわりに、マーブル紙はその姿がよく知られていない。

マーブルという言葉は大理石という意味なので、マーブル紙は大理石のような模様を持った紙であると考えて間違いはない（口絵17）。しかし実際には、大理石を彷彿させる模様、つまり大小の石が飛び散り、ときとして石がひび割れたような模様のマーブル紙は多くない。たぶんマーブル紙を知っているという人でも、そのような模様のマーブル紙を見たことのある人は少ないのではないだろうか。というのは、一般的なマーブル紙の模様は櫛目模様やその模様を変化させて作る模様、たとえば、矢羽模様や孔雀模様なので（口絵16）、大理石模様のものはマーブル紙のようには見えないからだ。ここには、マーブル紙の重要な歴史を窺うことができる。というのは、マーブル紙はその名の示すように、ヨーロッパに伝わった当初、大理石のような模様を持つ紙であったにちがいないが、それがいつのまにか大理石模様のマーブル紙がほとんど姿を消し、櫛目模様やそのヴァリエーションが主流となった。この背景には、本を出版したり製本をしたりする人たちのマーブル模様への強い要求やマーブリング術の進歩があった。

マーブル紙の歴史を調べると、いつも問題になることは、マーブル紙の発祥の国がどこかということである。しかし、マーブル紙が初めて作られた国を知ることは簡単ではない。この問題は、活版印刷が初めておこなわれた国を知ることと似ている。双方の問題とも、一応の答えはあるものの、依然として異議をとなえている人がいる。マーブル紙が生まれた国についても、活版印刷と同じように、今までさまざまな意見があった。イタリアやドイツが、トルコが、インドが、そして日本が、マーブル紙の発祥地であるというように。しかし、現在では、紙そのものと同じように、中国がマーブル紙発祥の地であるという説がかなり認められている。

イタリアやドイツをマーブル紙の発祥の地とする説は、おおまかにいえば十七、八世紀のヨーロッパ人の考えであった。十九世紀になると、近東からマーブル紙はもたらされたという説が一般的となる。欧米では十九世紀以降、この説が支持されてきた。マーブル紙は東ローマ帝国のかつての都コンスタンチノープルから、海路でヴェネツィアなどを経由してヨーロッパにもたらされたというのである。トルコにマーブル紙が誕生したという考えを裏づけるものに「友のアルバム」がある。それはトルコを旅したヨーロッパ人が旅の思い出や記録をしたためた日記であり、そのなかにマーブル模様のある紙が使用されていることが確認されている。このこともマーブル紙のトルコ誕生説を確実なものとした。「友のアルバム」に散見できるマーブル紙はそんなに幼稚な模様ではない。単に絵の具を落としただけの小石模様だけではなく、大きめの小石模様に動きを与えたものなど、模様の作り方に変化が窺える。トルコ語ではマーブル紙のことを「エブルEbrû」と呼ぶが、この言葉は「雲」を意味する。少ない色数で作った大小の小石模様を尖筆などで動かすと、空に浮かぶ雲のように見えたため、このように呼ばれたのではないだろうか。「友のアルバム」に見られる模様も、まさしくそのような「雲」である。

マーブル紙にはトルコ・マーブルと呼ばれる模様があることからわかるように、ヨーロッパ人は長いあいだ、マーブル紙はトルコを起源とすると考えていた。しかし、二十世紀になってトルコではマーブル紙を作る人がほとんどいなくなり、しかもトルコ産の一般的な模様のマーブル紙では人目をひかないためか、トルコのマーブル紙作家は模様に特徴を持たせる努力をした。その結果、彼らは従来の小石模様の上に、チューリップやひなげしなどの花模様を描いたマーブル紙を商品として作るようになった。今では中央部に花模様のある作品がトルコ・マーブルと思われるようになっている（口絵18）。しかし、これは誤りで、本当のトルコ・マーブルといわれるものは、いわゆる小石模様のマーブル紙をさす。これはもっとも単純な大理石模様といえる。小石模様はさまざまなマーブル紙を作る原点となる模様である。この小石模様がうまく作れるようになることで、いろいろなマーブル模様を作れるようになる。いいかえれば、小石模様が作れなければ、さまざまなマーブル模様を作ることはできない。

〈マーブル紙と細密画〉

マーブル紙の誕生を、当時のトルコという国にだけ限定するのではなく、もっとひろく、イスラム文化圏のどこかの国や地方と見なす必要もあるのではないだろうか。この考えを推しすすめると、イスラム教徒の宗教と文化の中心に存在した細密画に目を向けなければならなくなる。

今から二十年ほど前、東京や大阪、福岡などで「トルコ・トプカプ宮殿秘宝展」が催された。そのとき日本では珍しいイスラムの写本が数多く展示され、それらの書（カリグラフィー）や装飾の美しさに感動した

図1　マーブル模様で飾った細密画（16世紀中頃）

図2　マーブル模様で飾った細密画（現代作品）

が、とくに私の目をひいた作品は翼を持った天女が音楽を奏でている細密画であった。『リュートを弾く妖精図』と題されたこの作品は十六世紀中期のもので、中央の天女の図を囲むように、マーブル模様が縁飾りとしてほどこされていた。写本はイスラム芸術のなかでもっとも重要な位置をしめている。本の一ページ、一ページは小さな世界であるが、そこには本を美しく飾ろうとする英知を発見できる。宗教的なイスラム絵画には、偶像崇拝が禁じられているため、東洋や西洋の絵画と異なり、花などの植物模様やパターン化された幾何学模様を用いて、画面を装飾したものが数多くある。『リュートを弾く妖精図』でわかるように、マーブル模様もまた細密画を飾る模様の一要素として使われた（図1、2）。

　マーブル紙が誕生した国が中国であるとしても、現在おこなわれているマーブル紙の作り方はイスラム文化のなかに生まれたのではないだろうか。イスラムのマーブリングでは絵の具を浮かべる支持液としてゴム溶液を使うこと、小石模様や櫛目模様があることなどを考慮すると、現在のマーブル紙の作り方の基本がイスラム世界で描かれた細密画の装飾にあるように思える。マーブル紙がトルコやペルシャではじまったと、今でもしばしばいわれる真の理由がここにある。情報が少ないために、イスラム文化圏でマーブル紙が作られた時代について明確に述べることができない。古いものでは、一四五〇年頃の作といわれているマーブル紙が残っている。トルコ、ペルシャ、インドでマーブル紙が多く作られたのは十六、七世紀である。トルコはオスマン帝国、ペルシャはサファヴィ朝、インドはムガール帝国がイスラム文化を築いていた時代である。彼らの高い文化が示すように、彼らの残したマーブル紙の水準は高く、学ぶところがたくさんある。しかし、イスラム文化圏ではマーブル紙の製法が十分に受け継がれ、発展してきたとはいえない。伝統工芸の世界では、時代が進んだからといって技術が進歩するとはかぎらない。この点は、マーブル紙だけでなく、わが国の墨流しも同様である。

細密画に使われた代表的なマーブリングは「縁飾り」、「二重がけ」、「マーブル絵画」、「花マーブル」などである。これらのマーブリングに用いられた紙には特殊な加工がほどこされている。というのは、かつて書や細密画に使われた紙は手漉きであったため、平滑さに劣り、つぎのような加工が必要だった。まず、膠や卵白、アラビヤゴムなどに、無花果《いちじく》の汁や明礬《みょうばん》などを混ぜ、濾過したゼラチン状の液体を紙の表面に塗る。つぎに、その紙が完全に乾く前にセイヨウシナノキにのせ、石鹼でこすり、それからメノウや象牙などを使ってよくみがき、光沢をだす。こうすると紙の表面の気孔がなくなり、ペンを走らせたり、着色したりすることが楽にできるようになる。このように加工された紙は、書き直しがすぐわかるため、公的な文書などにも用いられた。

〈日本のマーブル紙「墨流し」〉

いっときは日本の墨流し(口絵19)がもっとも古いマーブル紙という説をとる人が多くいた。墨流しは、作られた年代のはっきりしている作品が存在していることやその技法がマーブル紙の技法ときわめて類似しているため、マーブル紙の原形ではないかと考えられたのである。墨流しの存在が知られて以来、日本人だけでなく、欧米人にもこの説が支持された。

墨流しが欧米で知られたのがいつごろなのかは明確でない。鎖国となった日本では十七世紀以降、日蘭貿易が出島を舞台におこなわれ、そのときに和紙が輸出されたという記録はあるが、墨流しのほどこされた和紙は輸出されなかったようである。十九世紀になんどかおこなわれたパリ万国博覧会(一八五五、一八六七、一八七八、一八八九、一九〇〇)やロンドン万国博覧会(一八五一、一八六二)はどうであろう。それらの万博に墨流し和紙が出品されたことはないのだろうかと想像してみたくなる。日本の芸術の西洋への影響を考えるとき、ジャポニスムという言葉を思い浮かべる。おもに美術史のテーマとしてとりあげられるジャポニスムのもっとも大きな源流は、日本のさまざまな品物が展示されたパリやロンドンの万博にある。和紙もなんらかのかたちで出品されたと思われるが、それがどのような種類のもので、そのなかに墨流しをほどこした和紙が混じっていたかどうかはわからない(1)。

墨流しがマーブル紙の起源であるといわれるようになったきっかけが存在する。一九五五年、「ザ・ペーパー・メーカー」というアメリカで発行されている紙の機関誌に、紙の博物館初代館長の成田潔英《きよふさ》が、"Sumi-nagashi"(墨流し)という英語で書いた論文を発表した。これ以降、欧米のマーブル紙に関する著作は、マ

図３　水面に筆を交互につけ同心円を作る

ーブル紙の起源に触れるとき、かならずといっていいほど日本の墨流しをとりあげるようになった。道具や材料に違いがあっても、水溶液面に絵の具を浮かべて模様を作り、その模様を紙に移しとるという技法は、墨流しでもマーブル紙でも同じである（図3）。欧米人の多くは、紙の研究家ダード・ハンターに代表されるように、それまではイスラム文化圏をマーブル紙の発祥地と考えていたが、成田論文を読み、あきらかに墨流しがマーブル紙以前に試みられていたことを確認した。

　成田はつぎのように墨流しについて書いている。彼の書いた"Suminagashi"から部分的に訳出してみる。

> 平安時代の墨流し模様には二つのモチーフしかなかった。ひとつは風に吹かれた白い布が流れるようにはためく模様、もうひとつは野山に立ち上る煙がゆるやかに流れる模様である。この時代には、墨を用いて作られた繊細な模様が紙全体を覆うことはなく、一葉の紙の右隅に少し墨流し模様をほどこした。これらの特別な料紙には、普通は三十一文字の和歌がしたためられた。（中略）

　四百年以上ものあいだ、墨流しを一般民衆は利用できず、皇室や貴族たちだけのものだった。

　一五八五年、豊臣秀吉が皇室への名ばかりの服従をして、一五九八年まで日本を統治する将軍となった。将軍秀吉は製紙を含む産業の育成をはかり、一般の人々に墨流しの紙の使用を許した。その結果、この墨流しの紙は多くの地方で作られるようになり、江戸時代に、特に一六八八年から一八三〇年のあいだに、質量ともにその最盛期を迎えた。(中略)

近代の墨流しの模様は藍色と赤色で作られ、一葉の紙全体を覆っている。墨流しには鳥の子紙や奉書紙が使われるが、なかでも鳥の子紙が最適である。しかし、墨流しはほとんどすべての手漉紙におこなうことができ、その模様は絹やほかの布地にも応用できる。模様は水面に色を浮かべ、静かに息を吹きかけたり、尖筆を操ったりして作る。どんな名人でも、二枚として同じものを墨流しでは作れない。(2)

日本では墨流しの技法は長いあいだ公にされなかった。今でも墨流しはある点では秘密のヴェールにおおわれている。そんなこともあって、きわめてマイナーな伝統工芸となっている。しかし成田の英文による紹介があってからと思えるが、墨流しのことに触れる人が多くなってきた。なかにはアン・チェンバースのように、かなり本格的な墨流しの本を著したイギリス人もいる。

墨流しのはじまった時期がいつごろなのか知りたくなる。現存している墨流しの最古のものには、京都大谷家所蔵の『三十六人家集』(十二世紀初頭)や東京国立博物館所蔵の『扇面古写経』(十二世紀中期)(図4)のように、平安時代に制作された貴重な品々がある。それらの作品の墨流しは、成田の述べているように、紙の全面にほどこされるのではなく、左下とか右上などの紙のある部分にほどこされている。

ところで『古今和歌集』(九〇五?)の巻十に、

春がすみなかし通路なかりせば　秋くる雁はかへらざらまし

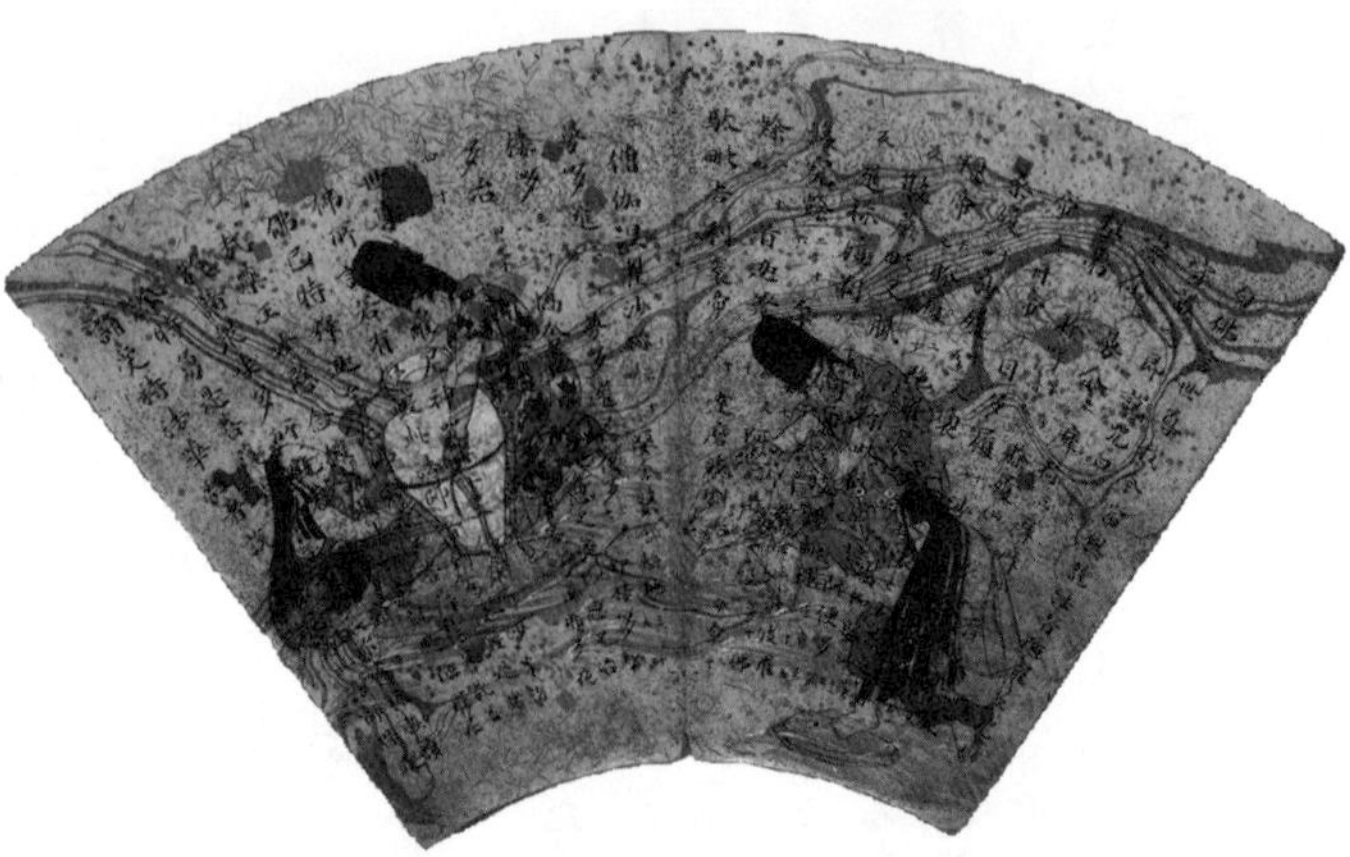

図4　扇面古写経（東京国立博物館所蔵）　Image: TNM Image Archives

という在原業平の子、滋春の歌がある。これから判断すると、『三十六人家集』より二百年ほど前に墨流しは知られていたことになる。このような歌となっているからには、貴族のあいだに墨流しの紙がある程度は流布していたと思える。とすれば、九世紀にはなんらかのかたちで、墨流しがおこなわれていたと考えてよいようである。

〈中国のマーブル紙「流沙牋《りゅうさせん》」〉

一九八五年にアメリカで出版されたジョゼフ・ニーダム編纂の『中国科学技術史』の第五巻の一は、シカゴ大学名誉教授の銭存訓が書いた「紙と印刷」にあてられている。これによれば、透かしをいれた紙「魚子牋《ぎょしせん》」やマーブル紙が宋（九六〇―一二七九）の時代には作られていたという。(3) この結果、現在では欧米のマーブル紙の作家や研究家が、マーブル紙の中国誕生説に注目するようになった。この説をとる代表的な人に、たとえば、フランス人のマーブル紙作家で、現在は制作活動を中止して、紙に関する本の著述に専念しているマリー＝アンジュ・ドワジィがいる。彼女がステファン・イペールと共に書いた『マーブル紙』（一九八五）には、銭存訓の「紙と印刷」にもとづき、中国の古い文献を紹介している箇所がある。(4) ついでにいえば、韓国にもその起源がはっきりしないが、マーブル紙と類似したものがあると二人は書いている。

マーブル紙の誕生が中国であるという説には、誰もが納得するような証拠、つまり、墨流しにおける『扇面古写経』のような実物が残っているわけではない。宋の時代に書かれた本のなかに、マーブル紙と製法の類似した件《くだり》があるということである。その文献とは、製紙の盛んな蜀（四川省）に生まれた蘇易簡（九五九―九九六）の残した『文房四譜』（九八六）をさす。これには「紙譜」という章があり、そのなかで蘇易簡は、当時の中国で作られていたさまざまな紙の成り立ちや抄造方法についてかなり詳しく紹介している。彼は、蜀の人が十色の紙を作ると述べたあと、魚子牋（ななこ織のような布目模様のある紙）や羅牋（紙の面に細かく交差する透かし文様のある紙）についで触れたあとで、つぎのように「流沙牋」の作り方について書いている。

古くなった小麦粉を用いて糊を作り、そこに五色を混合する。紙をその上に引いて濡らすと、流れるような美しい模様ができる。これを流沙牋という。またサイカチの種子油と巴豆《はず》の油を煮て、それを水面に移す。そこに墨あるいは赤や青の絵の具を落とす。これにショウガをつければ散り、頭髪の汚れをつけた狸の髭で引くと集まる。このようにして描けば人物ができる。絵の具を集めれば雲霞《うんか》のような、あるいは鷹や鷲のような模様となり、きわめて美しい彩飾となる。その上に紙をおいて、その模様を紙に移しとる。(5) 必ず、窓のない暗い部屋で、清らかな水を容器に入れ、心身を澄まして作れば、美しい模様ができる。

このような内容から判断すると、流沙牋にはふたつの作り方が存在していることになる。引用した最初の句は、英語でいうペースト・ペーパーを思いおこさせる。この紙は、マーブル紙と同様に、今でも装丁などの装飾紙として使われている。蘇易簡が述べるもうひとつの作り方は、支持液が異なるが、墨流しやマーブル紙の作り方ときわめて似ている。この文にあるように、墨や絵の具を水面に浮かべて模様を作っていたとすれば、中国にマーブル紙が誕生したと認めてもよいように思える。しかし、ここで説明されている紙の実物は残っていないため、実際に作られた紙がどのようなものだったのか、残念ながら具体的に述べることができない。この作り方は、現代のトルコのマーブル紙にしばしば見受けられる「花マーブル」を彷彿させる。

二　半革装本とマーブル模様

カラー印刷の盛んな今では、マーブル紙は複製され、包装紙やパッケージなどとして用いられているが、カラー印刷の技術がなかった時代には、マーブル紙はじかに使われたため、消費量が多く、ヨーロッパの各国でマーブル紙を作る職人が働いていた（図5）。ディドロとダランベールの『百科全書』における「マーブル紙職人」の項目では、マーブル紙の用途について「マーブル紙にはきわめて多くの用途があるが、おもには仮綴本の表紙や製本された本の見返しに使う。もっとも利用するのは製本職人である」と述べている（図6）。このことからヨーロッパでは、マーブル紙は製本という職業と密接なつながりがあったことがわか

図5　海藻から作った溶液でマーブル紙を作るイタリア人

る。すでに述べたように、墨流しは『三十六人家集』などのようにその多くが和歌をしたためる料紙として使われ、イスラム世界のマーブル紙は本のなかに描かれた細密画などを飾るものとして使われている。こうしてみれば、マーブル紙のような紙はどこの国にあっても、多くの場合、書物とともにあり、書物を飾る工芸として存在してきたといえる。このことを証明するもっともよい例が、本の小口装飾ではないだろうか。天や前小口、地がマーブリングされた革装本を古書店などで目にすることは珍しくない。革装本では背固めがおわり、花切れをつける前に、比較的濃い目の溶液に模様を作り、本の小口にマーブルづけをおこなう（口絵24）。この小口マーブルづけの作業と一緒に、同じ模様のマーブル紙を作っておけば、表紙や見返しにも、小口につけたマーブル模様と同じ模様のマーブル紙をはることができる。

ヨーロッパでは最初、マーブル紙は総革装本の見返しだけにはられていた。しかし、本の出版点数が増え

図6　マーブル紙職人（18世紀中頃）

左から　顔料を粉末にする人　模様を紙に写し取る人　絵の具を落とす人　模様を作る人　水切したマーブル紙を乾かす人　マーブリング溶液を作る人

左から　本の小口にマーブリングする人　マーブル模様を作る人　できたマーブル紙を折る人　マーブル紙に艶出しをする人　マーブル紙に蠟がけをする人

たことと、総革装本の装本代金の高いことから、十九世紀になると、マーブル紙を表紙にはる半革装本が多く作られるようになった。というのは、総革装本では表紙に金箔押しの模様が要求されるために、制作時間がかかり、当然、工賃が高くなる。また、マーブル紙に比べて製本用の革、なかんずくモロッコ革は高価である。このような理由から半革装本が、それもモロッコ革だけでなく、仔牛革を使った半革装本も数多く作られた。

ところで、伝統的な半革装本を作ろうとすれば、革をはる量とマーブル紙をはる量の割合をまもらなければならない。

フランスの半革装本では、表紙にはられる革の量は表紙となるボール紙の幅の1／3を基準にしている。つまり、本の背にはられた革は表紙のボール紙をおおうが、そのおおう量が表紙の横幅の1／3、そしてコーナーにはられる角革も同じく1／3の量にして、残ったところにマーブル紙をはるのが通例である（図7）。しかし、十九世紀前半に流行したロマンチック様式の半革装では、革の量がもっと少なくなり、多くても表紙の幅の1／4、もっと少ないことも稀でなかった（図8）。高価な革の使用量を抑え、そのかわりマーブル紙を積極的に用いた。その結果、この時代になると珍しいマーブル紙や装飾紙が数多く制作されることになる。

マーブル紙の模様は、その作業が偶然ということに左右されることもあって、無数にある。しかし、古来から作られてきた模様、いわば伝統的な模様はさほど多くないといえる。その代表的なものには、さまざまな色の大小の小石が散らばった「小石模様」（口絵17）、櫛状の道具で作った「櫛目模様」、櫛状の道具を往復させて作る模様「矢羽模様」、小石模様や櫛目模様や矢羽模様を、尖筆を使い、くるくる回して作る「渦

図7　一般的なフランスの半革装本
革の量（斜線部）a=b=表紙の横幅の1/3

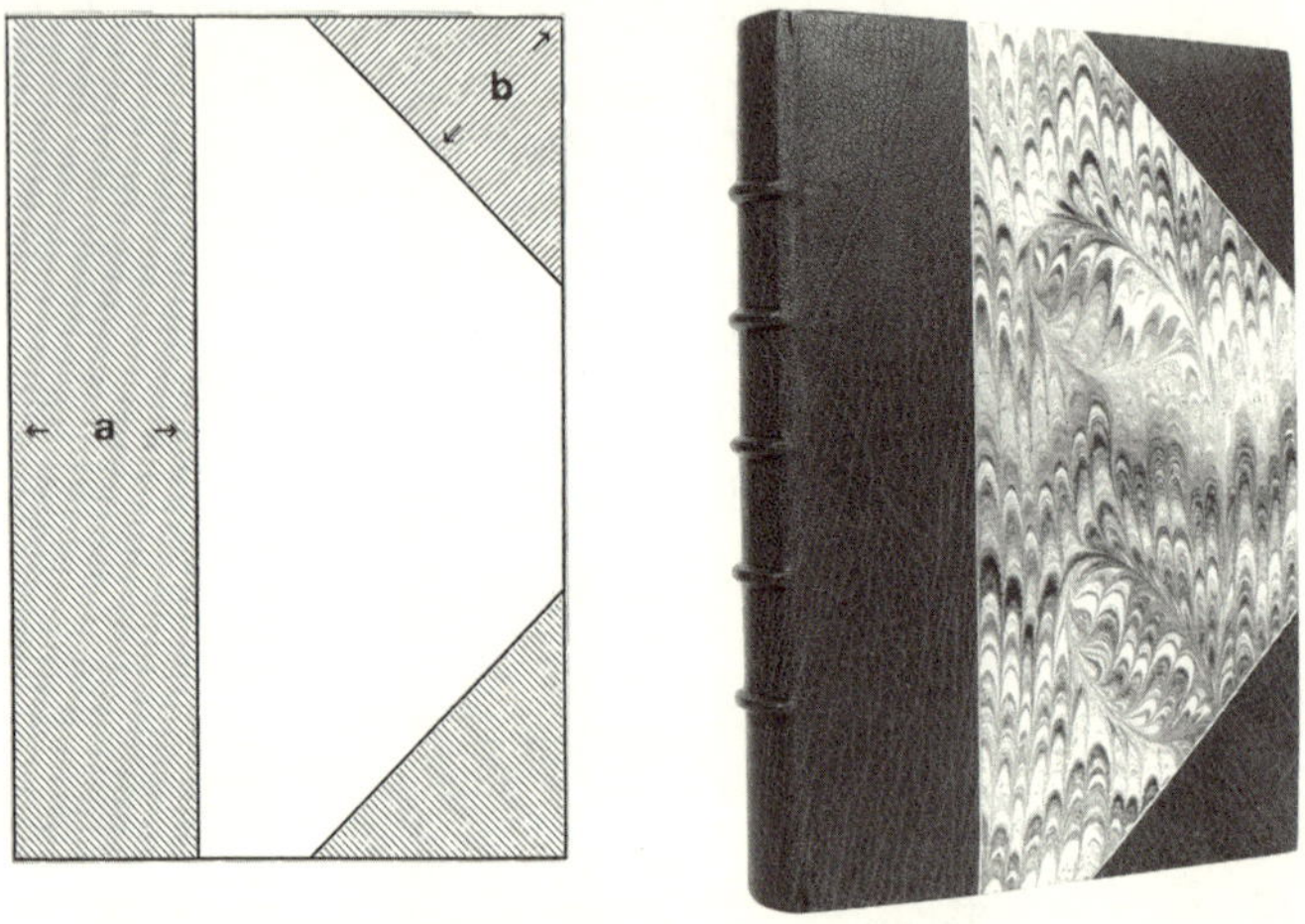

図8　ロマンチック様式の半革装本
革の量（斜線部）a=b=表紙の横幅の1/4～1/5

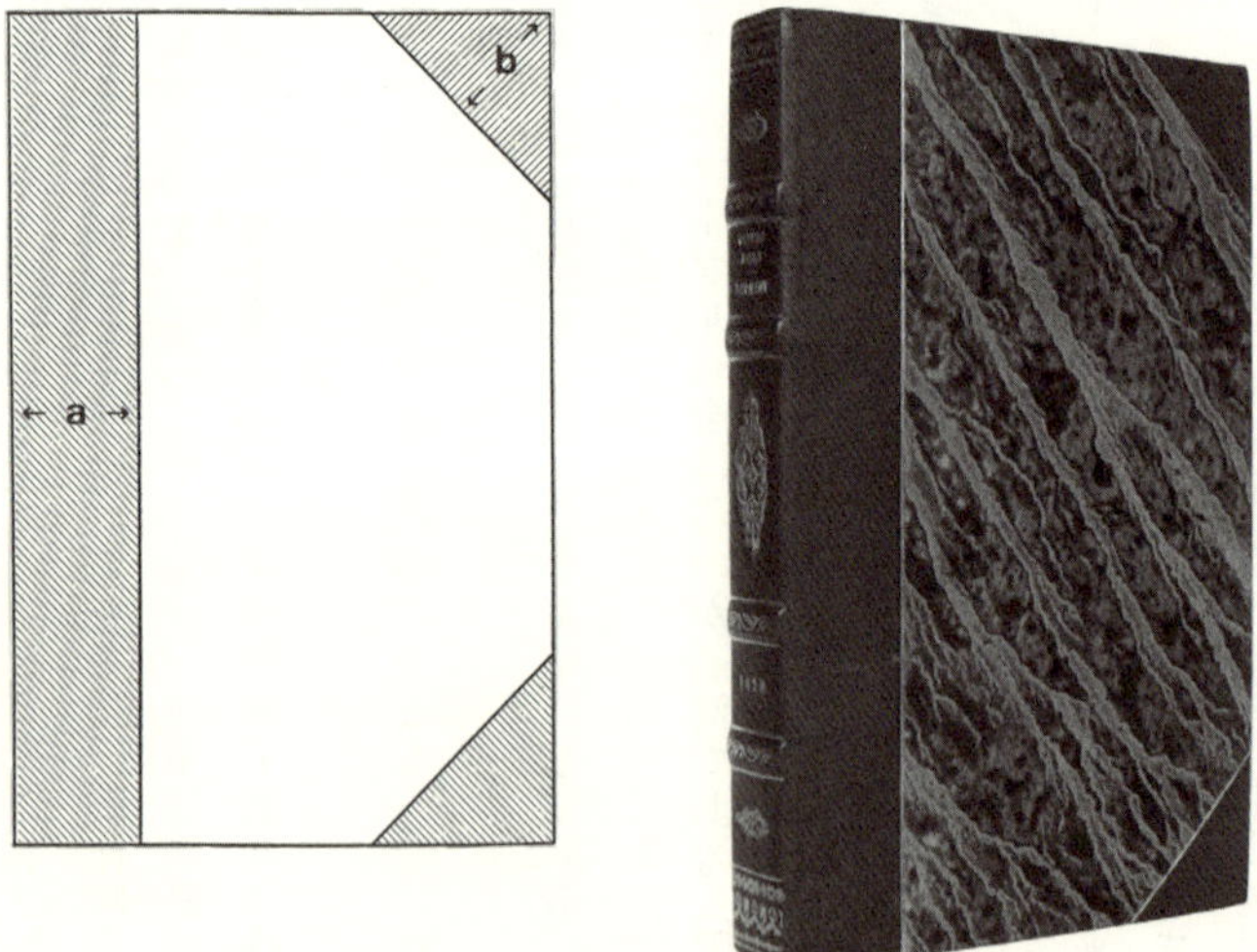

巻模様」、静脈のような細い線が全体に無数に走った「静脈模様」、櫛目模様を作ったあとに、ジグザグに釘をうった道具を蛇行させて作る「花束模様」、またこれと作り方の似ている「孔雀模様」、油をまぜた絵の具を使う「ストーモント」、二度マーブリングする「二重マーブル」（以上口絵16）、カーテンのひだのような「陰影模様」（図9）、太陽の黒点のような「虎目模様」（図10）、太い線を描いたような「縞模様」（図11）などがある。この陰影模様は、すでにロマンチック様式のマーブル紙として紹介したオンブレ模様のことで、スペインで流行し、そののちフランスやイギリスでも愛用された模様である。また静脈模様は紙の地をいかすときが多く、別名イタリアンというように、はじめにイタリアで流行した模様である。このようにマーブル模様には、ある時代やある国に流行した模様が少なくない。そのためにマーブル紙を革装本に使うときは、本の書かれた（出版された）時代と、使用するマーブル紙の模様が一致しているかどうかを知らなければならない。たとえば、陰影模様をフランス語の本の表紙や見返しに使うのならば、正しくは、その本は十九世

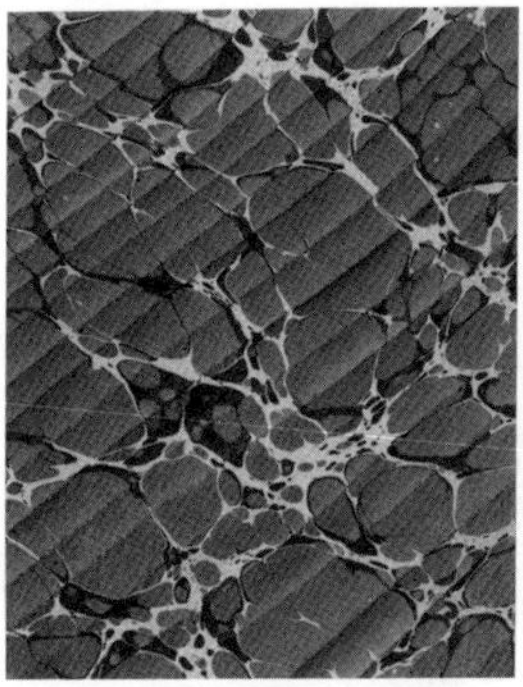
図9　陰影模様のマーブル紙

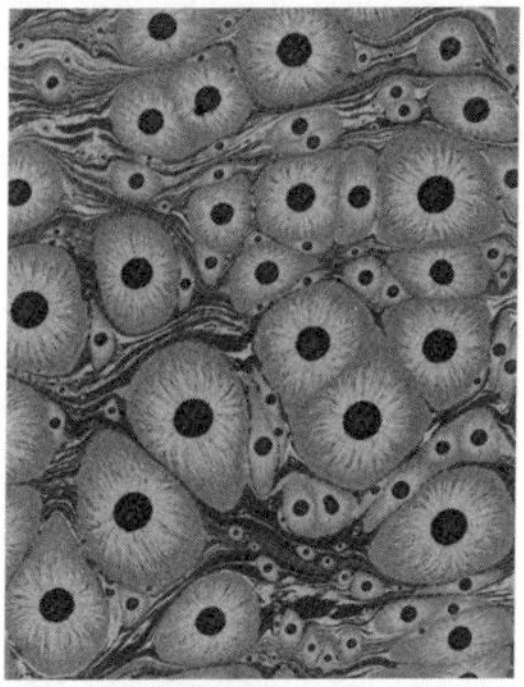
図10　虎目模様（黒点模様）のマーブル紙

紀前半のロマン主義時代に書かれたものでなければならない。このような知識は革装本を制作したり、修復する場合にはぜひ必要なこととなる。

ところで、いつの時代にもそしてどんなジャンルにも冒険家や奇想天外なことを考える人はいる。マーブル紙は表紙の内側に見返しとして使われているだけではさほど目立たない存在だったが、半革装本の表紙に使われだしてから、その存在が目立つようになった。しかし、十八世紀になると、総革装本の表紙をマーブリングした奇抜な作品が登場する。モロッコ革は表面にしぼがあり、絵の具の吸収や定着が悪いので、モロッコ革の本にはできないが、仔牛革は革の表面にしぼがなく、絵の具の定着がよいので、マーブリングを革の表面におこなうことが可能である。そこで紙に模様をつけるように、製本用の仔牛革のうえにマーブル模様などをつけることがおこなわれた。この時代の仔牛革は、一級のものは黄褐色で傷もなくとてもすべすべしていて、「黄金の仔牛革」と呼ばれていたが、二級のものは茶色で、傷や汚れなどの欠陥があるため、それらをカムフラージュする意味もあって、仔牛革への模様づけが試みられた（図12）。そして十九世紀には、このような仔牛革を使うことがエスカレートし、「木の根模様」という名の、ほとんどシュールレアリスム的な模様を持った仔牛革の総革装本が生みだされている（図13）。

図11　縞模様のマーブル紙

図12　表紙の革に絵の具を落として模様をつけた仔牛革装本（ナポレオン皇帝の蔵書）

図13　「木の根模様」の仔牛革装本

三　見返し考

書物を飾るもののひとつに見返しがある。見返しは英語ではエンド・ペーパーといい、表紙を開けたところにはられている装飾的な紙をさす。現在の造本では、この見返しは見開きの半分が表紙の裏にはられているが、残る半分は糊づけされていない。そこで英語では、正確にいえば、表紙の裏にはられている見返しをペースト・ダウン・エンド・ペーパー（はられた見返し）、はられていない見返しをフリー・エンド・ペーパと呼び、ひと続きの一枚の紙なのに区別している。そして見返しのつぎに続くのが遊び紙である。この箇所の紙はふつう、二ページないし四ページからなり、無地で、本文用紙と同じものか、似たような紙が使われている。

ケルムスコット・プレスのヴェラム装や背オランダ麻装の本では、本文の用紙と同じ紙が見返しとして使われている。つまり、折帖の最初のページと最後のページがそのまま表紙の裏にはられている。この見返しは見方をかえれば遊び紙ともなる紙である。中世の本を十分に研究したウィリアム・モリスやコブデン＝サンダースンは、花切れにおいて述べたように、見返しにおいても、おそらく単なる過去の模倣ではなく、もっとも合理的と思われる答えを得たにちがいない。それは本文と同じ紙が見返しや遊び紙にも使われ、それらが本文と同じように折帖の一部分としてかがられていることであった。

見返しや遊び紙がいつから本に登場したかを述べることは難しい。初期の本に、それらのものがなかったことは容易に想像できるだろう。羊皮紙に手で書かれたひとつの文書がある。それに表紙となる板や羊皮紙などのカバーがつく。これはごく初期の製本である。つぎに、かがり終えた折帖の最初と最後のページを表紙の裏側にはりつけたらどうだろう。表紙が中身としっかり連結することになる。製本が進歩する過程にあって、見返しは装飾というより、もっと実用的なものであった。折帖の背にわたされる綴じ紐のように、見返しは折帖と表紙を堅固につなげるために登場したと考えられる。ケルムスコット・プレスの製本も、基本的にはここに位置づけられる。

　遊び紙は本の構造が洗練された結果、登場したといえる。なぜなら、かつて本は、表紙もなく、当然、見返しも遊び紙もなく、ただ単に扉からはじまったからである。それが表紙を持ち、見返しを持ち、そして遊び紙を持ち、題名の印刷された扉に連なるような造本が完成した。見返しのつぎがすぐに扉では、あまりにも無粋で無防備である。本の中身を保護し、表紙から中身に続くための導入部となる紙、それが遊び紙である。この紙の存在は、門から家の玄関に行き着くまでの置き石のようなものである。

図14　装飾紙を売る女（18世紀中頃）

　今では製紙メーカーが、いわゆるファンシー・ペーパーと呼ばれる紙を数多く作っているため、大量に出版される本には、それらの紙を見返しとして使

図15　木型押しの装飾紙を作る職人

うことが多い。また印刷した紙を見返しに使うことも少なくない。しかし、中世や近世においては製紙術や印刷術が進歩していなかったために、見返しに装飾的な紙を使おうとすれば、マーブル紙などのように、一枚一枚、工芸的に作られた紙が利用されることが多かった（図14）。

かつての革装本に使われた見返しの種類は、大別すればつぎのようになる。

○無地の白またはほとんど白い紙、もしくは羊皮紙
○色紙
○印刷紙（木型押し紙［口絵20・図15］など）
○アノネ紙（口絵21）
○ロマンチック紙（口絵22）
○マーブル紙
○ペースト紙（口絵23）
○布や革

無地の白い紙や羊皮紙を見返しとして使うことは、当然、中世の本に多かった。ヴェラム装のケルムスコ

ット・プレスもこれに倣ったと思われる。また、十六世紀前半の革装本の代表的な作品にジャン・グロリエの本があるが、その見返しは、多くの場合、羊皮紙や白紙であった。

見返しが装飾的な役割を強めてくると白い紙ではあきたらず、色紙、マーブル紙、ペースト紙、木版などによる印刷紙が次第に使われるようになった。しかし、これらの紙と同じように、豪華なモロッコ革装本には布や革を見返しとして使うことも珍しくなかった。もともと見返しには表紙と本の中身をしっかりつなぐ目的があったことはすでに述べた通りである。表紙が重かったり、折帖が重かったり、表紙を開閉する回数が多いと、見返しはどうしてもノドのところで切れてしまう。古い革装本にはよく見返しのノドの箇所が傷んでいるものがある。その欠点を補い、なおかつ表紙の内側にも金箔押しの装飾をするために、表紙の内側のきわと折帖にまたがって「ノド革」をはることが考えられた（口絵25）。表紙の開閉するところにはられるために、この革をフランス語では蝶番を意味する「シャルニエール charnière」と呼んでいる。本格的に制作したモロッコ革の本では、多くの場合、このノド革がはられている。この結果、表紙の表革だけでなく内側の革にも、額縁状にさまざまな飾り模様をほどこすことが盛んになった。このような場合では、ふつう中央部にマーブル紙などの紙をはることになる。しかし、さらに豪華な見返しが考えられた。絹などの布や革を見返しとして使うことである。布を使うときは、まず薄い紙で布を裏打ちする。つぎに厚い紙にその布をはりつけたものを作り、それを表紙の内側に埋め込むようにはる。

ところで、モロッコ革装の本などを手にしてみると、遊び紙の多いのに驚くのではないだろうか。ヨーロッパで作られる工芸的な革装本では、表紙にはられる見返しとそれに続く遊び紙の処理が、今の機械製本で作った本のものとかなり異なる。たとえば、フランスの製本工房で、仮綴本をモロッコ革装に注文したら、表紙や見返しなどはどのようになっているだろう。まず、モロッコ革の表紙がある。表紙の内側にはマーブル紙などの見返しがはられている。そして見返しの残り半分（フリー・エンド・ペーパー）も、機械製本とは違って、遊び紙の最初のページにはりつけられている。ノド革をはった場合でも基本的には同じである。マーブル紙はノド革の箇所で分断されて、遊び紙の最初のページにはりつけられている。この遊び紙は、ふつう、八ページ分も用意されている。その最初のページに見返しがはられているのである。八ページ、つまり、ひと折帖分の遊び紙のつぎに、仮綴本についていた本表紙があって、それから本文へとつづく。これでは遊び紙が多すぎると思うかもしれないが、これには理由がある。革表紙や糊ではられたマーブル紙がなんらかの影響を本の中身に与える恐れがあるため、多すぎるほどの遊び紙が用意されている。フランス語ではこの紙を遊び紙とはいわず、保護白紙 garde blanche と呼んでいることから、その役割を理解できるであろう。ここには、仮綴本をモロッコ革などで製本しようとする場合、中身の本に可能な限り手を加えず、そっくりそのまま残そうという考えがある。このように遊び紙を十分つけて製本をしておけば、中身がほとんど無傷のままで革装されることになる。そして、このことはとても重要な点であるが、あとで必要があって革装された本を改装しなおす場合でも、その仕事が容易にできるのである。

あとがき

　私は本に携わる多くの人が、「物」としての本に、あまりにも無関心だと考えている。たとえば、司書の資格を持ち図書館で働く人たち。普通、彼らは本についてよく知っていると思われている。しかし、彼らに「モロッコ革」とはどんな革なのか、「マーブル紙」とはどんな紙なのか、と尋ねても、答えられる人がどれほどいるだろうか。ほとんどいないのではないだろうか。モロッコ革にしても、マーブル紙にしても、西洋の本の歴史にあってはとりわけ珍しいものではない。イギリスやフランスの図書館員で知らない人はまずいないだろう。しかし、わが国の多くの図書館員はそれらを知らない。わずかばかりの単位の取得で得られる司書の資格が、実のところ、どんなに心もとないものか。

　大まかにいえば、今、私たちが手にする多くの本の形態は、明治になって西洋からもたらされたものといえるだろう。さまざまな科学や学問などと同様に、明治期の日本人は西洋の造本を瞬く間に学んだが、そのとき、西洋の本をそのような形態にならしめた背景がすっぽり抜け落ちたまま、洋本がわが国に移入された。私はその和本から洋本への転換において、すっぽり抜け落ちたもの、つまり、西洋の書物を成立させる各部の起源や歴史について、図版を多用しながら具体的に書いてみたかった。それは本を「物」としてとらえることから始まるのだが、広範な西洋の本の歴史から、各時代を代表する本や本作りにおける重要な変化について書くことは思ったより難しく、十五年という長い歳月を要した。

本を「物」としてとらえる考えに基づき、私は雑誌やPR誌などに、つぎに示すような小論をときおり書いてきた。本書はそれらをベースとしているが、一冊の本を上梓するにあたっては、それらの小論に大幅な削除や訂正を施し、全体が年代順に展開するように加筆した。

●『貴田庄フランス工芸製本展』「フランス工芸製本とジャン・グロリエ」（一九八四年十二月、紀伊國屋画廊における個展カタログ）。
●『みづゑ』「ルリユール　フランス工芸製本」美術出版社、一九八五年春号、№９３４。
●『武蔵野美術大学研究紀要　№22』「ロマン主義時代のフランス装丁の特質について」一九九一年。
●『武蔵野美術　№85』「書物の考古学」武蔵野出版、一九九二年。
●『武蔵野美術大学研究紀要　№24』「十八世紀フランスのマーブル紙づくり」一九九三年。
●『Pinus No.37』「マーブル紙」雄松堂書店、一九九四年
●『Pinus No.38』「墨流し」雄松堂書店、一九九四年
●『Pinus No.39』「羊皮紙とケルムスコットプレス」雄松堂書店、一九九五年
●『Pinus No.40』「羊皮紙と向日庵私版本」雄松堂書店、一九九五年
●『Pinus No.41』「天金と小口装飾」雄松堂書店、一九九六年
●『Pinus No.43』「花ぎれ」雄松堂書店、一九九七年
●『本の都』「モロッコ革の本を求めて（1）～（9）」本の都社、一九九四―一九九六年。
●『本の都』「マーブル紙の話」本の都社、一九九七年一月号。

世間はＩＴ革命で賑やかである。その格好の対象である本も電子出版などで喧《かまびす》しい。しかし、紙に印刷された膨大な本の存在を思うとき、依然として「物」としての本が世界中の多くの人に知識を提供していることを認めざるをえないだろう。グーテンベルクの『四十二行聖書』、ウィリアム・モリスのケルムスコット・プレス、美しい金箔装飾のモロッコ革の本などを目にしたとき、新しい世紀にあっても、私たちは「物」としての本の圧倒的な存在に胸を打たれるに違いない。そのとき本書が、それらの誕生や発展などの背景を知る手掛かりとなれば、著者として本懐である。

この本の執筆中、いつもマルグリット・コラサン夫人が頭に浮かんでいた。私はパリで四年間の留学生活を過ごしたが、入学した書物中央校で、初めてお世話になった先生がアトリエの責任者でもあった彼女である。留学生活のスタートがうまくきれたのは彼女のお陰である。今年はクリスマスカードだけでなく、この本もカードと一緒に彼女のもとに贈ることができると思うと、喜びがつきない。彼女がベルギー生まれであることも幸いし、二年生を終わったとき、私はブリュッセルで、高名な製本家ウラジミール・チェケルール先生（一二七ページ、図6）の個人教授を受けることもできた。学校に行きながら、週に一度、およそ一年間パリからブリュッセルに通い、泊まりがけで、彼の独創的な個人教授を九〇レッスンほど受けたことが懐かしい。

専門書を出版することの困難な時代にあって、こんなにも図版を豊富に用いた本を出して下さった芳賀書店や編集者の宮林功治さんに、心から感謝したい。また、フランス語の訳詩集をおもに出版している森開社の小野夕馥さんには、全体の校閲をして頂いた。深甚な謝意を述べたい。

「物」としての本を求めて、およそ十五年つづいた私の航海は、新世紀を目前にして港に錨をおろそうとしている。おそらく再び船出することはないだろう。運よく、長旅で得た知識や経験を一冊の本という「物」にまとめることができたのだから。あとはただ、多くの人にこの本を読んで頂き、ご叱正を含め、さまざまなご意見を待つのみである。

二〇〇〇年　晩秋

貴田　庄

選書版へのあとがき

『西洋の書物工房』は二〇〇〇年十二月に、神田神保町の小さな出版社より出版された。B5判と大きく、カラー図版は二カ所にあり、モノクロ図版も数多く、初版の出版部数が八百部と少ないこともあって、発売価格が五千円と高価であった。しかし、初版はあっという間に売れ、短期間で重版となり、三百五十部増刷された。つまり、『西洋の書物工房』は千百五十部、この世に存在するだけであった。

二〇一〇年の夏だったと記憶するが、朝日新聞の日曜版で、SF作家の瀬名秀明さんが『西洋の書物工房』を採りあげてくださった。私は瀬名さんとはまったく面識がないので、その褒め言葉に驚き、恐縮もした。ちょうど同じ頃、私が書いた『原節子　あるがままに生きて』(朝日文庫)のブックデザインを担当された桂川潤さんが、『西洋の書物工房』の愛読者であることを知った。おそらくそのようなことから、朝日新聞出版の編集者である上坊真果さんが選書で出版することを思いついたようだ。こうして『西洋の書物工房』が朝日選書の一冊となって、再び書店に姿をあらわすことになった。

選書版『西洋の書物工房』を出すにあたっては、気付いた間違いなどを直した以外、旧版と中身の変更はほとんどない。判の大きさがB5判から四六判となったために、図版が小さくなった。また、カラーであった図版が数点、白黒になった。図版は、カバーの裏に使ったコインブラ大学図書館を削除したのみである。

二十五歳頃から四十歳頃までに身につけた知識を、一冊の本にまとめたのが『西洋の書物工房』なので、執筆当時の考えを変更するつもりは毛頭なかった。そんなわけで、可能なかぎり、元の『西洋の書物工房』を再現していただいた。

旧版と選書版のあいだに十三年の歳月が流れている。その間、本の世界におこったもっとも大きな出来事は、電子書籍が登場したことであろう。ここ数年の私の体験を書けば、自宅ではインターネットで、たとえば、アメリカの図書館が無料公開している電子書籍や電子新聞の恩恵に浴しているし、日本の国会図書館では、電子化された戦前の雑誌や書籍をしばしば読むことがある。このような体験は前世紀にはありえなかったことである。

すでにわが国でも二〇一〇年頃から、新刊の電子書籍が本格的に売られているが、従来の紙の本に比べたら、まだ売り上げは多くない。いつか紙の本と電子書籍の売り上げは逆転するのかもしれないが、日本でそれがいつになるのかわからない。はっきりわかることは、電子書籍が主流になれば、紙、印刷、製本にかかわる仕事が激減することだ。それは、音楽の世界において、ダウンロードした曲を聴く若者が、突如、ターンテーブルで回るレコードに興味を持つことと似ていて、「今日は図書館に行って、ひさしぶりに紙の本を読んでみようか」という時代が到来した時でもある。

電子書籍はまだスタートラインについたばかりである。私たちはまだ電子書籍の揺籃期にいるといえるようだ。なぜなら、現在、売られている多くの電子書籍は、紙の本になったものを一定の手順で電子化したものである。すでに紙の本があって、電子書籍が存在するというわけだ。電子書籍がこのようなものであるかぎり、まだ、電子書籍はその能力を十全に発揮していないと考えられる。紙の本では不可能な〈何か〉をもった作品が数多く、ネット上に姿をあらわした時、電子書籍の時代がやってきたといえるのではないか。

紙の書籍が電子書籍にとってかわるということは、紙に印刷され、製本され、読者の前にあらわれる本が、手に取ってさわることのできる〈物〉としての存在をやめることである。原稿が出版社にわたり、なんどか書き手と編集者の間でレイアウトされた文章がやりとりされ、校了した時、ほとんど電子書籍は完成したといえる。紙、印刷、製本という、本が〈物〉となるための行程が電子書籍には必要ないのだから。

本書はそのような電子書籍の登場など思いも寄らない時代の本の歴史を描いている。本が〈物〉となるために費やされた多くの国の、さまざまな人の思いを追い求めている。〈物〉である以上、人間の習いとして、美しさが求められることになる。本を飾るために限りない工夫がなされ、〈物〉としての本が工芸品といえるほどの美しさを極め、羊皮紙装やモロッコ革の本が数多く作られた時代を相手にしている。

たとえば、少し前になるが、ある全国紙に、本をさまざまな角度から採り上げた特集があり、その中で、「花切れ（花布）」について触れた回があった。しかし、そこで紹介されたのは、ハードカバーの本につけられる、機械で生産された、私には美しいと思えない凡庸な花切れであった。この記事は、書物通の人さえも、花切れの真の姿を知らないことを示す好例なのだが、花切れも、かつてはそれぞれの本に合わせ、手で編まれた時代があった。電子書籍には無用の長物かもしれないが、花切れもまた書物の歴史の一部である。

『西洋の書物工房』には、横のものを縦にした箇所が多いが、私がフランス留学で学んだり、旅先で目にしたりしたことも書いたつもりである。自惚れかもしれないが、二〇〇〇年頃までで、このような広い視点から、西洋の書物の歴史を扱った本は欧米でもほとんどなかったと思っている。日本人が西洋のものを扱うことの困難を感じながら、大胆に挑戦したのもそのような理由からだ。

紙の本であれ、電子版であれ、筆者としては、この本を多くの人に読んで欲しいと願っている。かつて、大学などで『西洋の書物工房』に書かれていることを教えたいと思ったが、私の知識に興味を持つ人もなく、そのようなチャンスはほとんどなかった。そんなこともあり、私は身につけたことを一冊の本にまとめた。

日本には多くの図書館、出版社、書店が存在する。私はそういうところで働く人たちに、ぜひこの本を読んで頂きたいと思っている。とりわけ、図書館関係者には、この本を読んで欲しい。わが国には明治期になって西洋の本がもたらされたが、本書はそれ以前の西洋の書物の歴史を書いている。仕事場で相手にする本が、想像以上に深い歴史を持ち、発展してきたことがわかるはずだ。日本の公立図書館は現在よりもっと立派になる必要があるし、大学の図書館が充実し、開かれた場所になるためにも、そこで働く人は、本にたいして多くの知識を持たなければならない。

最後に、選書版の出版を快諾された芳賀書店の芳賀紀子さんに、そして改めて、今は退職されているが、元芳賀書店編集部の宮林功治さんに感謝したい。出版の難しい時代にあって、私の書いた原稿に当時、興味を示して下さったのは宮林さんだけであった。また、今回、選書としては珍しい復刻版の出版にゴーサインを出して下さった朝日新聞出版選書編集部、及び、再編集を担当された上坊さんにもお礼を述べたい。

この本は電子版としても読者の前に登場するらしい。とすれば、〈物〉であることをやめた本が、確固たる〈物〉であった時代の本について語ることになる。電子版『西洋の書物工房』の読者は、そのような書物の歴史にどんな感想を持つだろう、ぜひ知りたいものである。

二〇一四年　一月

貴田　庄

注

第一章　書物の考古学

（1）大槻真一郎編、岸本良彦他訳『プリニウス博物誌　植物篇』八坂書房、一九九四年、74-77ページ。

（2）同右、78ページ。

（3）エリク・ド・グロリエ『書物の歴史』大塚幸男訳、白水社、一九九二年、26ページ。

第二章　西洋の紙「羊皮紙」

（1）前掲書『プリニウス博物誌　植物篇』74、75ページ。

（2）ヘロドトス『歴史』松平千秋訳、筑摩書房、一九六七年、244ページ。

（3）二、三世紀に作られたパピルスの冊子本が少なからず存在している（たとえば、F・G・ケニオン『古代の書物』高津春繁訳、岩波書店、一九五三年、112ページ以降参照）。

（4）前掲書『プリニウス博物誌　植物篇』74ページ。

（5）ホメーロス『イーリアス』呉茂一訳、『世界文学大系1　ホメーロス』所収、筑摩書房、一九六一年、240ページ。

（6）朝日新聞社文化企画局東京企画部編『大英博物館「アッシリア大文明展―芸術と帝国」図録』朝日新聞社文化企画局東京企画部、一九九六年、190ページ。

（7）*Métiers d'Art : La Reliure*, La Société d'Encouragement aux Métiers d'Art, Paris, 1981, p.70-74.

（8）シュテファン・ツワイク『マリー・アントワネット』上、高橋禎二・秋山英夫訳、岩波書店、一九八〇年、39ページ。

（9）アルブレヒト・デューラー『ネーデルラント旅日記　1520―1521』前川誠郎訳・注、朝日新聞社、一九九六年、68、77ページ。

(10) Wolf-Lefranc : Ch.Vermuyse, *La Reliure*. Édition J.-B.Baillière, 1978, p.67.

(11) Ronald Reed : *The Nature and Making of Parchment*. The Elmete Press, 1975, p.75-79.

第三章　本の誕生と製本術

(1) Berthe Van Regemorter : *Some Early Bindings from Egypt in the Chester Beatty Library*. Dublin, Hodges Figgis & Co. Ltd., 1958, p.9.

(2) *Ibid.*, p.18.

(3) 前掲書『ネーデルラント旅日記　１５２０―１５２１』99ページ。

第四章　ケルムスコット・プレス

(1) 壽岳文章『書物とともに』布川角左衛門編、冨山房、一九八〇年、１１３、１１４ページ。

(2) 同右、１１８ページ。

(3) ウィリアム・モリス『理想の書物』ウィリアム・S・ピーターソン編、川端康雄訳、晶文社、一九九二年、１７７ページ。

(4) 同右、36ページ。

(5) ウィリアム・S・ピーターソン『ケルムスコット・プレス　ウィリアム・モリスの印刷工房』湊典子訳、平凡社、一九九四年、１６５ページ。

(6) Douglas Cockerell : *Bookbinding, and the Care of Books*. N.Y. 1978, pp.108,109

(7) *Ibid.*, p.109.

(8) アランデル・エズデイル『西洋の書物　エズデイルの書誌学概説』高野彰訳、雄松堂書店、一九七二年、191ページ。

(9) 関川左木夫、コーリン・フランクリン『ケルムスコット・プレス図録』雄松堂書店、一九八二年、24ページ。

第五章　モロッコ革を求めて

(1) フランソワ・ラブレー『第四之書　パンタグリュエル物語』渡辺一夫訳、岩波書店、一九八四年、78ページ。

(2) 日本皮革技術協会編『革および革製品用語辞典』光生館、一九八七年、170ページ。

(3) 前掲書『西洋の書物　エズデイルの書誌学概説』191ページ。

(4) 同右、192、193ページ。

(5) オノレ・ド・バルザック『あら皮』(バルザック全集第三巻) 山内義雄・鈴木健郎訳、東京創元社、一九七三年、27ページ。

(6) 前掲書『西洋の書物　エズデイルの書誌学概説』191、192ページ。

(7) Douglas Cockerell : *Ibid.*, pp.278,279.

(8) Bernard C. Middleton : *A History of English Craft Bookbinding Technique*. The Holland Press, London, 1963, p. 122.

(9) 前掲書『西洋の書物　エズデイルの書誌学概説』193ページ。

(10) Eric Burdett : *The Craft of Bookbinding*. David & Charles, Newton Abbot, London, 1975, p.365.

(11) Edith Diehl : *Bookbinding, Its Background and Technique*. Dover Publications, N.Y., 1980, p.311.

第六章　フランスの革装本

（1）V.P.Victor-Michel : *Essai sur le Livre de Qualité*. Paris, 1948, p.103.

（2）河盛好蔵『パリの憂愁――ボードレールとその時代』河出書房新社、一九七八年、１４９、１５０ページ。

（3）Roger Devauchelle : *La Reliure en France des ses origines à nos jours*. Paris, 1959-1961, p.135.

（4）Thoinan(Ernest Roquet) : *Les Relieurs français (1500-1800)*. Slatkine Reprints, Genève,1970, pp.290-297.

（5）Roger Devauchelle : *Ibid*., p.128.

（6）M.Fichtenberg : *Nouveau Manuel Complet du Fabricant de Papiers de Fantasie*. Paris, 1852, pp.71-89.

第七章　天金と小口装飾

（1）Edith Diehl : *Ibid*., pp.95-103.

（2）英語では Armenian bole、フランス語では Bole d' Arménie という。

（3）Bernard C. Middleton : *Ibid*., p.93.

（4）上田徳三郎口述、武井武雄図解『製本之輯』アオイ書房、一九四一年、37ページ。

（5）同右、37、38ページ。

（6）同右、37ページ。

第八章　花切れ

（1）八木佐吉『The Bookman's Glossary　書物語辞典』丸善株式会社、一九七六年、81ページ。

（2）『東京製本組合五十年史』東京製本紙工業協同組合、一九五五年、５８４、５８５ページ。

（3） Geoffrey Ashall Glaister : *Encyclopedia of the Book.* 2nd ed., Oak Knoll Press & The British Library, New Castle, 1996, p.469.
（4） *Ibid.*, p.223.
（5） Bernard C. Middleton : *Ibid.*, p.108.

第九章　マーブル紙と見返し

（1） 和紙を使った十九世紀末の外国人画家では、Ｊ・Ｍ・ホイッスラー（一八三四―一九〇三）が有名である。彼が用いた和紙は越前和紙らしい。
（2） Kiyofusa Narita : *The Paper and Maker:Suminagashi; vol.* 24, 1955, p.27-31.
（3） Tsuen-Hsuin Tsien : *Paper and Printing*. Collection Joseph Needham, Science and Civilisation in China Vol.5-1, Cambridge University Press, Cambridge, 1985.
（4） Marie-Ange Doizy, Stéphane Ipert : *Le Papier Marbré*. Éditions Technorama, 1985, p.14.
（5） 関義城『和漢紙文献類聚――古代・中世編』思文閣、一九七六年、２１９ページ。

日ソ国交回復秘録
北方領土交渉の真実

松本俊一 著／佐藤優 解説

交渉の最前線にいた全権が明かす知られざる舞台裏

21世紀の中国 軍事外交篇
軍事大国化する中国の現状と戦略

茅原郁生／美根慶樹

中国はなぜ軍備を拡張するのか？ 何を目指すのか？

足軽の誕生
室町時代の光と影

早島大祐

下剋上の時代が生み出したアウトローたち

21世紀の中国 政治・社会篇
共産党独裁を揺るがす格差と矛盾の構造

毛里和子／加藤千洋／美根慶樹

党内対立・腐敗、ネット世論や市民デモなど諸問題を解説

asahi sensho

近代技術の日本的展開
蘭癖大名から豊田喜一郎まで

中岡哲郎

なぜ敗戦の焼け跡から急速に高度成長を開始したのか？

21世紀の中国 経済篇
国家資本主義の光と影

加藤弘之／渡邉真理子／大橋英夫

「中国モデル」は資本主義の新たなモデルとなるのか？

電力の社会史
何が東京電力を生んだのか

竹内敬二

電力業界と官僚の関係、欧米の事例から今後を考える

人口減少社会という希望
コミュニティ経済の生成と地球倫理

広井良典

人口減少問題は悲観すべき事態ではなく希望ある転換点

（以下続刊）

鉄砲を手放さなかった百姓たち
刀狩りから幕末まで
武井弘一
江戸時代の百姓は、武士よりも鉄砲を多く持っていた！

脳の情報を読み解く
BMIが開く未来
川人光男
ここまで進んだBMI＝脳と外部機械を直結する技術

本を千年つたえる
冷泉家蔵書の文化史
藤本孝一
世界的にも稀な古写本群の、数奇な伝来の途をたどる

策謀家チェイニー
副大統領が創った「ブッシュのアメリカ」
バートン・ゲルマン著／加藤祐子訳
法慣例や人物を排除し、国内盗聴、拷問容認は始まった

asahi sensho

紀元二千六百年
消費と観光のナショナリズム
ケネス・ルオフ著／木村剛久訳
神武天皇即位二千六百年の祝祭に沸いた戦時日本

モーツァルトの食卓
関田淳子
修道院の精進スープからハプスブルク家の宮廷料理まで

こうすれば日本も学力世界一
フィンランドから本物の教育を考える
福田誠治
教科書、授業内容を検証。日本がめざすべき「未来の学力」

アメリカを変えた日本人
国吉康雄、イサム・ノグチ、オノ・ヨーコ
久我なつみ
日系人排斥に遭いながらも、激動の時代を生き抜いた

貴田 庄（きだ・しょう）
1947年、青森県弘前市生まれ。著述家（専門は書物史、映画、美術、文学）。
早稲田大学大学院修士課程修了、芸術学専攻。1977－1981年パリ留学。装飾美術書物中央校装丁科修了。著書に『母と子のマーブリング』（美術出版社）、『マーブル染』（芳賀書店）、『レンブラントと和紙』（八坂書房）、『小津安二郎のまなざし』（晶文社）、『小津安二郎と映画術』（平凡社）、『小津安二郎　東京グルメ案内』（朝日文庫）、『小津安二郎の食卓』（ちくま文庫）、『小津安二郎文壇交遊録』（中公新書）、『原節子　あるがままに生きて』（朝日文庫）、『高峰秀子　人として女優として』（朝日新聞出版）、『原節子　わたしを語る』（朝日文庫）など多数。

朝日選書 914

西洋の書物工房

ロゼッタ・ストーンからモロッコ革の本まで

2014年 2 月25日　第 1 刷発行

著者　貴田　庄

発行者　市川裕一

発行所　朝日新聞出版
〒104-8011　東京都中央区築地5-3-2
電話　03-5541-8832（編集）
03-5540-7793（販売）

印刷所　大日本印刷株式会社

Published in Japan by Asahi Shimbun Publications Inc.
ISBN978-4-02-263014-8
定価はカバーに表示してあります。

人名索引（五十音順）

【ア行】

【カ行】

【サ行】

【タ行】

【ナ行】

【ハ行】

【マ行】

【ヤ行】

【ラ行】

【ワ行】

書名索引（五十音順）

【ア行】

【カ行】

【サ行】

【タ行】

図版出典

口絵

口絵１　大英博物館
口絵２　ナポリ国立博物館
口絵３　オーストリア国立図書館
口絵４　ローマ・ゲルマン博物館(ケルン)
口絵５　筆者所有
口絵６　筆者撮影
口絵７　グーテンベルク博物館(マインツ)
口絵８　パリ国立図書館
口絵９　*La Reliure en France, de ses Origines à nos Jours*
口絵10　パリ国立図書館
口絵11　パリ国立図書館
口絵12　パリ国立図書館
口絵13　パリ国立図書館
口絵14　パリ国立図書館
口絵15　パリ国立図書館
口絵16　筆者制作
口絵17　筆者制作
口絵18　筆者所有
口絵19　筆者所有
口絵20　Aqilina(Flavio)制作
口絵21　Duval(Michel)制作
口絵22　Duval(Michel)制作
口絵23　Delpierre(Claude)制作
口絵24　高橋宏江制作
口絵25　筆者制作

第一章　書物の考古学

章扉　*Gutenberg–Museum der Stadt Mainz*
図１　『アッシリア大文明展　芸術と帝国』
図２　『世界美術大全集　第２巻　エジプト美術』
図３　『世界美術大全集　第２巻　エジプト美術』
図４　オーストリア国立図書館
図５　『世界美術大全集　第２巻　エジプト美術』
図６　オーストリア国立図書館
図７　*Papermaking through Eighteen Centuries*
図８　*Papiers et Moulins*
図９　*Papiers et Moulins*
図10　*Le Livre et les Arts Qui S'y Rattachent*
図11　グーテンベルク博物館(マインツ)
図12　ヴィクトリア・アンド・アルバート美術館
図13　『ケルムスコット・プレス図録』

第二章　西洋の紙「羊皮紙」

章扉　『西洋職人づくし』
図１　筆者制作
図２　ナポリ国立博物館
図３　筆者制作
図４　『アッシリア大文明展　芸術と帝国』
図５　*Arts et Métiers du Livre.* No.217
図６　Diderot(Denis) & d'Alembert : *L'Encyclopédie*
図７　*Rembrandt's Etchings, an Illustrated Critical Catalogue*
図８　*Le Livre et les Arts Qui S'y Rattachent*
図９　*Vocabulaire Technologique Wallon–Français ; La Reliure*

第三章　本の誕生と製本術

章扉　*Le Livre et les Arts Qui S'y Rattachent*
図１　『図説本の歴史』
図２　*Some Early Bindings from Egypt in the Chester Beatty Library*

図3　*Some Early Bindings from Egypt in the Chester Beatty Library*
図4　*Le Codex Relié depuis son Origine jusqu'au Haut Moyen-Age*
図5　*La Reliure en France de ses Origines à nos Jours*
図6　*La Reliure en France de ses Origines à nos Jours*
図7　*Bookbinding, and the Care of Books*
図8　*La Reliure en France de ses Origines à nos Jours*
図9　*La Reliure en France de ses Origines à nos Jours*
図10　筆者制作
図11　*La Reliure Médiévale: d'après les Fonds des Bibliotèque d'Aix-en-Provencce, Avignon, Carpentras et Marseille*
図12　*Bookbinding, and the Care of Books*
図13　アムステルダム国立美術館
図14　リスボン古代国立美術館
図15　*Bookbinding, and the Care of Books*
図16　クリーヴランド美術館
図17　ダーレム博物館（ベルリン）

第四章　ケルムスコット・プレス

章扉　『ケルムスコット・プレス図録』
図1　『ケルムスコット・プレス図録』
図2　『ケルムスコット・プレス図録』
図3　武蔵野美術大学美術資料室
図4　武蔵野美術大学美術資料室
図5　『ケルムスコット・プレス図録』
図6　『ケルムスコット・プレス図録』
図7　『ケルムスコット・プレス図録』
図8　『ケルムスコット・プレス図録』
図9　『決定版ウィリアム・モリス』
図10　シドニー・コッカレル工房制作
図11　筆者撮影
図12　*Bookbinding, and the Care of Books*
図13　*Bookbinding, and the Care of Books*
図14　『太陽　特集「本の宇宙誌」』
図15　筆者撮影
図16　筆者撮影

第五章　モロッコ革を求めて

章扉　『西洋職人づくし』
図1　筆者制作
図2　Diderot（Denis）& d'Alembert : *L'Encycolpédie*
図3　Diderot（Denis）& d'Alembert : *L'Encycolpédie*
図4　筆者撮影
図5　レルマ(Relma)店のカタログ
図6　筆者制作
図7　ヴィクトリア・アンド・アルバート美術館
図8　*La Reliure en France de ses Origines à nos Jours*
図9　*Book Binding ; Historical & Decorative*
図10　Diderot（Denis）& d'Alembert : *L'Encycolpédie*
図11　*La Reliure en France de ses Origines à nos Jours*
図12　『ケルムスコット・プレス図録』

第六章　フランスの革装本

章扉　『西洋職人づくし』
図1　筆者撮影
図2　*Le Livre et les Arts Qui S'y Rattachent*
図3　筆者撮影
図4　筆者撮影
図5　筆者撮影
図6　筆者撮影
図7　*Fers à Dorer pour la Dorure à la Main*

図8　*La Reliure en France de ses Origines à nos Jours*
図9　*Livres dans de Riches Reliures XVIe, XVIIe, XVIIIe, et XIXe Siècle*
図10　*La Reliure en France de ses Origines à nos Jours*
図11　*Livres dans de Riches Reliures XVIe, XVIIe, XVIIIe, et XIXe Siècles*
図12　*Livres dans de Riches Reliures XVIe, XVIIe, XVIIIe, et XIXe Siècles*
図13　*Livres dans de Riches Reliures XVIe, XVIIe, XVIIIe, et XIXe Siècles*
図14　*La Reliure en France de ses Origines à nos Jours*
図15　*La Reliure en France de ses Origines à nos Jours*
図16　*L'Art du Reliuer – Doruer de Livres*
図17　*L'Art du Reliuer – Doruer de Livres*
図18　*La Reliure en France de ses Origines à nos Jours*
図19　*Dix Siècles de Reliure*
図20　筆者制作
図21　*Dix Siècles de Reliure*
図22　*Wolf–Lefranc : La Reliure*
図23　*The Restauration of Leather Bindings*
図24　筆者制作
図25　*Styles et Modèles ; Guide des Styles de Dorure et de Décoration des Reliures* など
図26　*Dix Siècles de Reliure*
図27　*Fers à Dorer pour la Dorure à la Main* など
図28　*Fers à Dorer pour la Dorure à la Main* など
図29　*Fers à Dorer pour la Dorure à la Main* など
図30　*Fers à Dorer pour la Dorure à la Main* など
図31　*Book Binding ; Historical & Decorative*
図32　*Fers à Dorer pour la Dorure à la Main* など
図33　*La Reliure en France de ses Origines à nos Jours*
図34　*La Reliure Romantique*
図35　*Styles et Modèles ; Guide des Styles de Dorure et de Décoration des Reliures.* 文字は筆者制作
図36　*La Reliure en France de ses Origines à nos Jours*
図37　*Revue Française d'Histoire de Livre,* №37
図38　*La Reliure Recherches Historiques, Techniques et Biographiques sur la Reliure Française*
図39　*La Reliure en France de ses Origines à nos Jours*
図40　*La Reliure en France de ses Origines à nos Jours*
図41　*Dix Siècles de Reliure*
図42　*Dix Siècles de Reliure*
図43　*La Reliure en France de ses Origines à nos Jours*
図44　*Styles et Modèles ; Guide des Styles de Dorure et de Décoration des Reliures.*
図45　筆者撮影
図46　*La Reliure en France de ses Origines à nos Jours*
図47　筆者撮影

第七章　天金と小口装飾
章扉　『西洋職人づくし』
図1　『世界美術大全集　第11巻　イタリア・ルネサンスⅠ』
図2　Diderot（Denis）& d'Alembert : *L'Encyclopédie*
図3　*Bookbinding, its Backgroud and Technique*

図４　*Dorure Mosaïque sur Cuir*
図５　*Dorure Mosaïque sur Cuir*
図６　*Dorure Mosaïque sur Cuir*
図７　*Dorure Mosaïque sur Cuir*
図８　*Metier d'Art ; La Reliure*
図９　*Dix Siècles de Reliure*
図10　*La Reliure en France de ses Origines à nos Jours*

第八章　花切れ

章扉　*L'Art du Reliure – Doruer de Livres*
図１　*Twelve Centuries of Bookbinding ; 400 – 1600*
図２　*Le Livre et les Arts Qui S'y Rattachent*
図３　*Book Binding ; Historical & Decorative*
図４　*Headbands ; How to Make Them*
図５　*Les Tranchefiles Brodées ; Etude Historique et Technique*
図６　*The Restauration of Leather Bindings*
図７　Wolf–Lefranc : *La Reliure*
図８　*La Reliure en France de ses Origines à nos Jours.*（筆者による若干の加筆あり）
図９　*Headbands ; How to Make Them*
図10　*Headbands ; How to Make Them*
図11　『大系世界の美術　第15巻　北方ルネサンス』

第九章　マーブル紙と見返し

章扉　*Le Papier Marbré ; son Histoire et sa Fabrication*
図１　『オスマン朝の栄光　トルコ・トプカプ宮殿秘宝展』
図２　荒木郁代制作
図３　筆者制作
図４　東京国立博物館
図５　筆者撮影
図６　Diderot（Denis）＆d'Alembert : *L'Encyclopédie*
図７　半革装本は佐藤和江制作、図は筆者制作
図８　半革装本と図は筆者制作
図９　Duval（Michel）制作
図10　*De la Dominoterie à la Marubrure*
図11　Doizy（Marie–Ange）制作
図12　*Book Binding ; Historical & Decorative*
図13　*La Reliure en France de ses Origines à nos Jours*
図14　*De la Dominoterie à la Marubrure*
図15　『西洋職人づくし』

参考文献

外国語文献

単行本

Alivon（Pascal）: *Styles et Modèles ; Guide des Styles de Dorure et de Décoration des Reliures*. Paris, 1990.

Baras（Elisabeth）, Irigoin（Jean）, Vezin（Jean）: *La Reliure Médiévale*. Paris, 1981.

Bibliothèque Nationale : *Les Tranchefiles Brodées ; Etude Historique et Technique*. Paris, 1989.

Burdett（Eric）: *The Craft of Bookbinding*. London, 1975.

Calot（Frantz）, Michon（Louis–Marie）et Angoulvent（Paul）: *L'Art du Livre en France ; des Origines à nos Jours*. Paris, 1931.

Canfora（Liciano）: *La Véritable Histoire de la Bibliothèque d' Alexandrie*. Traduit de l'italien par Manganaro（J. –P.）et Dubroca（Daniello）. Paris, 1988.

Carvin（Denis）: *La Reliure Médiévale ; d'après les Fonds des Bibliothèque d' Aix–en–Provence, Avignon, Carpentras et Marseilles*. Arles, 1988.

Cockerell（Douglas）: *Bookbinding, and the Care of Books*. London, New York, 1978. reprinted edition.

Culot（Paul）: *Jean–Claude Bozérian ; Un Moment de l'Ornement dans la Reliure en France*. Bruxelles, 1979.

Decorated Paper Designs ; 1800 – from the Koopsmarus Collection. The Pepin Press, Amsterdam, 1997.

Desroussilles（François Dupuigrenet）: *Trésors de la Bibliothèque Nationale*. Éditions Fernand Nathan, 1986.

Devauchelle（Roger）: *La Reliure en France de ses Origines à nos Jours*. 3 vols. , Paris, 1959–1961.

Devauchelle（Roger）: *La Reliure ; Recherches Historiques, Techniques et Biographiques sur la Reliure Française*. Paris, 1995.

Devaux（Yves）: *Dix Siècles de Reliure*. Paris, 1977.

Devaux（Yves）: *Dorure et Décoration des Reliures*. Paris, 1980.

Devaux（Yves）: *Histoire du Livre, de la Reliure et Métier de Relieur au Fil des Siècles*. Paris, 1983.

Diderot（Denis）& D' Alembert : *L'Encyclopédie*. 38 vols., Paris, 1751–1780.

Diehl（Edith）: *Bookbinding, its Background and Technique*. New York, 1980.

Doizy（Marie–Ange）: *De la Dominoterie à la Marbrure ; Histoire des Techniques Traditionnelles de la Décoration du Papier*. Paris, 1996.

Doizy（Marie–Ange）, Fulacher（Pascal）: *Papiers et Moulins ; des Origines à nos Jours*. Paris, 1989.

Doizy（Marie–Ange）, Ipert （Stéphane）: *Le Papier Marbré ; son Histoire et sa Fabri-*

cation. Paris, 1985.

Dudin (M.) : *L'Art du Relieur Doreur de Livres*. Paris, 1772.

Duncan (Alastair) & Bartha (Georges de) : *La Reliure en France ; Art Nouveau–Art Déco 1880–1940*. Paris, 1989.

Easton (Phoebe Jane) : *Marbling ; a History and a Bibliography*. Los Angeles, 1983.

Fache (Jules) : *La Dorure et la Décoration des Reliures*. Paris, 1954.

Fichtenberg (M.) : *Nouveau Manuel Complet du Fabricant de Papiers de Fantaisie*. Paris, 1852.

Flety (Julien) : *Dictionnaire des Reliures Français Ayant Exercé de 1800 à nos Jours*. Paris, 1988.

Glaister (Geoffrey Ashall) : *Encyclopedia of the Book*. New Castle, 1996. 2nd edition.

Glenisson (Jean) : *Le Livre au Moyen Age*. Presses du CNRS, 1988.

Greenfield (Jane) & Hille (Jenny) : *Headbands ; How to Make Them*. Connecticut, 1986.

Grünebaum (Gabriele) : *Buntpapier*. Köln, 1982.

Histoire de l'Édition Française. tome Ⅰ, Ⅱ, Ⅲ, Promodis, Paris, 1982, 1984, 1985.

Hunter (Dard) : *Papermaking ; The History and Technique of an Ancient Craft*. New York, 1974. reprinted edition.

Hunter (Dard) : *Papermaking through Eighteen Centuries*. New York, 1971. reprinted edition.

Ipert (Stéphane), Rome–Hyacinthe (Michèle) : *Restauration des Livres*. Fribourg (Suisse), 1987.

Ipert (Stéphane), Rousseau (Florent) : *Le Papier Décoré*. Paris, 1988.

Knoll (Maël et Jean) : *La Reliure Manuelle*. Paris, 1983.

Labarre (Albert) : *Histoire du Livre*. Paris, 1970.

Lemoine (Simone) : *Le Manuel Pratique du Relieur*. Paris, 1980. 4e édition.

Levarie (Norma) : *The Art & History of Books*. New York, 1968.

Loring (Rosamond B.) : *Decorated Book Papers*. Cambridge, 1973. 3rd edition.

Louisy (M. P.) : *Le Livre et les Arts Qui S'y Rattachent*. Paris, 1887.

Malavieille (Sophie) : *Reliures et Cartonnages d'Éditeur en France au XIXe Siècle (1815–1865)*. Paris, 1985.

McLean (Ruari) : *Victorian Book Design and Color Printing*. London, 1972.

Mick (Ernst Wolfgang) : *Altes Buntpapier*. Dortmund, 1979.

Middleton (Bernard C.) : *A History of English Craft Bookbinding Technique*. London, 1963.

Middleton (Bernard C.) : *The Restoration of Leather Bindings*. Chicago, 1972.

Morris (William) : *The Ideal Book ; Essays and Lectures on the Arts of the Book*. Edited and Introduced by William S. Peterson. California, 1982.

Narita (Kiyofusa) : *A Life of Ts'ai Lung and Japanese Paper–Making*. Tokyo, 1980. revised and enlarged edition.

Needham (Paul) : *Twelve Centuries of Bookbindings ; 400–1600*. New York, London,

1979.
Nicholson (James B.) : *A Manual of the Art of Bookbinding*. London, New York, 1980. reprinted edition.
Nixon (Howard M.) : *Five Centuries of English Bookbinding*. London, 1978.
Pagnier (Charles) : *Dorure Mosaïque sur Cuir*. Paris, 1964.
Persuy (Annie) & Evrard (Sün) : *La Reliure*. Paris, 1983.
The Pierpont Morgan Library : *Art of the Printed Book 1455–1955*. New York, 1973.
The Pierpont Morgan Library : *William Morris and the Art of the Book*. New York, 1976
Rahir (Édouard) : *Livres dans de Riches Reliures des XVIe, XVIIe, XVIIIe, XIXe Siècles*. Paris, 1910.
Ramsden (Charles) : *French bookbinders 1789–1848*. London, 1950.
Reed (Ronald) : *The Nature and Making of Parchment*. The Elmete Press, 1975.
Reynaud (Marie–Hélène) : *Une Histoire de Papier ; Les Papeteries Canson et Montgolfier*. Canson, 1989.
Tchékéroul (Vladimir) : *La Reliure ; Une Approche Spirituelle* Paris, 1997.
Thoinan (Ernest Roquet) : *Les Relieurs Français (1500–1800)*. Genève, 1970. Reimpression de *l'Édition* de Paris, 1983.
Tsien (Tsuen–Hsuin) : *Paper and Printing*. Collection Joseph Needham, Science & Civilisation in China Vol. 5–1. Cambridge, 1985.
Uzanne (Octave) : *Bouquinistes et Bouquineurs ; Physiologie des Quais de Paris du Pont Royal au Pont Sully*. Paris, 1893.
Verbizier (Eugene de) : *Traité de Dorure sur Cuir*. Paris, 1990.
Victor–Michel (V. P.) : *Essai sur le Livre de Qualité*. Paris, 1948.
White (Christopher) : *Rembrandt as an Etcher*. London, 1969.
White (Christopher), Boon (Karel G.) : *Rembrandt's Etchings, an Illustrated Critical Catalogue*. Amsterdam, London, New York, 1969.
Wolf–Lefranc (Madeleine.), Vermuyse (Charles) : *La Reliure*. Paris, 1967.
Wolfe (Richard J.) : *Marbled Paper ; Its History, Techniques, and Patterns : with Special Reference to the Relationship of Marbling to Bookbinding in Europe and the Western World*. Philadelphia, 1990.

カタログ、定期刊行物など

Art et Métiers du Livre. No. 217. Paris, 1999–2000.
Collection Eugène Renevey. Paris, 1924.
Colnot (Agnes) : *Papiers Marbrés de Reliure XVIe–XIXe Siècles*. Bibliothèque Municipale de Rennes, 1990.
Dierick (Alfons Lieven) : *Van Eyck L'Agneau Mystique*. Gent, 1972.
Fers à Dorer pour la Dorure à la Main. Catalogue de la Maison Alivon.
Gravure en Fers à Dorer à la Main & au Balancier. Catalogue de la Maison Morand & Cie, Paris.
Guilleminot–Crétien (Geneviève) : *Papiers Marbrés Français, Reliures Pricières et*

Créations Contemporaines. Pay–Bas, 1987.
Gutenberg–Museum der Stadt Mainz. Mainz, 1980.
Librairie D. Morgand : *Livres dans de Riches Reliures XVIe, XVIIe, XVIIIe, et XIXe Siècles*. Paris, 1910.
Maggs Bros. : *Book Binding ; Historical & Decorative*. London, 1927.
Métiers d'Art ; La Reliure. La Société d' Encouragement aux Métiers d' Art. numéro 14. Paris, 1981.
Narita（Kiyofusa）: *The Paper Maker ; Suminagashi*. Vol. 24, 1955.
Die Papyrussammlung der Österreicnischen Nationalbiblothek. Wien, 1972.
Regemorter（Berthe Van）: *Le Codex Relié depuis son Origine jusqu'au Haut Moyen-Age*. Extrait de la Revue Moyan–Age. Anvers, 1955.
Regemorter（Berthe Van）: *Some Early Bindings from Egypt in the Chester Beatty Library*. Dublin, 1958.
Rigali（Antoine）: *Vocabulaire Technologique Wallon–Français ; La Reiure*. Liège, 1903.
La Société des Bibliophiles de Guyenne : *Revue Française d'Histoire de Livre*. No. 36 et 37. Bordeaux, 1982.
Société des Bibliophiles et Iconophiles de Belgique : *La Reliure Romantique*. Exposition à la Biblotheque Albert I , Bruxelles, 1961.

日本語文献

単行本

石上玄一郎『エジプトの死者の書』人文書院、1980年。

井上幸治編『フランス史（新版）』27版、山川出版社、1989年。

上田徳三郎口述、武井武雄図解『製本之輯』アオイ書房、1941年。

河盛好蔵『パリの憂愁――ボードレールとその時代』河出書房新社、1978年。

『革および革製品用語辞典』光生館、1987年。

貴田庄『母と子のマーブリング』美術出版社、1992年。

『原色版国宝５　平安』毎日新聞社、1968年。

小林栄一郎『本の革の話』小林栄商事株式会社、1969年。

鈴木敏夫『プレ・グーテンベルク時代――製紙・印刷・出版の黎明期』朝日新聞社、1976年。

関義城『和漢紙文献類聚――古代・中世編』思文閣、1976年。

関川左木夫『本の美しさを求めて』昭和出版、1979年。

関川左木夫、コーリン・フランクリン『ケルムスコット・プレス図録』雄松堂書店、1982年。

下出積與『加賀金沢の金箔』北国出版社、1972年。

壽岳文章『壽岳文章書物論集成』沖積舎、1989年。

寿岳文章『書物とともに』布川角左衛門編、冨山房、1980年。

寿岳文章『図説　本の歴史』日本エディタースクール出版部、1982年。

庄司浅水『増補版　本の文化史』雪華社、1969年。

『世界の巨匠シリーズ　スルバラン』(神吉敬三訳)美術出版社、1976年。

『世界の巨匠シリーズ　デューラー』(千足伸行訳)美術出版社、1969年。

『世界の巨匠シリーズ　レンブラント』(八代修次訳)美術出版社、1967年。

『世界美術大全集　西洋篇　第２巻　エジプト美術』小学館、1994年。

『世界美術大全集　西洋篇　第11巻　イタリア・ルネサンス1』小学館、1992年。

田口安男『新技法シリーズ　黄金背景テンペラ画の技法』美術出版社、1978年。

武本力『日本の皮革』東洋経済新報社、1969年。

戸叶勝也『グーテンベルク　人と思想150』清水書院、1997年。

戸叶勝也『ドイツ出版の社会史――グーテンベルクから現代まで』三修社、1992年。

富田修二『グーテンベルク聖書の行方』図書出版社、1992年。

日本フランス語フランス文学会編『フランス文学辞典』白水社、1974年。

『大系世界の美術　第３巻　エジプト美術』学習研究社、1972年。

『大系世界の美術　第15巻　北方ルネサンス』学習研究社、1973年。

福井芳男他編『フランス文学講座２　小説Ⅱ』大修館書店、1978年。

八木佐吉『The Bookman's Glossary 書物語辞典』丸善株式会社、1976年。

渡辺一夫、鈴木力衛『増補フランス文学』岩波書店、1990年。

カタログ、定期刊行物など

『トルコ・トプカプ宮殿秘宝展　オスマン朝の栄光』(財)中近東文化センター、朝日新聞社、1988年。

『大英博物館「アッシリア大文明展―芸術と帝国」図録』朝日新聞社文化企画局東京企画部、1996年。

『季刊　染織と生活』第7号、染織と生活社、1974年。

『たて組ヨコ組　39』モリサワ、1993年。

『太陽　No. 334　特集「本の宇宙誌」』平凡社、1989年６月号。

『別冊太陽　No. 53　本の美』平凡社、1986年。

翻訳文献

アランデル・エズデイル『西洋の書物　エズデイルの書誌学概説』高野彰訳、雄松堂書店、1972年。

アルレット・ル・ベーリィ『ルリユール入門――革製本への手引き』貴田庄訳、沖積舎、1991年。

アルブレヒト・デューラー『ネーデルラント旅日記　1520―1521』前川誠郎訳・注、朝日新聞社、1996年。

ウィリアム・S・ピータースン『ケルムスコット・プレス――ウィリアム・モリスの印刷工房』湊典子訳、平凡社、1994年。

ウィリアム・モリス『理想の書物』ウィリアム・S・ピータースン編、川端康雄訳、晶文社、1992年。

ウォルター・クレイン『書物と装飾――挿絵の歴史』高橋誠訳、国文社、1990年。

S・H・スタインバーグ『西洋印刷文化史――グーテンベルクから500年』高野彰

訳、日本図書館協会、1985年。

H・プレッサー『書物の本　西欧の書物と文化の歴史／書物の美学』轡田収訳、法政大学出版局、1973年。

エリク・ド・グロリエ『書物の歴史』大塚幸男訳、白水社、1992年。

エリザベス・アイゼンステイン『印刷革命』別宮貞徳監訳、みすず書房、1987年。

オノレ・ド・バルザック『あら皮』(バルザック全集　第３巻)山内義雄・鈴木健郎訳、東京創元社、1973年。

ジョン・カーター『西洋書誌学入門』横山千晶訳、図書出版社、1994年。

Ｆ・Ｇ・ケニオン『古代の書物』高津春繁訳、岩波書店、1953年。

シュテファン・ツワイク『マリー・アントワネット』高橋禎二・秋山英夫訳、岩波書店、1980年。

フランソワ・ラブレー『第四之書　パンタグリュエル物語』渡辺一夫訳、岩波書店、1984年。

『プリニウス博物誌　植物篇』大槻真一郎編、岸本良彦他訳、八坂書房、1994年。

ヘロドトス『歴史』松平千秋訳、筑摩書房、1967年。

ホメーロス『イーリアス』呉茂一訳、『世界文学大系１　ホメーロス』所収、筑摩書房、1961年。

モスタファ・エル＝アバディ『古代アレクサンドリア図書館』松本慎二訳、中央公論社、1991年。

ヨースト・アマン版画、ハンス・ザックス詩『西洋職人づくし』小野忠重解題、岩崎美術社、1970年。

リンダ・パリー編『決定版　ウィリアム・モリス』多田稔日本語版監修、河出書房新社、1998年。

リュシアン・フェーヴル、アンリ＝ジャン・マルタン『書物の出現』上・下、関根素子他訳、筑摩書房、1985年。